浙江省普通高校"十三五"新形态教材

21世纪高等学校
物流管理创新系列教材

物流信息技术

实用教程（微课版 第3版）

侯安才 | 主编

陈莎莎 栗楠 张强华 | 副主编

U0722382

Logistics Information
Technology Practical Course (3rd edition)

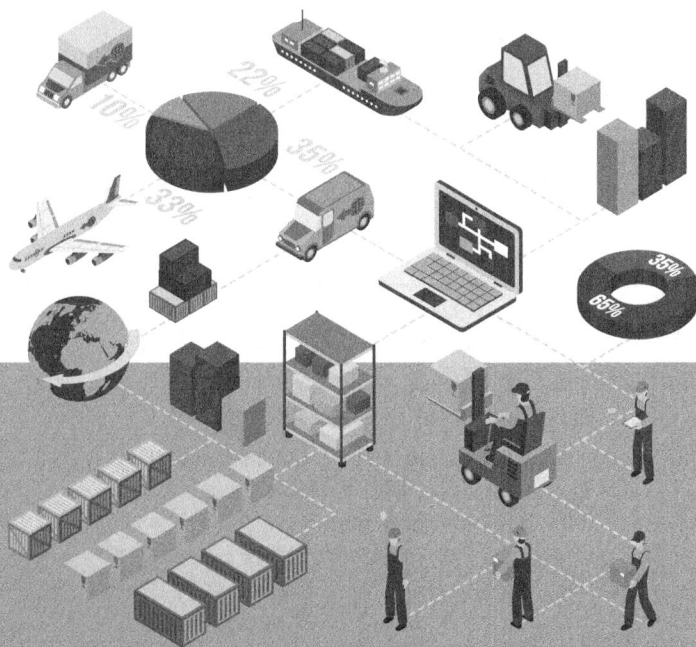

人民邮电出版社

北 京

图书在版编目（CIP）数据

物流信息技术实用教程：微课版 / 侯安才主编. --
3版. -- 北京：人民邮电出版社，2022.2
21世纪高等学校物流管理创新系列教材
ISBN 978-7-115-57627-9

Ⅰ. ①物… Ⅱ. ①侯… Ⅲ. ①物流－信息技术－高等
学校－教材 Ⅳ. ①F253.9

中国版本图书馆CIP数据核字(2021)第205598号

内 容 提 要

本书理论精练、内容实用，充分重视案例在教学中的作用，侧重于实用性和可操作性，由理论论述、综合实训、课后习题、案例分析等部分组成。全书共 12 章，主要内容包括物流信息技术概述、物流信息技术基础、条码技术与应用、射频识别技术与应用、电子数据交换（EDI）、地理信息系统（GIS）、全球卫星定位系统（GPS）、物流信息系统、典型物流信息系统、电子商务物流、物联网与智慧物流、实验指导等。本书力求结合行业实际，面向应用，资源立体化，旨在培养读者的综合分析和实际操作能力，以满足案例教学、研讨式教学、翻转课堂等教学改革的需要。

本书既可以作为高等院校物流管理、电子商务、物联网等专业的教材，也可以作为培训机构和自学者的参考书。

◆ 主　　编　侯安才

　　副 主 编　陈莎莎　栗 楠　张强华

　　责任编辑　孙燕燕

　　责任印制　李 东　胡 南

◆ 人民邮电出版社出版发行　　北京市丰台区成寿寺路 11 号
　　邮编 100164　　电子邮件 315@ptpress.com.cn
　　网址 https://www.ptpress.com.cn
　　固安县铭成印刷有限公司印刷

◆ 开本：787×1092　1/16
　　印张：14.5　　　　　　　　2022 年 2 月第 3 版
　　字数：353 千字　　　　　　2025 年 8 月河北第 6 次印刷

定价：49.80 元

读者服务热线：(010)81055256　印装质量热线：(010)81055316
反盗版热线：(010)81055315

前　言

信息技术是现代物流的灵魂，决定了物流的效率、可靠性和准确性。国内各高校在物流管理、电子商务、物联网等相关专业中广泛开设了"物流信息技术"课程。

《物流信息技术实用教程》教材的第 1 版自出版以来，获得了广泛认可和一致好评，已被几十所不同层次的院校作为教材和参考书。该教材的第 2 版获得了中国物流与采购联合会"科技进步"二等奖。该教材的第 3 版获得了浙江省普通高校"十三五"新形态教材建设项目立项。本次修订基于党的二十大报告精神，做了如下修改：补充了最新的企业应用案例；优化和完善了课后习题内容；增加了物流公共信息平台内容和物流信息技术实验指导；增加了微课视频等，使得内容更新颖、应用更切合实际、实训更具可操作性、习题针对性更强，也更有利于用书教师开展案例教学、研究式教学、翻转课堂、网上教学等课堂教学方式改革。

本教材的主要特色如下。

1. 内容新颖、通俗易懂

本教材力求涵盖最新的技术发展和应用现状，合理安排章节，并尽量多地通过采用图表等形式，使得内容直观易懂、阅读便利。

2. 配套微课视频，便于线上学习

本教材针对各章的重难点，制作了大量微课视频，不仅有利于读者在移动端进行自主学习，也可以满足用书教师线上教学、翻转课堂等教学需求。

3. 案例丰富，贴近生活实际

本教材选取了大量案例，其中案例分析部分除了采用一些经典的案例外，还引用了我国实际运作中的案例，并结合各种典型的工作环境和工作实际要求，做了切合实际的精心加工，力求做到理论结合实际，缩短教学与就业的距离。

4. 习题题型多样化，便于组织教学

本教材的习题题型多样、习题量充分，包括填空题、选择题、名词解释、简答题和案例分析等，难易搭配，便于教师组织教学。

5. 配套教学资源、教学支持完善

本教材提供教学所需的各种资源，如 PPT 课件、教学大纲、电子教案、习题答案等，用书教师可登录人邮教育社区（http://www.ryjiaoyu.com）免费下载。另外，不仅第 1～11 章的章后有综合实训，可以让读者进行课后的实际操作，锻炼读者的实际操作能力和综合分析能力；而且最后一章增加了实验指导，可以满足不同专业的实验课要求。

在使用本教材过程中，读者如有问题，可以通过电子邮件与编者交流，编者一定会给予答复。如果读者没有收到编者的回复，请再次联系。邮件标题请注明姓名及"物流信息技术实用教程（微课版）（人民邮电出版社版）"字样，否则可能会被当作垃圾邮件删除。读者也可通过出版社与编者联系。编者的 E-mail：houancai@163.com。

尽管在编写本教材的过程中，编者花费了大量精力，但由于技术发展日新月异，加之编者水平有限，书中难免存在疏漏之处，敬请广大读者批评指正。

编 者

目　录

第1章 物流信息技术概述

【本章学习方略】

本章重点内容

- 信息、信息技术的概念
- 信息化在现代企业中的作用
- 物流信息技术的内容

本章难点内容

- 现代物流的概念与特征
- 现代物流与信息技术的关系

案例引入

物联网数字化管理才是降低物流运输成本的关键

2020年12月，物流运输的运营和管理主要面对的是"人、车、货"的运营与管理，并存在两大问题——过分依赖人工和"黑盒化"。

你很难想象，10年前，车队老板接到一单活儿后，他和司机间的一场"博弈"便开始了。在长交易链条下，信息不对称导致交易双方之间极度缺乏信任，一趟动辄上千公里的运输过程中充满着车队老板"五分钟一短信，十分钟一电话"的询问，围绕的无非是"车到哪了？还有几天到？是否装满了？货有没有损坏？是否被窜货？……"这些亘古不变的话题。为了解决存在不安全感这一问题，老板甚至会沿路设置人工查岗，因此推高了人工成本和时间成本。

除了在途运输方面外，物流园区的"黑盒化"和过分依赖人工的问题也十分严重。一个物流园区往往存在几百个仓库，一天近千辆货车的吞吐量便带来2 000多名司机的流动。在哪个位置装卸货、在哪个口进出这种看似寻常的问题，在物流园区这种场景里却成了"世纪难题"。据悉，一名货车司机在一趟30~50km的短道运输任务中，等待运输任务的时间、等待装卸货的时间，以及上下车、交接纸质单据环节所花的时间占整个运输任务时长的60%以上，这无形中增加了许多运营成本。

有关物流运输过程的管理痛点还有很多，这里不一一列举。总之，在这个庞大且传统的运输体系中，数字化程度低导致的效率低下问题比比皆是。由"黑盒化、效率低下"而导致的管理高成本，已经是物流行业几十年来的历史遗留问题。

当"黑盒化、效率低下"成为物流行业的共识后，数字化、智能化将是每个想要改变物流行业现状的企业的努力方向。

对于消费者而言，物流数字化、智能化的直观感受就是每年"双11"的体验。从2019年菜鸟网络公布的数据来看，包裹量在从2013年的1.52亿件涨到2019年的12.92亿件的同时，签收时间却从2013

年的 9 天缩短到 2019 年的 2.4 天。其背后代表的含义不言而喻，肯定不是靠简单地增加人力去应对日益暴涨的快递量。

随着电子商务、现代物流、物联网的飞速发展，信息技术发挥着越来越重要的作用。物流过程中会产生大量的信息，其对物流系统化、一体化运作管理至关重要。现代物流业的发展离不开现代信息技术。本章主要介绍信息与信息技术、现代物流的发展，物流信息的特点、分类、现代物流的特点、信息技术的作用、物流信息技术的内容，以及我国物流信息化的现状及发展趋势等内容。

1.1　信息技术基础知识

1.1.1　信息的概念

物质、能源和信息已经成为现代社会发展的三大资源。随着计算机微型化、通信数字化、媒体多样化、信息传输无纸化，系统兼容、网络连通已成格局，社会信息量将呈几何级增长。信息资源的开发、管理和使用将从根本上改变人们的思维、生产、生活、工作和学习方式，有效地利用信息资源已成为推动社会经济发展的重要力量。在全球信息化的背景下，个人、企业甚至国家，谁拥有了信息，谁就占有了优势和先机。

1. 信息的定义

信息作为一个科学术语被提出和使用，可追溯到 1928 年 R.VHartly（哈特利）在《信息传输》一文中的描述，他认为：信息是指有新内容、新知识的消息。1948 年，C.E.Shannon（香农）博士在《通信的数学理论》中给出信息的数学定义，认为信息是用以消除随机不确定性的东西，并提出信息量的概念和信息熵的计算方法，从而奠定了信息论的基础。Norbert Wiener（诺伯特·维纳）教授在其专著《控制论·动物和机器中的通信和控制问题》中阐述信息是"我们在适应外部世界、控制外部世界的过程中，同外部世界交换内容的名称"。可见，至今为止，信息的概念仍然是仁者见仁、智者见智。本书从数据与信息两个方面描述信息的定义。

数据（Data）是对客观事物属性的描述，它是反映客观事物的性质、形态、结构和特征的符号。数据可以是具体的数字，也可以是文字、声音或图形等形式。在计算机科学中，数据是指所有能输入计算机并被计算机程序处理的符号的总称，是用于输入电子计算机进行处理，具有一定意义的数字、字母、符号、模拟量等的通称。

信息（Information）是反映客观世界中各种事物特征和变化的知识，是数据加工的结果。信息是有用的数据。

信息必然是数据，但数据未必是信息。尽管数据和信息存在差别，但在实际工作中，二者经常被不加区别地使用。人们对数据进行系统组织、整理和分析，使其产生相关性，但没有与特定用户行动相关联，信息可以被数字化；作为知识层次中的中间层，信息来源于数据并高于数据。数据经过加工（处理）后成为信息，这个处理过程一般由信息系统来完成。这个过程可以用图 1-1 所示的模型来表示。

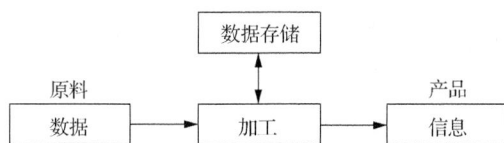

图 1-1 信息加工模型

信息广泛存在于自然界和人类社会，种类繁多，一般有以下 5 种分类方法。

（1）按时间划分，可分为历史信息和未来信息。

（2）按内容划分，可分为社会信息、自然信息、机器信息。

（3）按信息产生的先后和加工与否划分，可分为原始信息和加工信息。

（4）按行业划分，可分为工业信息、农业信息、商业信息、金融信息、军事信息等。

（5）按性质划分，可分为定性信息和定量信息。

2. 信息的特征

因为信息与其他客观事物有所不同，所以信息也有着区别于其他客观事物的自身特征。

（1）载体性：信息不是物质本身，而是物质的运动变化及相互作用、相互联系的一种特定表现形式，是以物质载体为媒介的物质运动状态的再现。

（2）客观性：也可以称为真实性。信息不是物质，只是物质的产物，即先有信息反映的对象，然后才有信息。无论借助于何种载体，信息都不会改变其所反映对象的属性。

（3）价值性：信息是一种特殊资源，具有使用价值。收集、加工、传递信息的目的在于提高活动效益。信息的价值性有赖于对信息进行正确的选择、理解和使用。

（4）时效性：是指信息从发出、接收到进入利用的时间间隔及其效率。信息的时效性与信息的价值性密不可分。

（5）可伸缩性：随着时间的推移和事物的运动、发展、变化，信息经过不断地开发利用，会扩充、增值，成为取之不尽、用之不竭的资源。同时，信息经过加工整理，又可变得精练、浓缩。

（6）可替代性：一方面是指信息的物质载体形态是可以相互替代的，如语言信息经过记录变成文字信息；另一方面是指信息的利用可以替代资本、劳动力和物质资料。

（7）可传递性：也称为可扩散性，是指信息可以借助一定的物质载体传递给感受者、接收者的特性。

（8）共享性：信息能够同时为多个使用者所利用，信息扩散后，信息载体本身所含的信息量并没有减少。这是信息与实物、能量等的根本区别。

3. 信息的作用

（1）信息是构成生产力的重要因素。随着科技的进步，人类社会已进入以知识经济为特征的信息社会，而信息社会最重要的生产要素则是信息，其主要表现为知识或智力，从而使信息成为生产力的重要因素。物质资料生产必须具备的 3 个要素，即劳动对象的发掘与加工、劳动资料的改进与变革、劳动者素质的提高，都离不开对信息的应用。可见，信息是知识型生产力。

（2）信息是实施有效管理的基础。人类的一切活动都离不开管理。从静态构成看，管理离不开人、财、物、事等因素。能否做到人尽其才、财尽其利、物尽其用，是管理是否有效的重要条件和标准。而有效的管理从一定意义上取决于对信息的掌握程度，必须了解人、财、物、事的过去，分析其现状并预测其未来的变化趋势，而这正是管理信息的基本内容。

（3）信息是科学决策的重要依据。在现代社会，决策是否科学、是否符合客观规律，关键在于是否能够获取及时、准确、全面的信息。准确掌握信息、正确使用信息，可以大大提高各级部门领导决策的科学化、民主化水平。

1.1.2 信息技术的概念与分类

1. 信息技术的概念

信息技术（Information Technology，IT）是用于管理和处理信息所采用的各种技术的总称。它主要是应用计算机技术和通信技术来设计、开发、安装和实施信息系统及应用。它也常被称为信息和通信技术（Information and Communications Technology，ICT）。

信息技术的概念

也有观点认为，凡是能扩展人的信息功能的技术都是信息技术。可以说，这就是信息技术的基本定义，它主要是指利用电子计算机和现代通信手段实现获取信息、传递信息、存储信息、处理信息、显示信息、分配信息等的相关技术。

信息技术推广应用的显著成效促使世界各国致力于信息化，而信息化的巨大需求又驱使信息技术高速发展。当前信息技术发展的总趋势是以互联网技术的发展和应用为中心，从典型的技术驱动发展模式向技术驱动与应用驱动相结合的模式转变。

2. 信息技术的分类

信息技术可以根据信息技术内容分为传感技术、通信技术、计算机技术、控制技术等。

（1）传感技术（感觉器官）。传感技术（Sensing Technology）的任务是延长人的感觉器官收集信息的功能。目前，传感技术已经发展了一大批敏感元件。例如，各种嗅敏、味敏、光敏、热敏、磁敏、湿敏，以及一些综合敏感元件，可以把那些人类感觉器官收集不到的各种有用信息提取出来，从而延长和扩展人类收集信息的功能。

（2）通信技术（神经系统）。通信技术（Communications Technology）的任务是延长人的神经系统传递信息的功能。通信技术的发展速度之快是惊人的。从传统的电话、电报、收音机、电视到如今的移动式电话（手机）、传真、卫星通信，这些新的、人人可用的现代通信方式使数据和信息的传递效率得到很大的提高。

（3）计算机技术（思维器官）。计算机技术（Computer Technology）则是延长人的思维器官处理信息和决策的功能。计算机技术与现代通信技术一起构成了信息技术的核心内容。计算机技术同样取得了飞速的发展，计算机的体积虽然越来越小，功能却越来越强。

（4）控制技术（效应器官）。控制技术（Control Technology）是信息使用技术，是信息处理的最后环节，也称为自动化控制，包括工厂自动化、办公自动化、家庭自动化等。

信息技术也可以根据信息处理过程分为信息采集技术、信息编辑技术、信息传输技术、信息存储技术、信息应用技术等。

1.1.3 信息技术的发展

一般认为，人类对信息的开发和利用进程可以分为5个阶段。

（1）语言的使用。语言成为人类进行思想交流和信息传播不可缺少的工具。（时间：后巴别塔时代）

（2）文字的出现和使用。使人类对信息的保存和传播取得重大突破，较大地超越了时间

物流信息技术实用教程（微课版 第3版）

和地域的局限。（时间：铁器时代，约公元前 14 世纪）

（3）印刷术的发明和使用，使书籍、报刊成为重要的信息储存和传播的媒体。（时间：7 世纪中国隋唐时期开始有雕版印刷，至 15 世纪才进入臻于完善的印刷术时代）

（4）电话、广播、电视的使用，使人类进入利用电磁波传播信息的时代。（时间：19 世纪）

（5）计算机与互联网的使用，即计算机的诞生及后来国际互联网的出现。（时间：现代，以 1946 年电子计算机问世为标志）

自从计算机诞生以来，信息技术得到飞速发展和爆发式进步，也有学者将现代信息技术发展总结为现代信息技术的 3 次浪潮，分别是 1946 年第一台电子计算机的诞生、20 世纪 90 年代因特网的发展，以及 21 世纪物联网的应用。

1.2 现代物流的发展

1.2.1 现代物流的概念

1. 物流的概念

物流一词最早出现于美国。1915 年阿奇·萧在《市场流通中的若干问题》一书中就提到物流一词，并指出"物流是与创造需求不同的一个问题"。因为在 20 世纪初，西方一些国家已出现生产大量过剩、需求严重不足的经济危机，因此企业提出了销售和物流的问题，当时的物流指的是销售过程中的物流。

现代物流

2006 年，《中华人民共和国国家标准：物流术语》对物流做出定义：物流就是物品从供给地向接收地的实体流动过程。物流根据实际需要，对运输、存储、装卸、搬运、包装、流通加工、配送、信息处理等基本功能实施有机结合。

物流是一个综合的系统，也可称为物流系统。物流系统是由物流各要素组成的，物流各要素之间是存在有机联系的综合体，如图 1-2 所示。物流系统主要受内部环境及外部环境要素的影响，因而其整体结构十分复杂，其外部存在过多的不确定因素，其内部存在相互依赖的物流功能因素。

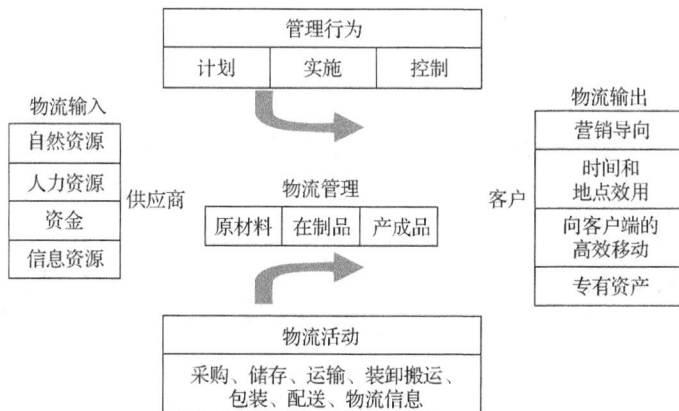

图 1-2 物流系统

2．现代物流的定义

20世纪80年代以来，经济全球化格局已基本形成，物流费用在产品成本中的比重也随之大大提高。降低物流费用对提高产品竞争力的作用逐渐增大。因此，生产者谋求进一步降低物流费用，现代物流越来越受到生产经营者的重视。同时，计算机网络和信息技术也发展到足以支持物流全过程优化和整合的程度。需要与可能相结合，促成了现代物流的高速发展。

现代物流（Modern Logistics）指的是将信息、运输、仓储、库存、装卸搬运及包装等物流活动综合起来的一种新型的集成式管理方式，其任务是尽可能地降低物流的总成本，为顾客提供最好的服务。我国许多专家学者则认为：现代物流是根据客户的需求，以最经济的费用，将物流从供给地向需求地转移的过程。它主要包括运输、存储、加工、包装、装卸、配送和信息处理等活动。

3．传统物流与现代物流的区别

传统物流一般是指产品出厂后的包装、运输、装卸、仓储等物流活动，而现代物流则提出了物流系统化、一体化、综合物流管理的概念，并付诸实施。具体地说，就是使物流向两头延伸并加入新的内涵，使社会物流与企业物流有机地结合在一起，从采购物流开始，经过生产物流，再进入销售物流，与此同时，要经过包装、运输、仓储、装卸、加工配送到达用户（消费者）手中，最后还有回收物流。也就是说，现代物流包含了产品从"生"到"死"的整个物理性的流通全过程。

1.2.2　现代物流的特征

进入21世纪，全球经济一体化进程加快，企业面临激烈的竞争环境，资源在全球范围内的流动和配置大大加强，世界各国更加重视物流发展对增强本国经济发展、民生素质和军事实力的影响，更加重视物流的现代化，从而使现代物流呈现出一系列新的发展趋势。

（1）反应快速化。物流服务提供者对上游、下游的物流、配送需求的反应速度越来越快，前置时间越来越短，配送速度越来越快，商品周转次数越来越多。

（2）功能集成化。现代物流着重于将物流与供应链的其他环节进行集成，包括物流渠道与商流渠道的集成、物流渠道之间的集成、物流功能的集成、物流环节与制造环节的集成等。

（3）服务系列化。除了传统的存储、运输、包装、加工等服务外，现代物流服务在外延上向上扩展至市场调查与预测、采购及订单处理，向下延伸至配送、物流咨询、物流方案选择与规划、库存控制策略建议、货款回收与结算、教育培训等增值服务。

（4）作业规范化。现代物流强调作业功能、流程、动作的标准化与程式化，使复杂的作业变成简单的、易于推广与考核的动作。物流自动化可方便物流信息实时采集与追踪，提高整个物流系统的管理和监控水平。

（5）目标系统化。现代物流从系统的角度统筹规划一个公司整体的各种物流活动，处理好物流活动与商流活动及公司目标之间、物流活动与物流活动之间的关系，不求单个活动最优化，但求整体活动最优化。

（6）手段现代化。现代物流使用先进的技术、设备与管理为销售提供服务，计算机技术、通信技术、机电一体化技术、语音识别技术等得到普遍应用。

（7）组织网络化。现代物流需要有完善、健全的物流网络体系，网络上点与点之间的物流活动保持系统性、一致性，可以保证整个物流网络有最优的库存总水平及库存分布，运输与配送快速、机动，形成快速灵活的供应渠道。

（8）经营市场化。现代物流的具体经营采用市场机制，无论是企业自己组织物流，还是委托社会化物流企业承担物流任务，都以"服务—成本"的最佳配合为总目标，谁能提供最佳的"服务—成本"组合，就找谁服务。

（9）信息电子化。因为计算机信息技术的应用，现代物流过程的可见性明显增加；物流过程中库存积压、延期交货、送货不及时、库存与运输不可控等风险大大降低，从而可以加强供应商、物流商、批发商、零售商在组织物流过程中的协调配合，以及对物流过程的控制。

（10）管理智能化。随着科学的发展、技术的进步，物流管理由手工作业发展为半自动化、自动化，直至智能化作业。这是一个渐进的发展过程。

1.2.3 我国物流业的发展

"一骑红尘妃子笑，无人知是荔枝来"，这大概是中国古代物流史上最广为人知的一次业务。虽然在物流产业发达的今天来看，这根本不算什么，但它却开创了冷链物流的先河，也是中国古代物流史上的一个重要节点。

中国物流快递
变迁史

20 世纪 70 年代，我国开始从国外引进物流概念，到 20 世纪 90 年代初开始积极借鉴发达国家物流发展的成功经验，推动物流业在国内的迅速发展。确定商业储运企业向现代物流配送中心转变，建设社会化的物流配送中心，以发展现代物流网络为主要发展方向，物流业初具雏形。如今，现代物流进入快速发展时期，国家不断出台推动物流业发展的政策，加强对物流业发展的规划。

物流行业作为国民经济的重要组成部分，其发展与我国的经济增长密切相关。近年来，中国经济平稳较快增长以及众多的政策支持，为现代物流及供应链管理等第三方服务行业快速发展提供了良好的宏观环境，整体表现在市场总额逐渐增加、成本逐渐降低、效率不断提高等多个方面。

2020 年，宏观经济经受前所未有的严峻挑战，物流作为经济发展的先行官，积极贯彻高质量发展理念，深化供给侧结构性改革，全年物流运行逆势回升、增势平稳。物流规模再上新台阶，物流业总收入保持增长，物流运行实现提质增效，单位成本缓中趋稳，为抗击疫情、保障民生、促进经济发展提供了有力支撑。

2020 年，全国社会物流总额迈上 300 万亿元新台阶，达到 300.1 万亿元，按可比价格计算，同比增长 3.5%。分季度看，一季度、上半年和前三季度增速分别为-7.3%、-0.5%和 2.0%，物流规模增长持续恢复，四季度增速回升进一步加快，如图 1-3 所示。

资料来源：中国物流与采购联合会 前瞻产业研究院整理　　　　　　　@前瞻经济学人App

图 1-3　2015—2020 年中国社会物流总额统计与增长情况

1.3　物流信息技术基础知识

物流信息技术是物流现代化的重要标志，也是物流技术中发展最快的领域。从数据采集的条形码系统，到办公自动化系统中的微机、互联网，各种终端设备等硬件，以及计算机软件都在日新月异地发展。

1.3.1　物流信息的概念

1. 物流信息的定义

物流信息（Logistics Information）是反映物流各种活动内容的知识、资料、图像、数据、文件的总称。从狭义的概念来看，物流信息是指与物流活动（如仓储、运输、包装、加工等）有关的信息；从广义的概念来看，物流信息还应该包含与其他活动（采购、生产和销售）有关的信息。

物流信息贯穿于物流活动的整个过程，对物流活动起着支持保障的作用，可以看作物流活动的"中枢神经"。物流活动中的信息流可以分为两类（见图 1-4）：一类是信息流的产生先于物流，它控制物流产生的时间、流量的大小和流动方向，对物流起着引发、控制和调整的作用，如各种计划、用户的订单等，这类信息流称作计划信息流或协调信息流；另一类是信息流与物流同步产生，反映物流的状态，如运输信息、库存信息、加工信息等，这类信息流称为作业信息流。

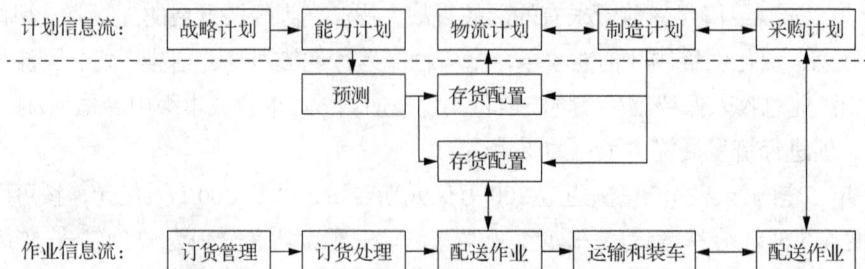

图 1-4　物流业务中的信息流

从某种意义上说，物流信息在物流活动中发挥着神经网络的作用。物流信息处理功能是物流其他功能赢得价值最大化不可或缺的基础功能，因为物流的每个基本功能都与信息功能息息相关，只有大大借助于信息功能的支撑，才能保证物流基本功能顺利实现。物流系统与外界之间发生的关系和互动凭借信息来实现，所以说，物流信息处理功能在提高物流运作效率方面起着主导作用。

2. 物流信息的特点

物流信息除了具有信息的基本特征外，由于物流活动的特殊性，还具有自身的特点。

（1）量大、分布广。因为物流是商贸领域大范围内的活动，在商品的运输、存储、包装、装卸、加工处理、配送等过程中产生大批的物流有关信息，遍及不同的厂家、货运点、库房、物流和配送中心、货物运输路线及消费者等，信息源点多，信息量大。

（2）动态性、实时性强。在现代物流中，物流服务销售商不顾一切代价地满足用户的个性化服务需求，承担批量小、品种多的生产经营和数量小、额度多的配送业务。物流信息动态性特别强，信息的价值衰减速度很快，这就对信息处理工作的及时性要求较高。

（3）种类多、来源广阔。现代物流信息涉及的范围不单局限于管理企业的内部信息，而且关系到与物流运营相连的法律法规、必要的基础设施、市场行情，以及顾客需求情况等一系列信息。物流产业的快速发展，将使物流信息趋于种类繁多、来源广泛。

（4）趋于标准化。现代物流已经涉及国民经济各个领域，在物流运作过程中需要各部门通过反复的信息沟通来顺利交流。为了实现不同系统之间的信息交流和共享，适应处理手段电子化、网络化趋势，信息化需要采取国际、国家及行业统一的标准，使物流信息标准化的程度越来越高。

3. 物流信息化的内涵

物流信息化是指物流企业运用现代信息技术对物流过程中产生的全部或部分信息进行采集、分类、传递、汇总、识别、跟踪、查询等一系列处理活动，以实现对货物流动过程的控制，从而降低成本、提高效益的管理活动。物流信息化是现代物流的灵魂，是现代物流发展的必然要求和基石。物流信息化建设主要包括以下 3 个方面的内容。

（1）基础环境建设。基础环境建设包括制定物流信息化规划和相应的法律、法规、制度、标准、规范，开展物流关键技术的研发和应用模式的探索，以及通信、网络等基础设施建设。

（2）物流公共信息平台的建设。公共信息平台是向各类用户提供信息交换与共享服务的开放式网络信息系统。通过统一的信息平台可以达到共享信息资源、进行流程设计和优化、建立通信服务平台、提供技术服务平台、实现供求资源互通等目的。

（3）企业内部信息系统建设。制造业、商贸流通业、农业、建筑业等企业信息管理系统的建设是物流领域全面信息化的核心内容，如仓储管理系统、运输管理系统、订单管理系统、服务管理系统等。企业各类子系统的运用可以大幅度提高物流企业的运转效率，减少成本，并提高客户的满意度。

1.3.2 物流信息技术的内容

物流信息技术是现代信息技术在物流各个作业环节中的综合应用（见图 1-5），是现代物流区别于传统物流的根本标志，也是物流技术中发展最快的领域。尤其是计算机网络技术的广泛应用，使物流信息技术达到了较高的应用水平。

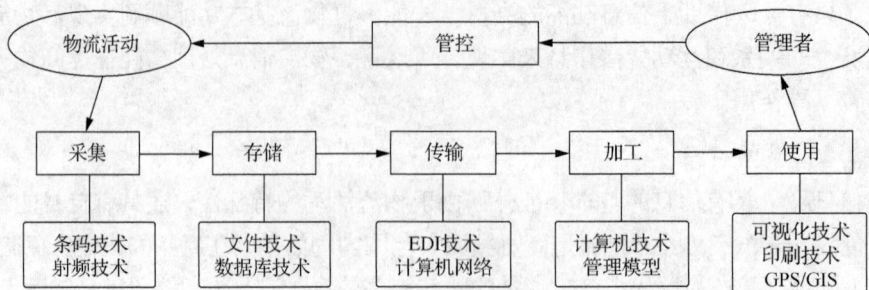

图 1-5　物流信息技术体系

应用于物流各环节中的信息技术，根据物流的功能及特点，可划分为计算机技术、网络技术、信息分类编码技术、条码技术、射频识别技术、电子数据交换技术、全球定位系统（GPS）、地理信息系统（GIS）等。我们可以将常用的物流信息技术分为基础信息技术、信息采集技术、数据交换技术、地理分析与动态跟踪技术四大类。

1. 基础信息技术

物流信息技术作为现代信息技术的重要组成部分，本质上都属于信息技术范畴，只是因为信息技术应用于物流领域而使其在表现形式和具体内容上存在一些特性，所以物流信息技术首先包括计算机技术、网络技术、数据库技术，以及信息安全等基础技术。

2. 信息采集技术

信息采集就是把原始数据收集并输入信息系统，其核心技术是自动识别技术。自动识别技术是信息自动识读、自动输入计算机的重要方法和手段，是以计算机技术和通信技术的发展为基础的综合性技术，目的在于快速、准确地将现场庞大的数据有效地登录到计算机系统的数据库中，从而加快物流、资金流、信息流的速度，明显提高商家的经济效益和客户服务水平。

3. 数据交换技术

物流中的信息交换主要依靠网络通信和电子数据交换两种方式。电子数据交换（Electronic Data Interchange，EDI）是指通过电子方式，采用标准化的格式，利用计算机网络进行结构化数据传输和交换。物流 EDI 的优点在于供应链组成各方基于标准化的信息格式和处理方法，通过 EDI 共同分享信息，提高流通效率，降低物流成本。

4. 地理分析与动态跟踪技术

随着互联网的发展和通信技术的进步，跨平台、组件化的地理信息系统（GIS）和全球定位系统（GPS）技术的逐步成熟，基于 GIS/GPS 的应用将构造具有竞争力的透明物流企业。基于互联网的 GIS/GPS 技术，在现代物流及供应链管理领域有着广阔的应用前景，对于物流企业优化资源配置、提高市场竞争力，将起到积极的促进作用。

1.3.3　物流信息技术的应用

“物流因 IT 而改变”这句话用在现代物流发展特征上可谓十分贴切。在信息化快速发展

物流信息技术实用教程（微课版　第3版）

的今天，信息已成为现代物流的灵魂。尤其是互联网络技术的推动，更使得物流信息化及其相关的物流信息技术受到空前重视。

随着高频度、小批量配送的专业物流需求增多，大型物流企业面向集约化、协同化和全球化发展的需求不断上升，传统物流已经越来越不能满足发展的需要。现代通信、计算机和网络技术的发展为传统物流向现代物流转变以满足新的物流需求提供了可能，也为现代物流提供了技术基础和保障手段。通过广泛深入地应用信息技术，及时准确地掌握物流过程的动态信息，调动各地物流网点，构筑一体化物流网络，节省时间和费用，将空载率压缩到最低限度，提供优质物流和保障服务，以适应现代经济社会发展的需要。

目前我国各种物流信息应用技术已经广泛应用于物流活动的各个环节，对企业的物流活动产生了深远的影响。

（1）自动化设备技术。

物流自动化设备技术集成和应用的热门环节是配送中心，配送中心的特点是每天需要拣选的物品品种多、批次多、数量大。因此，国内超市、医药、邮包等行业的配送中心部分引进了物流自动化拣选设备。

这些自动化设备分为两种，一种是物品拣选设备的自动化应用，如北京市医药总公司配送中心的拣选货架（盘）上配有可视的分拣提示设备，这种分拣货架与物流管理信息系统相连，动态提示被拣选的物品和数量，指导工作人员的拣选操作，提高了货物拣选的准确性和速度。另一种是物品拣选后的自动分拣设备。将条码或电子标签附在被识别的物品上（一般为组包后的运输单元），由传送带将物品送入分拣口，然后由装有识读设备的分拣机分拣物品，使物品进入各自的组货通道，完成物品的自动分拣。

（2）设备跟踪和控制技术。

物流设备跟踪主要是指对物流的运输载体及物流活动中涉及的物品所在地进行跟踪。物流设备跟踪的手段有多种，可以用传统的通信手段如电话等进行被动跟踪，也可以用射频识别（RFID）手段进行阶段性跟踪，但目前国内用得最多的还是 GPS 技术跟踪。

GPS 技术跟踪利用 GPS 物流监控管理系统，它主要跟踪货运车辆与货物的运输情况，使货主及车主随时了解车辆与货物的位置与状态，保障整个物流过程的有效监控与快速运转。

（3）动态信息采集技术应用。

企业竞争全球化、产品生命周期缩短和用户交货期缩短等都对物流服务的易获得性与可控性提出了更高的要求，实时物流理念也由此诞生。确保物流过程的完全掌控，物流动态信息采集应用技术是必需的要素。

动态的货物或移动载体本身具有很多有用的信息，如货物的名称、数量、重量、出产地或者移动载体（如车辆、轮船等）的名称、牌号、位置、状态等一系列信息。这些信息可能在物流中反复使用，因此，正确、快速读取动态货物或载体的信息并加以利用可以显著提高物流的效率。在流行的物流动态信息采集技术应用中，一、二维码技术的应用范围最广，其次还有磁条（卡）、语音识别、便携式数据终端、射频识别（RFID）等技术。

近年来，随着互联网、云计算、大数据等现代信息技术在物流领域的推广应用，"互联网+车货匹配"等物流新模式、新业态不断涌现。一些企业利用互联网搭建车货匹配信息平台，探索开展无车承运和货运供需信息实时共享；智能仓储在快递、冷链等细分领域发展迅速；多式联运、共同配送、集中配送等先进运输组织方式得到广泛应用；互联网、大数据在物流市场监管体系建设运行中的作用也日益凸显。可以说，"互联网+"高效物流生态体系正在形成。

综合实训：了解物流信息技术的应用现状

【实训目的】

通过社会实践和信息搜集等方式调查企业物流信息技术应用情况，了解物流企业信息化状况、物流信息系统建设和应用状况，分析物流信息技术的内涵、应用情况、对企业的重要性，从而提高对物流信息技术重要性的认识。

【实训内容】

（1）了解物流企业信息化状况。

（2）了解物流信息技术应用情况。

（3）分析物流信息技术的重要性。

【实训方法】

通过浏览相关网站、查阅图书、企业调查等方式搜集资料并进行总结。也可以结合实习企业或社会调查搜集物流或电子商务企业相关资料，分析物流信息化的状况，发现问题，提出对策。

【实训要求】

根据搜集的资料撰写调研报告，要求观点明确，资料翔实，结构合理，表达流畅，字数在 3 000 字左右。

课后习题

一、填空题

1. 信息与物质的一个很重要的区别在于，信息通过传播能够被多个使用者利用，且所含的信息量并不会减少，可以产生更大的社会效益，这就体现了信息的_____特性。

2. 根据管理层次的划分，物流信息分为_____、战术管理信息、知识管理信息和操作管理信息。

3. 物流信息技术的内容包括_____、_____、_____、_____、_____等。

4. 一般信息系统都具有输入、_____、存储、加工和_____等功能。

5. _____是物流信息技术的基础和灵魂。

6. 经过处理的、有意义的有用数据就是_____。

7. 计算机中各种各样的数据，包括文字、图像、声音等，都用_____来表示和存储。

8. 物流信息化建设包括 3 个方面的内容：物流信息系统软件的使用、物流标准化、_____。

9. 物流的概念最早出现在_____领域。

物流信息技术实用教程（微课版 第3版）

10. _____是物流现代化的重要标志，它是指现代信息技术在物流各个作业环节中的应用。

二、选择题

1. 不属于现代物流特点的是（ ）。
   A. 信息化 　　　　B. 网络化 　　　　C. 智能化 　　　　D. 人工化

2. 以下有关数据与信息的描述，错误的是（ ）。
   A. 信息是加工后的数据 　　　　　　B. 数据和信息是相对的
   C. 数据处理必须依据客观规律 　　　D. 数据是加工后的信息

3. 用计算机对物流领域的信息进行处理，属于计算机应用领域的是（ ）。
   A. 数据处理 　　B. 辅助设计 　　C. 实时控制 　　D. 人工智能

4. 信息技术泛指凡是能（ ）人的信息处理能力的技术。
   A. 拓展 　　　　B. 优于 　　　　C. 替代 　　　　D. 改变

5. 信息技术主要包括传感技术、通信技术、计算机技术和（ ）等。
   A. 机器人技术 　B. 数据库技术 　C. 控制技术 　　D. 智能技术

6. （ ）与材料、能源一起被称为现代社会的三大资源。
   A. 知识 　　　　B. 科技 　　　　C. 信息 　　　　D. 情报

7. 传感技术是信息的采集技术，对应于人的（ ）。
   A. 感觉器官 　　B. 思维器官 　　C. 神经系统 　　D. 效应器官

8. 物流信息按管理层次可以分为战略管理信息、战术管理信息、（ ）和操作管理信息。
   A. 控制及作业信息 　B. 知识管理信息 　C. 支持信息 　　D. 统计管理信息

9. 主要用于企业内部以及企业供应链上下游之间的信息共享的物流信息平台是（ ）。
   A. 企业物流信息平台 　　　　　　B. 国家物流公共信息平台
   C. 地区物流公共信息平台 　　　　D. 行业物流公共信息平台

10. 物流信息的内容从狭义上是指（ ）。
   A. 企业与物流活动有关的信息 　　B. 企业与流通活动有关的信息
   C. 企业与整个供应链活动有关的信息 D. 企业与经营管理活动有关的信息

11. 物流信息的内容从广义上是指（ ）。
   A. 企业与物流活动有关的信息 　　B. 企业与流通活动有关的信息
   C. 与企业整个供应链活动有关的信息 D. 企业与经营管理活动有关的信息

12. 物流信息的分类、研究和筛选等工作的难度比较大，这是由物流信息（ ）的特点决定的。
   A. 阶梯式传递 　　　　　　　　　B. 信息量大、分布广、种类多
   C. 具有较强的时效性 　　　　　　D. 具有"牛鞭效应"

13. 从本质上讲，物流信息系统是利用信息技术，通过（ ），将各种物流活动与某个一体化过程连接在一起的通道。
   A. 物流 　　　　B. 商流 　　　　C. 资金 　　　　D. 信息流

14. "红灯停，绿灯行"反映的是信息的（ ）。
   A. 传递性 　　　B. 时效性 　　　C. 真伪性 　　　D. 价值相对性

15. 社会发展至今，人类赖以生存和发展的基础资源有（　　　）。

    A. 信息、知识、经济 　　　　　　　　B. 物质、能源、信息

    C. 通信、材料、信息 　　　　　　　　D. 工业、农业、轻工业

16. 有人说"信息是一种资源"，也有人说"信息能消除认识上的不确定性"。这些说法表明了（　　　）。

    A. 信息是静止的 　　　　　　　　　　B. 信息可以被人类所利用

    C. 信息是一种能量 　　　　　　　　　D. 信息是一种物质

17. 制造企业物流的起点是（　　　）。

    A. 供应物流 　　　　B. 生产物流 　　　　C. 半成品移动物流 　　　D. 销售物流

三、名词解释

信息；信息技术；现代物流；供应链；物流信息技术；物流信息化

四、简答题

1. 举例说明数据与信息的区别与联系。

2. 信息的基本特征是什么？

3. 物流信息技术包括哪些内容？

4. 如何理解商流、物流、资金流和信息流之间的关系？

5. 简述我国物流行业信息化的现状。

案例分析

从"汗水物流"到"智慧物流"

在传输带上，包裹川流不息，经过机器快速扫码，按地址分送到不同"路口"，滑入收集袋里，再走向千家万户。

这是记者日前在一家快递分拣中心看到的一幕。从"汗水物流"到"智慧物流"，从手工作业到智能定制，"无人"技术正在加快推动传统产业智能化，为经济增长注入新动能。

条形码识别准确率提升1%意味着什么？

每天，将有上千万的包裹不再需要手动分拣。

1秒扫描20件，1小时分拣7.2万件——我国科研团队自主研发的智能物流装备目前已在国内几家主要快递企业得到广泛应用。"双十一"没有爆仓，除了快递小哥的努力，智能物流也要记上一功。

图像高速识别技术是其中的关键。研发团队从最初的人工智能处理图像入手，迭代创新技术，有效应对条形码污损、变形、模糊等问题，将识别准确率提升到99%以上。

"准确率提升0.5～1个百分点，就意味着每天有上千万的包裹不需要手动分拣。"相关技术人员告诉记者。"双十一"期间，中科微至在全国分拣和输送的包裹近20亿件，效率比人工分拣提高2～3倍。

组装一台高端服务器整机需要多久？

只需2分钟。

服务器的装配工作并不简单，全自动流水线往往用于同规格、同配置产品的大规模量

产。然而，不同用户对高端服务器的配置需求迥异，提交到工厂的订单也五花八门。怎么提升效率？

柔性制造可以解决这一难题。将先进计算等技术融入智能制造方案中，可以先将销售订单信息转成生产订单信息，然后排序，将原材料智能调度到流水线的各个工站，再调度不同的机械臂开展协同生产。

2020年11月23日，"世界互联网大会·互联网发展论坛"在浙江乌镇开幕，"乌镇之光"等一批数字经济重大项目也宣布在当地落户。在新一代智造工场助力下，高端服务器的生产效率将大幅提升。

工业无线网络标准有什么用？

不同生产厂家的设备之间不需要线缆，也将互联互通。

随处可见的 Wi-Fi，通过统一数据标准，让手机、电脑轻松实现联网，但实现制造设备之间的实时互联，受工作环境及性能要求的限制，始终没有得到有效解决。一种名为 WIA-FA 的工业无线网络标准，将帮助互联网信息技术系统与工控系统操作技术系统深度融合，组成工业互联网，使智能工厂优化部署和控制，真正实现数据驱动。

根据案例回答以下问题。

（1）根据案例分析信息技术在提高物流效率方面发挥的重要作用。

（2）查找资料，分析我国物流信息技术应用现状及发展前景。

第2章 物流信息技术基础

【本章学习方略】

本章重点内容

- 数字化的概念与技术
- 企业网 Intranet 的结构和功能
- 网站的建设过程

本章难点内容

- 关系数据库模型
- 网络攻击与防范

～～～ 案例引入 ～～～～～～～～～～～～～～～～～～～～～～～～～～～～～～～～

顺丰速运如何玩转大数据？

2019年，大数据的概念刚刚诞生不久，网上流传着这样一个故事：一位在美国思科物流部门工作的印度裔小伙子被 Facebook 高价挖角进入其数据研究小组，他惊讶地发现，里面的成员全是来自物流企业、供应链方面的技术人员和专家。

而顺丰也早已意识到这一点——2013年，集团就开始在从前的数据分析团队基础上建立大数据团队，随着组织的变革和发展，目前在仓配 BG、速运 BG 和顺丰科技都有相关的大数据团队。

团队认为处理大数据共分四步

第一步是从数据源收集信息，这包括集团的巴枪系统、客户系统、运单系统和投诉系统等。第二步是进行一系列整合，完成数据"清洗"。第三步是建立主题式的数据集市，进行有目的的课题研究。第四步是把数据结论变成商业应用。

顺丰创造众多快递业大数据产品

"中转场探测器"可以通过大数据分析自动预警爆仓和晚点率；"天犬"通过分析以往出现毒品的货物的特点，可以在货物扫描过程中发出警报；"中转场排班系统"根据人员信息和中转场运转安排，进行科学排班，最大化利用人员效能……另外，客户挽留、收派员能力预测等都是基于对海量数据的分析产生的，也都是顺丰的原创。

提升产品运送速度和服务质量，大数据有一套

2019年5月，速运 BG "次晨达"产品正式推出，凡是使用此产品运送的物品，第二天10:30前必须到达目的地，否则顺丰将进行相应的赔付。在该产品的推广过程中，速运 BG 借助于大数据，通过分析客户平日对时效的要求、使用快递的频率和投诉情况等一系列大量数据，将客户群体进行区分，对时效比较敏感的客户就成为了"次晨达"产品的推广对象。

在改进服务质量方面，大数据也能派上大用场

顺丰的收派团队人员众多，分布广泛，管理起来需要一套严格的标准，才能始终保持高水准的服务质量。由此，BI 分析团队利用大数据建立了一套收派员精准化管理系统，这其实是控制仓管员向收派员分配派送数量的过程，通过收派员每天用巴枪扫描的件量，就能在后台预测该收派员每天的最大工作量，从而减轻其派送压力，相应地提高服务质量。

传统企业用大数据，有优势也有不足

在同行业中，顺丰收集数据、分析数据也是非常有优势的。第一，顺丰的员工人数众多，分点部遍布全国各个角落，可以收集到各种非典型案例，帮助拓展顺丰服务的广度。第二，顺丰直营的经营模式对数据汇总分析非常有利。第三，虽然涉足互联网比较晚，但顺丰22年的快递运营积累了深厚的行业经验，这为大数据在实际中的应用提供了铺垫。第四，快递行业的数据比较单一，与电子商务、旅游等行业相比，速运只需要专注于客户服务和物品运输，大数据的收集也相对比较容易。

但是，作为国内快递行业的龙头企业，顺丰在大数据的运用方面还是暴露出一些缺点。目前，单就速运 BG 而言，几乎各个部门都根据自身需要配备了数据分析人员，最好的发展方向是整合这些资源，把各部门的专业数据分析人员汇总到一起，做好数据规划，组成更强大的团队来为各部门处理大数据，以此提高工作效率。

大数据将改变整个行业的运作模式

越来越多的事物正在被大数据改变着，未来这个世界也许会走进一个数据时代，顺丰作为一家正在参与时代变革的企业，也将不可逃避地走进大数据时代。数据正在迅速膨胀并变大，它决定着企业的未来发展，虽然很多企业可能并没有意识到数据爆炸性增长带来的隐患，但是随着时间的推移，人们将越来越意识到数据对企业的重要性。

物流信息技术作为现代信息技术的重要组成部分，本质上都属于信息技术范畴，只是因为信息技术应用于物流领域而使其在表现形式和具体内容上存在一些特性，但其基本要素仍然同现代信息技术一样。本章主要介绍物流信息技术基础知识，包括数字化技术、网络与通信技术、数据存储与挖掘技术、网站开发技术和信息安全技术等。

2.1 数字化技术

2.1.1 数字化的基本概念

进入 21 世纪以来，以人工智能、量子信息、移动通信、物联网、区块链为代表的新一代信息技术加速突破应用，世界正在进入以信息产业为主导的经济发展时期。我们要把握数字化、网络化、智能化融合发展的契机，以信息化、智能化为杠杆培育新动能。

数字化技术

数字化、网络化和智能化是新科技革命的突出特征，也是新一代信息技术的核心。数字化是社会信息化的基础，其发展趋势是社会的全面数据化。数据化强调数据的收集、汇集、分析和应用。

1. 数字化技术的定义

数字化技术（Digital Technology）是一项与电子计算机相伴相生的科学技术，它是指借助一定的设备将各种信息，包括图形、文字、声音、影像等，转化为电子计算机能识别的二进制数字"0"和"1"后进行运算、加工、存储、传送、传播、还原的技术。由于在运算、存储等环节中要借助计算机对信息进行编码、压缩、解码等，因此也称为数码技术、计算机数字技术等。数字技术也称数字控制技术。

2. 数字化的特点

（1）采用二进制表示。凡元件具有的两个稳定状态都可用来表示二进制（如"高电平"和"低电平"），故其基本单元电路简单，对电路中各元件精度要求不是很严格，允许元件参数有较大的分散性，只要能区分两种截然不同的状态即可。这一特点对实现数字电路集成化是十分有利的。

（2）抗干扰能力强、精度高。由于数码技术传递加工和处理的是二值信息，不易受外界的干扰，因而抗干扰能力强。另外，它可用增加二进制数的数位提高精度。

（3）数字信号便于长期存储，使大量可贵的信息资源得以保存。

（4）保密性好，在数码技术中可以进行加密处理，使一些可贵的信息资源不易被窃取。

（5）通用性强，可以采用标准化的逻辑部件来构成各种各样的数码系统。

2.1.2 英文符号的数字化

1. 美国信息交换标准代码

世界上第一台计算机 ENIAC 于 1946 年 2 月在美国诞生，所以最早的数字化技术是针对英文字符和符号的编码标准。

美国信息交换标准代码（American Standard Code for Information Interchange，ASCII）是由美国国家标准学会（American National Standard Institute，ANSI）制定的，是一种标准的单字节字符编码方案，用于基于文本的数据。它最初是美国国家标准，供不同计算机在相互通信时用作共同遵守的西文字符编码标准，后来被国际标准化组织（International Organization for Standardization，ISO）定为国际标准，称为 ISO 646 标准。它适用于所有拉丁文字字母。

2. ASCII 编码方式

ASCII 码使用指定的 7 位或 8 位二进制数组合来表示 128 或 256 种可能的字符。标准 ASCII 码也叫基础 ASCII 码，使用 7 位二进制数（剩下的 1 位二进制为 0）来表示所有的大写和小写字母，数字 0～9、标点符号，以及在美式英语中使用的特殊控制字符。其中，0～31 及 127（共 33 个）是控制字符或通信专用字符（其余为可显示字符），如控制符：LF（换行）、CR（回车）、FF（换页）、DEL（删除）、BS（退格）、BEL（响铃）等；通信专用字符：SOH（文头）、EOT（文尾）、ACK（确认）等；ASCII 值为 8、9、10 和 13 分别转换为退格、制表、换行和回车字符。它们并没有特定的图形显示方式，但会依不同的应用程序，而对文本显示有不同的影响。

32～126（共 95 个）是字符（32 是空格），其中 48～57 为 0～9，共 10 个阿拉伯数字。

65～90 为 26 个大写英文字母，97～122 为 26 个小写英文字母，其余为一些标点符号、运算符号等。

同时还要注意，在标准 ASCII 中，其最高位（b7）用作奇偶校验位。后 128 个称为扩展 ASCII 码。许多基于 x86 的系统都支持使用扩展（或"高"）ASCII。扩展 ASCII 码允许将每个字符的第 8 位用于确定附加的 128 个特殊符号字符、外来语字母和图形符号。

3. ASCII 码的缺陷

在英语中，用 128 个符号编码便可以表示所有英文，但是用来表示其他语言，128 个符号是不够的。比如，在法语中，字母上方有注音符号，它就无法用 ASCII 码表示。于是，一些欧洲国家决定利用字节中闲置的最高位编入新的符号。比如，法语中 é 的编码为 130（二进制 10000010）。这样一来，这些欧洲国家使用的编码体系最多可以表示 256 个符号。

但是，这里又出现了新的问题。不同的国家有不同的字母，因此，哪怕它们都使用 256 个符号的编码方式，代表的字母也不一样。比如，130 在法语编码中代表 é，在希伯来语编码中却代表字母 Gimel (λ)，在俄语编码中又会代表另一个符号。但是不管怎样，所有这些编码方式中，0～127 表示的符号都是一样的，不一样的只是 128～255 的这一段。

至于亚洲国家的文字，使用的符号就更多了，仅汉字就多达 10 万左右。一字节只能表示 256 种符号，肯定是不够的，就必须使用多字节表达一个符号。

2.1.3 汉字的数字化

汉字的数字化是通过汉字编码，使汉字带上一套有序的符号，从而转换成能被现代计算机语言识别的数字，完善汉字系统，以弥补汉字的不足之处。汉字的数字化可以解决汉字输入、中文加密、计算机编程、人机界面、人工智能、语音控制等一系列关键信息领域里的难题。

汉字字符编码方案的国家标准主要有 GB 2312、GBK、GB 18030。

1. GB 2312 标准

GB 2312 是 1980 年制定的中国汉字编码国家标准，共收录 7 445 个字符，其中汉字 6 763 个。GB 2312 兼容标准 ASCII 码，采用扩展 ASCII 码的编码空间进行编码，一个汉字占用 2 字节，每字节的最高位为 1。

GB 2312 编码标准收录字符组成 94×94 的方阵，每一行称为一个"区"，每一列称为一个"位"，区号、位号的范围均为 01～94，区号和位号组成的代码称为"区位码"。区位输入法就是通过输入区位码实现汉字输入的。将区号和位号分别加上 20H，得到的 4 位十六进制整数称为国标码，编码范围为 0x2121～0x7E7E。为了兼容标准 ASCII 码，给国标码的每个字节加 80H，形成的编码称为机内码，简称内码，是汉字在机器中实际的存储代码。GB 2312-80标准的内码范围是 0xA1A1～0xFEFE，如表 2-1 所示。

表 2-1　GB 2312-80 字符集结构

00～20		21　22　23　24　25　26　……　7C　7D　7E
22～20	位区	1　2　3　4　5　6　……　92　93　94
21～2F	1～15	非汉字图形符号（常用符号、数字序号、俄、法、希腊字母、日文假名等）
30～57	16～55	一级汉字（3 755 个）
58～77	56～87	二级汉字（3 008 个）
78～7E	88～94	空白区
7F		

例如，啊（0011000000100001）（30211601）、水（01001011 00101110）（432E4314）。

2．GBK 编码标准

《汉字内码扩展规范》（GBK）于 1995 年制定，兼容 GB 2312、GB 13000.1、BIG5 编码中的所有汉字，使用双字节编码，编码空间为 0x8140～0xFEFE，共有 23 940 个码位，其中 GBK1 区和 GBK2 区也是 GB 2312 的编码范围，收录了 21 003 个汉字。

GBK 向下与 GB 2312 编码兼容，向上支持 ISO 10646.1 国际标准，是前者向后者过渡过程中一个承上启下的产物。ISO 10646 是 ISO 公布的一个编码标准，即《通用多八位编码字符集》（Universal Multilpe-Octet Coded Character Set，UCS），它与 Unicode 组织的 Unicode 编码完全兼容。ISO 10646.1 是该标准的第一部分《体系结构与基本多文种平面》。我国 1993 年以 GB 13000.1 国家标准的形式予以认可（GB 13000.1 等同于 ISO 10646.1）。

3．GB 18030 编码标准

国家标准 GB 18030-2000《信息交换用汉字编码字符集基本集的补充》是我国继 GB 2312-1980 和 GB 13000-1993 之后最重要的汉字编码标准，也是我国计算机系统必须遵循的基础性标准之一。

GB 18030-2000 编码标准是由信息产业部和国家质量技术监督局在 2000 年 3 月 17 日联合发布的，并且作为一项国家标准在 2001 年 1 月正式强制执行。GB 18030-2005《信息技术 中文编码字符集》是我国制定的以汉字为主并包含我国多种少数民族文字（如藏文、蒙古文、傣文、彝文、朝鲜文、维吾尔文等）的超大型中文编码字符集强制性标准，其中收入汉字 70 000 余个。

2.1.4 图形图像的数字化

在计算机中，图形（Graphics）和图像（Image）是两个不同的概念。图形一般是指使用绘画软件绘制出的由直线、曲线等组成的画面，图形文件中存放的是描述图形的指令，以矢量图形文件存储。图像则是由扫描仪、数码相机等设备输入的画面，经数字化后以点阵（位图）形式存储。

1．点阵表示法

点阵表示法表示的图像由排列成若干行、若干列的黑白或彩色的光点组成，每个光点叫作一个像素（Pixel），从而形成一个像素点阵列。阵列中的像素总数决定了图像的精细程度。像素数越多，图像越精细，其细节的分辨程度也就越高，但同时也必然要占用更大的存储空间。阵列中的像素行列数的乘积称为图像的分辨率，例如一个图像的阵列共有 480 行，每行有 640 个点，则该图像的分辨率为 640 像素×480 像素。

在计算机中存储和处理图像同样要用二进制数字编码的形式。将每个像素点用若干个二进制位进行编码，表示图像颜色的过程就叫作图像数字化。描述图像的重要属性是图像分辨率和颜色深度，其中关于颜色的编码可以分为以下几类。

（1）黑白色。如果一个像素点只有黑白两种颜色，那么只用一个二进位就可以表示一个像素。这时，存储一个 640×480 的像素阵列需要 640×480/8=38 400B=37.5KB。

（2）256 色灰度。由黑白二色像素构成的图像也可以用像素的灰度来模拟彩色显示，一个像素的灰度就是像素的亮度，即介于纯黑和纯白之间的各种情况。计算机中采用分级方式表示灰度。例如，分成 256 个不同的灰度级别（可以用 0～255 的数表示），用 8 个二进位就能表示一个像素的灰度。采用灰度方式，图像的表现力增强了，但同时存储一幅图像所需要的存储空间也增加了。例如，采用上述 256 级灰度与采用 256 种颜色一样，表示存储一幅 640 像素×480 像素的图像大约需要 30 万字节（300KB）。

（3）"真彩色"图像显示。所谓"真彩色"图像显示，就是用 3 字节表示一个像素点的色彩，其中每字节表示一种基色的强度，强度分成 256 个级别。由此可知，要表示一个 640 像素×480 像素的"真彩色"的点阵图像，需要将近 1MB 的存储空间。

由此可见，图像点阵表示法的缺点是保存一幅图像所需的存储空间很大。因此后来又发展出许多压缩文件格式来节省存储空间，常用的有 BMP、JPEG、GIF、AVI、MPEG 等。

2. 矢量表示法

矢量表示法的基本原理是用直线逼近曲线，用直线段两端点位置表示直线段。采用这种方法意味着图形需要的存储空间非常小。矢量图形由矢量定义的直线和曲线组成，Adobe Illustrator、CorelDraw、CAD 等软件都是以矢量表示法对图形进行处理的。矢量图形根据轮廓的几何特性进行描述，图形的轮廓画出后，被放在特定位置并填充颜色，移动、缩放或更改颜色不会降低图形的品质。

矢量图形与分辨率无关，可以将它缩放到任意大小并以任意分辨率在输出设备上打印出来，都不会影响清晰度。

2.1.5　语音的数字化

1. 语音的数字化的概念

语音信号是模拟信号，其频率为 300Hz～3.4kHz，要在数字传输系统中传递语音信号，就必须使模拟的语音信号数字化。音频信号要想用于计算机，就必须将模拟信号转化为数字信号，这样，我们就能在计算机上存储声音了，等到用户需要播放时，再将数字信号转化为模拟信号。

语音数据处理的整个过程可以分为两个部分：① A/D 转换，即把原始声音的模拟信息转化为数字化信息；② D/A 转换，即把数字信息转化为模拟数据。高质量低速率的语音编码技术将模拟语音信号变成数字信号以便在信道中传输。除了通信带宽的要求外，嵌入式系统存储容量的限制也要求对语音进行压缩，以达到微处理器在巨量数据情况下实时或准实时进行处理的目的。

2. PCM 技术

PCM 即脉冲编码调制（Pulse Code Modulation）。在 PCM 过程中，对输入的模拟信号进行抽样、量化和编码，用二进制编码的数来代表模拟信号的幅度；接收端再将这些编码还原为原来的模拟信号。即数字音频的 A/D 转换包括 3 个过程：抽样、量化、编码。

假设语音 PCM 的抽样频率为 8kHz，每个量化样值对应一个 8 位二进制码，故语音数字编码信号的速率为 8bit×8kHz=64kbit/s = 8KB/s。量化噪声随量化级数的增多和级差的缩小而减小。量化级数增多即样值数增多，这要求更长的二进制编码。因此，量化噪声随二进制编码的位数增多而减小，即随数字编码信号速率的提高而减小。

3. PCM 的工作过程

语音的数字化需要经历抽样、量化、编码 3 个阶段，如图 2-1 所示。

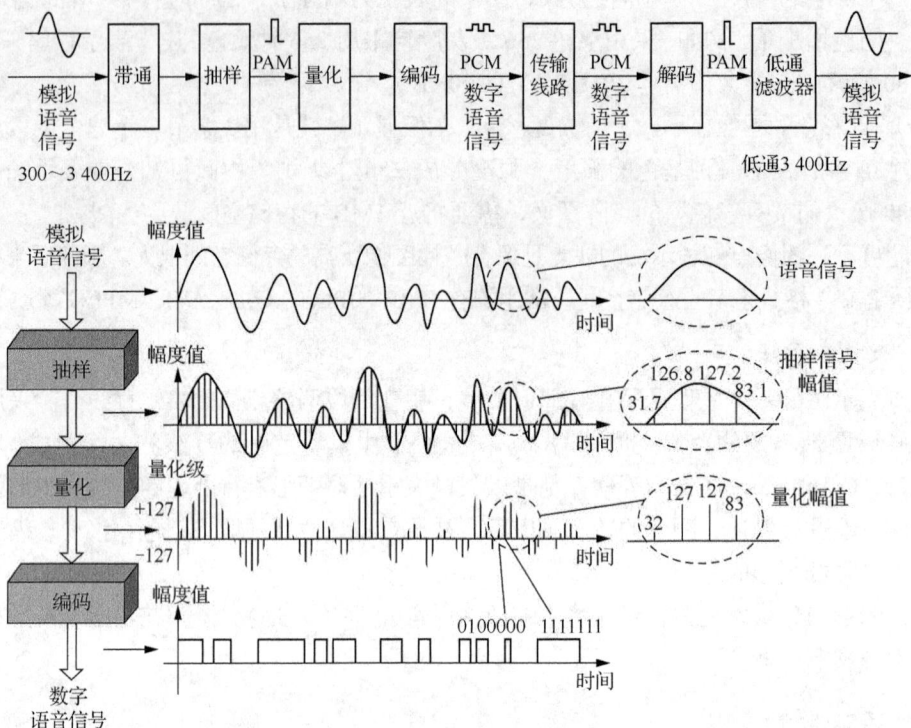

图 2-1　PCM 的工作过程

（1）抽样是把时间上连续的模拟信号在时间轴上离散化的过程。这里有采样周期和采样频率的概念，采样周期即相邻两个采样点的时间间隔，采样频率是采样周期的倒数。理论上，采样频率越高，声音的还原度越高，声音就越真实。为了不失真，采样频率需要高于声音最高频率的 2 倍。

（2）量化的主要工作是将幅度上连续取值的每个样本转换为用离散值表示。其量化过后的样本是用二进制表示的，此时可以理解为已经完成了模拟信号到二进制的转换。精度越大，声音的质量越好。通常的精度有 8bit、16bit、32bit 等，当然质量越好，需要的存储空间就越大。

（3）编码是整个声音数字化的最后一步，其实声音模拟信号经过采样、量化之后已经变为了数字形式，但是为了方便计算机的存储和处理，需要对它进行编码，以减少数据量。

4. PCM 的应用

PCM 是理论上简单、应用上成熟的技术，被广泛应用于通信、计算机、数字仪表、遥控遥测等领域。随着通信技术、电子技术和计算机技术的不断发展进步，PCM 在应用中的实现方法也经历了不断发展的过程，由最初通过模拟电路实现、数字电路实现、集成电路实现、软硬件结合实现，到采用单片机来实现。

在计算机应用中，能够达到最高保真水平的就是 PCM 编码，其被广泛用于素材保存及音乐欣赏，在 CD、DVD 及我们常见的 WAV、MP4 文件中均有应用。

2.2 网络与通信技术

2.2.1 计算机网络概述

通信技术是一门相对古老的技术，人类在 19 世纪 30 年代发明了电报，而在 19 世纪 70 年代才发明了电话。自 1946 年第一台电子计算机问世以后，在开始的大约 10 年时间内，计算机技术和通信技术之间几乎没有什么联系。当时，电子计算机的数量很少，而且价格十分昂贵，只为少数专业人士使用，而且在使用时非常不方便。

计算机网络概述

自 20 世纪 60 年代以来，人们就不断将计算机技术与通信技术相结合，并取得了巨大的成功，逐渐形成了现代的计算机网络技术，并不断向前发展。

1. 计算机网络的定义

计算机网络是通信技术与计算机技术相结合的产物。通信技术是计算机网络产生的前提和条件，而计算机技术的快速发展和社会需求是计算机网络产生的动力。计算机网络的发展经历了面向终端的单机计算机网络、计算机对计算机网络、开放式标准化计算机网络和高速广域网 4 个阶段。

计算机网络就是将不同地理位置并具有独立功能的多台计算机或外部设备通过通信线路相互连接起来，在网络通信协议和网络操作系统的支持下，实现资源共享和信息交换的计算机系统的集合。虽然不同的教材对计算机网络有着不同的定义，但综合起来包含 3 个要点，这 3 个要点称为计算机网络的三要素。

（1）包含多台具有"自主"功能的计算机。

（2）彼此必须遵循所规定的网络协议。

（3）资源共享是其基本功能。

2. 计算机网络的分类

计算机网络的分类有多种方法，常用的方法主要有按通信方式分类、按拓扑结构分类和按地理覆盖范围分类 3 种。

（1）按通信方式分类。

① 广播式网络：只有一条通信信道，网络上的所有计算机共享通道，信息传输是以广播方式传输，如局域网上的总线网、广域网上的微波通信、卫星通信等。

② 点到点网络：由一对对计算机之间的多条链路组成，用点到点的方式将计算机连接起来，信息传输是以点到点的方式传输，如局域网上的令牌环网。

（2）按拓扑结构分类。"拓扑"是几何学中的概念，从图论演变而来，将实体抽象成与其大小、形状无关的点，将连接实体的线路抽象成线，进而研究点、线、面之间的关系。

网络的拓扑结构是在计算机网络中将各节点抽象为"点"，将通信介质抽象为"线"来表达网络节点与节点之间的关系。按照拓扑结构，计算机网络可以分为 5 类，如图 2-2 所示。

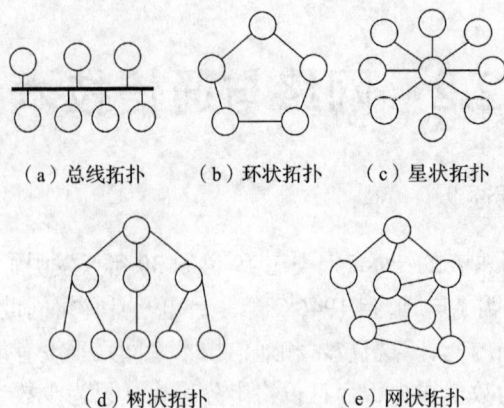

（a）总线拓扑　　（b）环状拓扑　　（c）星状拓扑

（d）树状拓扑　　　　（e）网状拓扑

图 2-2　计算机网络拓扑结构

（3）按地理覆盖范围分类。计算机网络按照其覆盖的地理范围进行分类，可以很好地反映不同类型网络的技术特征。因为网络覆盖的地理范围不同，它们采用的传输技术也不同，所以形成了不同的网络技术特点与网络服务功能。按网络覆盖的地理范围，计算机网络可以分为局域网（Local Area Network，LAN）、城域网（Metropolitan Area Network，MAN）和广域网（Wide Area Network，WAN）3 种类型，如表 2-2 所示。

表 2-2　局域网、城域网和广域网的比较

类型	覆盖范围	传输速率	误码率	计算机数目（台）	传输介质	所有者
LAN	<10km	很高	$10^{-11}\sim10^{-8}$	$10\sim10^3$	双绞线、同轴电缆、光纤	专用
MAN	几百千米	高	$<10^{-9}$	$10^2\sim10^4$	光纤	公/专用
WAN	很广	低	$10^{-7}\sim10^{-6}$	极多	公共传输网	公用

3. 局域网技术

局域网属于专有网络，通常位于一个建筑物或者一个校园内。地理覆盖范围通常在 10km 之内，一般不使用网状结构。与其他网络相比，局域网技术的发展最为迅速。1980 年 2 月，电气与电子工程师协会（Institute of Electrical and Electronics Engineers，IEEE）802 委员会成立。该委员会制定了一系列局域网标准，即 IEEE 802 标准。

局域网具有以下特点。

（1）地理覆盖范围有限：10 000m 以内。

（2）传输速率高：10Mbit/s～1 000Mbit/s。

（3）误码率低：$10^{-11}\sim10^{-8}$。

（4）多采用分布式控制和广播式通信：站点平等，广播式发送。

（5）低层协议简单：没有网状结构。

（6）不单独设立网络层：根据其拓扑结构，不需要中间转发。

（7）采用多种媒体访问技术：CDMS/CD、令牌环、令牌总线、FDDI 等。

（8）局域网的体系结构由 IEEE 802 体系结构委员会定义。

早期的局域网主要以以太网（Ethernet）为代表，采用总线拓扑结构。交换机的产生和应用，打破了共享介质式以太网的广播式传输、会产生冲突等缺点，交换机各端口之间可以进行并发通信，而不会产生冲突，极大地提高了网络响应速度，从而使建立较大规模的局域网

成为可能。

目前，大多数企业网、校园网等典型的局域网均采用交换式以太网结构，主要采用 5 类非屏蔽双绞线和光纤连接。根据网络规模，可以采用两层或三层交换机结构。图 2-3 所示为典型的千兆位三层交换的局域网结构。

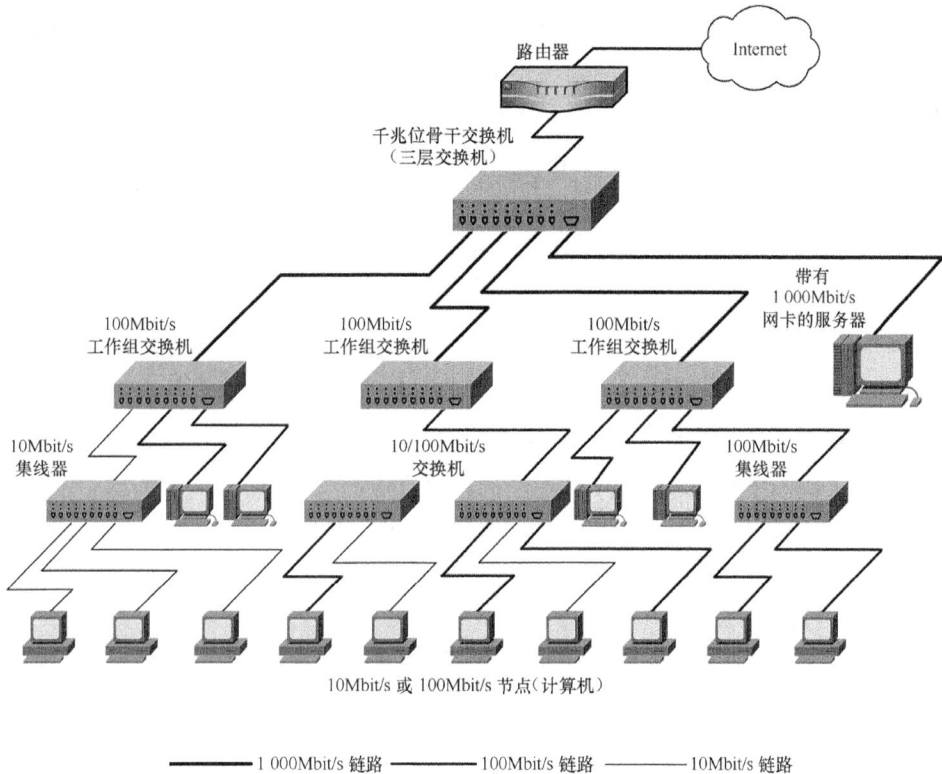

图 2-3　千兆位三层交换的局域网结构

2.2.2　因特网

1. 因特网的概念

因特网（Internet）的中文正式译名为互联网，又叫作国际互联网，是一个以 TCP/IP 网络协议连接各个国家、各个地区、各个机构的计算机网络的数据通信网。一旦连接到它的任何一个节点上，就意味着计算机已经连入互联网。互联网目前的用户已经遍及全球，有超过几十亿人在使用，而且它的用户数还在上升。互联网的持续发展是当今网络领域最令人感兴趣的现象之一，它越来越融入人们的生活，并逐渐改变着人们的生活方式。

互联网的特点：具有公平性、具有开放性、入网方式灵活多样、信息资源极为丰富、安全性差、资源的分散化管理为信息的查找带来一定困难。

互联网的发展过程可以分为以下 3 个阶段（见图 2-4）。

（1）互联网的雏形阶段。1969 年，美国国防部高级研究计划局（Advance Research Projects Agency，ARPA）开始建立一个命名为 ARPANET 的网络。当时建立这个网络的目的是出于军事需要，计划建立一个计算机网络，当网络中的一部分被破坏时，其余网络部分会很快建立起新的联系。人们普遍认为这就是互联网的雏形。

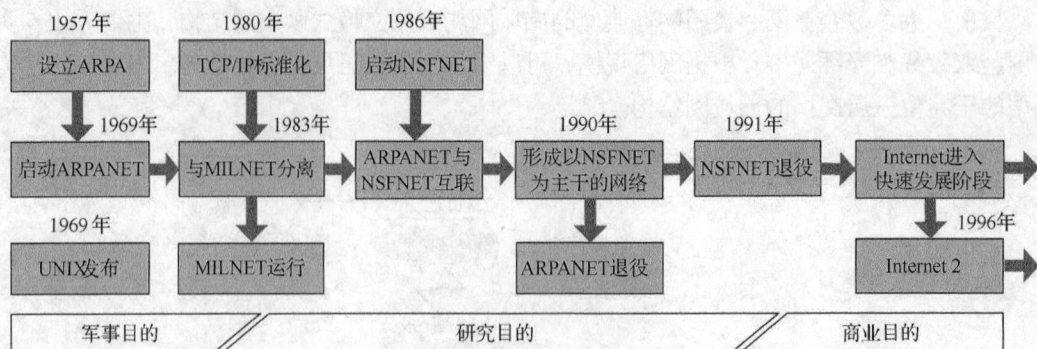

图 2-4　互联网的发展过程

（2）互联网的发展阶段。美国国家科学基金会（National Science Foundation，NSF）在 1985 年开始建立计算机网络 NSFNET。NSF 规划建立了 15 个超级计算机中心及国家教育科研网，用于支持科研和教育的全国性规模的 NSFNET，并以此为基础，实现同其他网络的连接。NSFNET 成为因特网上主要用于科研和教育的主干部分，代替了 ARPANET 的地位。1989 年 MILNET（由 ARPANET 分离出来）实现和 NSFNET 连接后，就开始采用互联网这个名称。自此以后，其他部门的计算机网络相继并入互联网，ARPANET 就宣告解散了。

（3）互联网的商业化阶段。20 世纪 90 年代初，商业机构开始进入互联网，使互联网开始了商业化的新进程，成为互联网大发展的强大推动力。1995 年，NSFNET 停止运作，互联网彻底商业化。

我国自 1997 年 6 月 3 日中国互联网络信息中心（China Internet Network Information Center，CNNIC）成立以来，互联网得到了飞速发展。CNNIC 在京发布第 47 次《中国互联网络发展状况统计报告》显示，截至 2020 年 12 月，我国网民规模达 9.89 亿，较 2020 年 3 月增长 8 540 万，互联网普及率达 70.4%。2020 年，我国互联网行业在抵御新冠肺炎疫情和疫情常态化防控等方面发挥了积极作用，为我国成为全球唯一实现经济正增长的主要经济体，国内生产总值（Gross Domestic Product，GDP）首度突破百万亿元，以及为圆满完成脱贫攻坚任务做出了重要贡献。

2. TCP/IP 互联网体系结构

（1）TCP/IP 的概念。传输控制协议/网际互联协议（Transmission Control Protocol/Internet Protocol，TCP/IP）是互联网最基本的协议，也是 Internet 国际互联网络的基础。它定义了电子设备如何连入互联网，以及数据如何在它们之间传输的标准。

TCP/IP 开发于 20 世纪 60 年代末，比开放式系统互联/参考模型（Open System Interconnection/Reference Model，OSI/RM）的开发要早。虽然 OSI/RM 是网络协议标准，但因为比较复杂、开销太大，所以真正采用的不多。TCP/IP 因其简单实用，得到普遍采用，因而成为实际上的标准。

TCP/IP 的特点：开放的协议标准、独立与特定的网络硬件、统一的地址分配方案、标准化的高层协议等。

（2）TCP/IP 体系结构。TCP/IP 的分层结构比较简单、易于实现，比 OSI 参考模型的 7 层结构更为实用。TCP/IP 采用了 4 层的层级结构：网络接口层对应 OSI 的物理层与数据链路层；网际层对应 OSI 的网络层；传输层对应 OSI 的传输层；应用层对应 OSI 的会话层、表示层和应用层。而且，人们开发和设计了大量通信协议，形成了 TCP/IP 的协议簇。

TCP/IP 的体系结构与 OSI 参考模型的体系结构对比和 TCP/IP 协议簇，如图 2-5 所示。

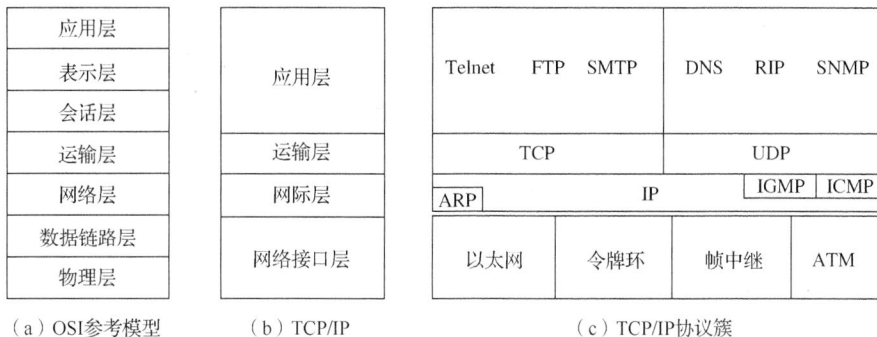

应用层
表示层
会话层
运输层
网络层
数据链路层
物理层

（a）OSI参考模型

应用层
运输层
网际层
网络接口层

（b）TCP/IP

Telnet FTP SMTP	DNS RIP SNMP
TCP	UDP
ARP IP	IGMP ICMP
以太网	令牌环	帧中继	ATM

（c）TCP/IP协议簇

图 2-5　TCP/IP 体系结构

（3）IP 地址。为准确找到目的地，连接在某个网络上的两台计算机之间在相互通信时，所传输的数据包里都会含有发送数据的计算机地址和接收数据的计算机地址的附加信息。为了通信方便，每台计算机都会事先被分配一个类似电话号码的标识地址，该标识地址就是 IP 地址。

根据 TCP/IP 的规定，IP 地址（IPv4）是由 32 位（4 字节）二进制数组成的，而且在 Internet 范围内是唯一的。为了方便记忆，互联网管理委员会采用了一种"点分十进制"方法表示 IP 地址，即将 IP 地址分为 4 字节，且每字节用十进制表示，并用点号"."隔开。例如，二进制的 IP 地址"00001010000000000000000000000001"可以表示为 10.0.0.1。

IP 地址由两部分组成，前一部分为前缀，表示网络地址；后一部分为后缀，表示主机地址。IP 地址分为 A、B、C、D、E 5 类，常用的是 A、B、C 3 类。A 类地址分配给超大型网络；B 类地址分配给大型和中型网络；C 类地址分配给小型网络；D 类地址用于多目地址传输（组播）；E 类地址用于研究和试验。其分类方法如图 2-6 所示。

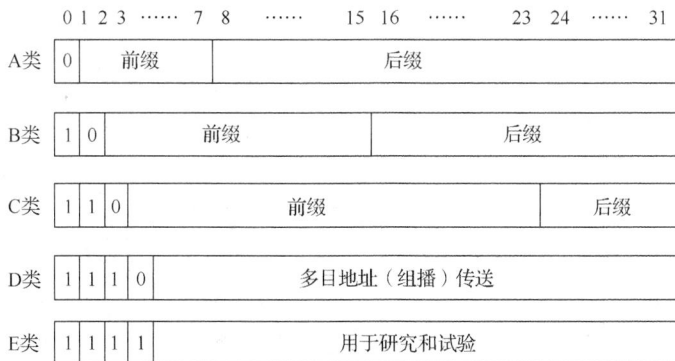

图 2-6　IP 地址的分类

由于 IPv4 最大的问题在于网络地址资源有限，因而严重制约了互联网的应用和发展。IPv6 是互联网工程任务组（Internet Engineering Task Force，IETF）设计的用于替代现行版本 IP（IPv4）的下一代 IP，编址为 128 位二进制数，声称可以为全世界的每一粒沙子编上一个网址。IPv6 的使用不仅解决了网络地址资源数量的问题，而且也消除了多种接入设备连入互联网的障碍。

3．域名系统

（1）域名的概念。用户要记住 IP 地址比较困难，TCP/IP 协议专门设计了一种字符型的主机命名机制，每台主机有一个由字符串组成的名字。针对因特网的管理方式与区域划分，给每个管理区域的命名称为域名，域名相对于 IP 地址来说是一种更为高级的地址形式。

域名（Domain Name）又称网域，是由一串用点分隔的名字组成的因特网上某一台计算机或计算机组的名称，用于在数据传输时对计算机进行定位标识（有时也指地理位置）。

（2）域名的结构。域名采用树结构（见图 2-7），最高级域的下面还有子域。每个域有一个名字，即域名。最高级域的名字是顶级域名，不限子域的层数，也不规定子域的域名及其含义。

域中服务器的命名格式：主机名.次级域名（可以多级）.顶级域名

例如，www.cctv.com.cn。

一级域名采用以国家或地区命名，或以机构类型命名两种方式，分别如表 2-3 和表 2-4 所示。

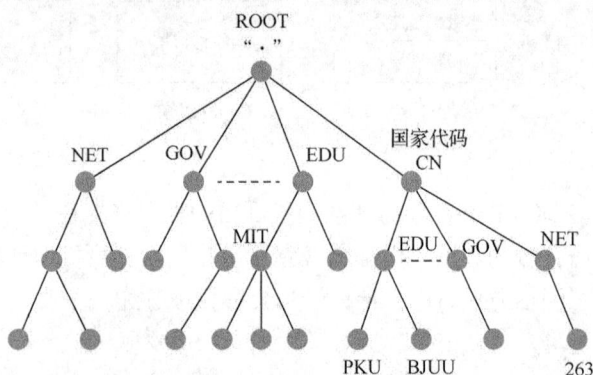

图 2-7　域名的树形结构

表 2-3　以国家命名的一级域名

地区代码	国家	地区代码	国家
AU	澳大利亚	JP	日本
BR	巴西	KR	韩国
CN	中国	RU	俄罗斯
FR	法国	UK	英国

表 2-4　以机构类型命名的一级域名

域名代码	意义
COM	商业组织
EDU	教育机构
GOV	政府部门
MIL	军事部门
NET	网络支持中心
ORG	其他组织
ARPA	临时 ARPA（未用）
INT	国际组织

（3）统一资源定位器。当用户通过浏览器访问因特网的网站时（WWW 服务），每一信息资源都有统一的且在网上唯一的地址，该地址就叫统一资源定位器（Uniform Resource Locator，URL），它是 WWW 的统一资源定位标志，就是指网络地址。其一般组成部分为：

物流信息技术实用教程（微课版 第3版）

协议、主机、端口、路径。

URL 的一般语法格式为（带方括号[]的为可选项）：

protocol :// hostname[:port] / path / [;parameters][?query]#fragment

例如，http://www.zwu.edu.cn。

某些默认的参数可以忽略，如 HTTP、WWW 等。例如，访问淘宝网站时只需输入 taobao.com。

（4）域名系统（Domain Name System，DNS）。域名系统采用客户机/服务器模式，当用户发出一个域名翻译请求时，域名服务器对它进行翻译，得到的 IP 地址再交给用户。

域名服务器也按树形结构分层组织，一个节点不能存在于多个服务器上。

在域名系统中，域名的管理采取自治的原则，允许一个组织为自己的计算机指定或改变下级域名。因特网的域名系统 DNS 能够透明地完成此项工作。

DNS 一般采用递归和迭代两种地址解析方式。递归是用户只向本地 DNS 服务器发出请求，然后等待肯定或否定答案。而迭代是本地服务器向根 DNS 服务器发出请求，根 DNS 服务器只是给出下一级 DNS 服务器的地址，然后本地 DNS 服务器再向下一级 DNS 服务器发送查询请求直至得到最终答案，如图 2-8 所示。

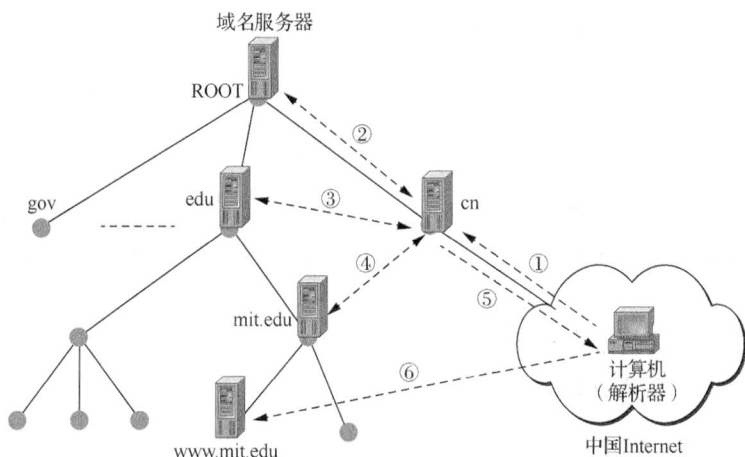

图 2-8　DNS 的解析方式

4. 互联网的常用服务

互联网的目标：一是促进人们相互之间的信息沟通；二是为人类提供信息资源的共享。这些功能都是通过网络服务来实现的。常用的网络服务包括 Web 网站服务、E-mail 服务、远程登录服务、文件传输服务、新闻讨论组服务以及 QQ、网游、博客等。

2.2.3　无线网络技术

1. 无线传感器网络

（1）无线传感器网络的概念。传感器网络是由部署在监测区域内部或附近的大量廉价的，具有通信、感测及计算能力的微型传感器节点通过自组织构成的"智能"测控网络。

传感器网络一般由传感器节点（信息采集的终端）、汇聚网关（感知数据向外部传递的设备）、管理节点（对传感器网络进行监控和管理的设备）组成（见图2-9）。

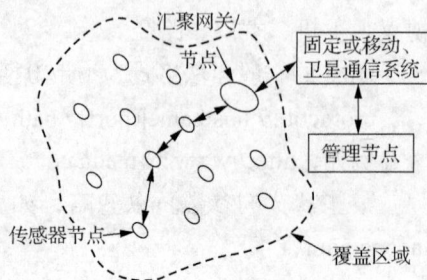

图2-9 传感器网络的组成

无线传感器网络（Wireless Sensor Networks，WSN）是一种分布式传感网络，它的末梢是可以感知和检查外部世界的传感器。WSN中的传感器通过无线方式通信，因此网络设置灵活，设备位置可以随时更改，还可以与互联网进行有线或无线方式的连接。WSN是通过无线通信方式形成的一个多跳自组织网络。

（2）无线传感器网络通信协议。典型的无线传感器网络通信协议遵循ISO/OSI的层次结构定义，但只定义了物理层、数据链路层、网络层、应用层。物理层和MAC层完全兼容IEEE 802.15.4协议。

1998年3月，IEEE标准化协会正式批准成立了IEEE 802.15.4工作组。这个工作组致力于无线个人区域网络的物理层和媒体访问子层的标准化。其工作目标是为在个人操作空间内相互通信的无线通信设备提供通信标准。

IEEE 802.15.4标准定义的LR-WPAN网络具有如下特点。

（1）在不同的载波频率下实现了20kbit/s、40kbit/s和250kbit/s 3种不同的传输速率。

（2）支持星形和点对点两种网络拓扑结构。

（3）有16位和64位两种地址格式，其中64位地址是全球唯一的扩展地址。

（4）支持冲突避免的载波多路侦听技术（Carrier Sense Multiple Access With Collision Avoidance，CSMA-CA）。

ZigBee也称紫蜂，是一种低速短距离传输的无线网上协议，底层是采用IEEE 802.15.4标准规范的媒体访问层与物理层。其主要特色有低速、低耗电、低成本、支持大量网上节点、支持多种网上拓扑结构、低复杂度、快速、可靠、安全。

另外，近距离传输的无线网络技术还包括蓝牙、6LoWPAN、红外线IrDA、家庭射频技术HomeRF、超宽带UWB技术等。

2. 无线局域网

无线局域网（Wireless Local Area Network，WLAN）是指应用无线通信技术将计算机设备互联起来，构成可以互相通信和实现资源共享的网络体系。无线局域网的本质特点是不再使用通信电缆将计算机与网络连接起来，而是通过无线的方式连接，从而使网络的构建和终端的移动更加灵活。

WLAN起步于1997年。当年的6月，第一个无线局域网标准IEEE 802.11正式颁布实施，为无线局域网技术提供了统一标准，但当时的传输速率只有1～2Mbit/s。随后，IEEE委员会又开始制定新的WLAN标准，分别取名为IEEE 802.11a和IEEE 802.11b。IEEE 802.11b标准首先于1999年9月正式颁布，其传输速率为11Mbit/s。经过改进的IEEE 802.11a标准，在2001年底才正式颁布，它的传输速率可达到54Mbit/s，几乎是IEEE 802.11b标准的5倍。尽管如此，WLAN的应用并未真正开始，因为整个WLAN应用环境并不成熟。

2003年6月，经过两年多的开发和多次改进，一种兼容原来的IEEE 802.11b标准，同时也可提供54Mbit/s接入速率的新标准——IEEE 802.11g在IEEE委员会的努力下正式发布了。

目前使用最多的是 802.11n（第四代）和 802.11ac（第五代）标准，它们既可以工作在 2.4GHz 频段，也可以工作在 5GHz 频段，传输速率可达 600Mbit/s，如表 2-5 所示。

表 2-5　无线局域网的频率范围与特性

协议	发布日期	频率范围	最大速度	室内覆盖	室外覆盖
802.11	1997	2.4GHz	2Mbit/s		
802.11a	1999	5GHz	54	约30m	约45m
802.11b	1999	2.4GHz	11	约30m	约100m
802.11g	2003	2.4GHz	54	约30m	约100m
802.11n	2009	2.4GHz，5GHz	600Mbit/s（40MHz*4 MIMO）	约70m	约250m
802.11p	2009	5GHZ	27Mbit/s	约300m	约1 000m

Wi-Fi 是一个无线网络通信技术的品牌，由 Wi-Fi 联盟（Wi-Fi Alliance）持有。它是一种可以将个人计算机、手持设备（如 PDA、手机）等终端以无线方式互相连接的技术，其目的是改善基于 IEEE 802.11 标准的无线网络产品之间的互通性。

3. 无线城域网

WLAN 不能很好地适用于室外的宽带无线接入应用，在带宽和用户数方面将受到限制，同时还存在通信距离等其他一些问题。无线城域网（Wireless MAN，WMAN）是以无线方式构成的城域网。

IEEE 802.16 是 1999 年为制定无线城域网标准成立的工作组，它主要负责开发 2～66GHz 频带的无线接入系统空中接口物理层和媒体接入控制层规范。

IEEE 802.16 的系列标准主要包括以下标准。

（1）2001 年 12 月 IEEE 802.16 工作组最早通过了 IEEE 802.16 标准。

（2）2003 年 4 月发布了修正和扩展后的 IEEE 802.16a。该标准的工作频段为 2～11GHz，在 MAC 层提供了 QoS 保证机制，支持语音和视频等实时性业务。

（3）2004 年 7 月通过了 IEEE 802.16d，对 2～66GHz 频段的空中接口物理层和 MAC 层做了详细的规定。该协议是相对成熟的版本，业界各大厂商都基于该标准开发产品。

（4）2005 年 10 月 IEEE 正式批准 IEEE 802.16e 标准，该标准在 2～6GHz 频段上支持移动宽带接入，实现了移动中提供高速数据业务的宽带无线接入解决方案。

全球微波接入互操作性论坛推崇的技术以 IEEE 802.16 的系列宽频无线标准为基础，又称为无线城域网，支持固定（802.16d）和移动（802.16e）宽带无线接入，基站覆盖范围数千米量级，为宽带数据接入提供了新的解决方案。它是又一种为企业和家庭用户提供"最后一公里"的宽带无线连接方案。

4. 移动通信网

移动通信网是在移动用户和移动用户之间或移动用户与固定用户之间的"无线电通信网"，包括无绳电话、无线寻呼、陆地蜂窝移动通信、卫星移动通信等。

移动通信系统的组成主要包括移动交换子系统（SS）、操作维护管理子系统（OMS）、基站子系统（BSS）、移动交换中心（MSC）、移动台（MS）等，如图 2-10 所示。

移动通信是进行无线通信的现代化技术，这种技术是电子计算机与移动互联网发展的重要成果之一。移动通信技术经过第一代、第二代、第三代、第四代技术的发展，目前已经迈入了第五代发展的时代（5G 移动通信技术），这也是目前改变世界的主要技术之一。

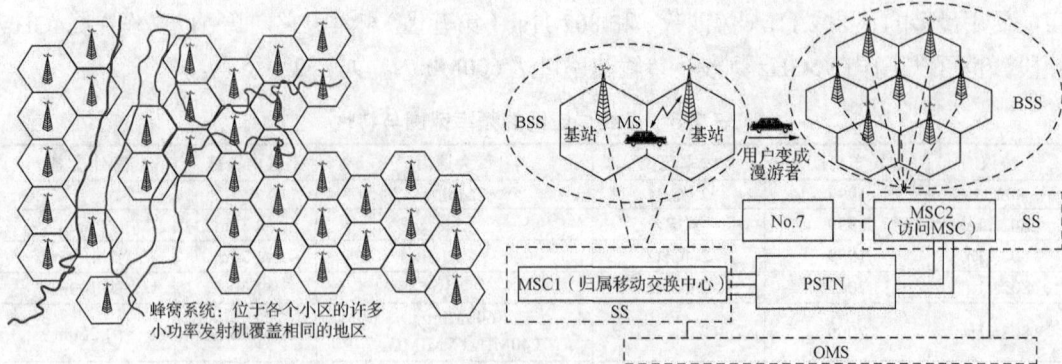

图 2-10　移动通信网（蜂窝系统）与移动通信系统

（1）模拟蜂窝网技术（1G）。1984 年模拟蜂窝业务建成投产，它可以在城市和城镇中的不同区域内重复使用相同的频率，不相邻区域内的频率重复使用是蜂窝增加容量的一个创新。AT&T 的贝尔实验室开发了第一代蜂窝服务技术。

（2）第二代移动通信技术（2G）。第二代移动通信系统采用数字通信服务，比模拟移动业务提供的容量更大，在相同数量的频谱中，因使用了复用接入技术，所以可承载更多的语音流量。世界最流行的两种 2G 空中接口是全球移动通信系统（Global System for Mobile Communications，GSM）和码分多址系统（Code Division Muliple Access，CDMA）。

GSM 的优点在于全球范围的广泛普及。GSM 是数字蜂窝通信标准，采用时分多路复用技术（TDM）。目前，T-Mobile 和 AT&T 移动公司在美国经营 GSM 网络；CDMA 为每个呼叫分配一个独特的代码来复用频谱，又称为扩频技术。美国的高通公司在 CDMA 技术的商用领域拥有绝对的领先地位。

（3）第三代移动通信技术（3G）。运营商对更大的容量和为用户提供更多可产生收益的功能的需求是推动 3G 网络发展的主要动力。3G 标准统称为 IMT-2000 国际移动通信标准，其中应用最广泛的是 WCDMA 和 CDMA2000。WCDMA、TD-SCDMA、CDMA2000 均为通用的 3G 标准。表 2-6 所示为第三代数字通信技术的比较。

表 2-6　第三代数字通信技术的比较

比较分类	比较项目	WCDMA	CDMA2000	TD-SCDMA
	国内主要运营商	中国联通	中国电信	中国移动
技术比较	核心网	基于 GSM-MAP	基于 ANSI-41	基于 GSM-MAP
	双工方式	FDD	FDD	TDD
	双向信道带宽（MHz）	2×5	2×1.25	1×1.6
	码片速率（Mcps）	3.84	1.228 8	1.28
	编码方式	卷积码 Turo 码	卷积码 Turo 码	卷积码 Turo 码
	帧长	10ms	20ms	10ms（分两个 5ms 子帧）
	基站同步	异步（同步可选）	同步	同步
	功率控制（Hz）	开环+快速闭环 1 500	开环+快速闭环 800	开环+慢速闭环 200
性能比较	下/上行理论峰值吞吐率（Mbit/s）	14.4/5.6	3.1/1.8	1.68/0.56
	单载波语音容量（Erl）	41.2	21.0	10.6
效率比较	在中国的工作频段（MHz）	2 000	800	2 000
	在中国的频率资源（MHz）	30	50	85
	频谱效率	最低	一般	最高（上下行的非对称性）

物流信息技术实用教程（微课版　第3版）

（4）第四代移动通信技术（4G）。4G 的标准由国际电信联盟无线电通信组制定。WiMAX 和 LTE 协议通常称为 4G 业务。开发 4G 技术的一个主要目标是移动设备具有能够容纳预期移动数据传输数量的能力和使用移动网络达到宽带上网的能力。

4G 是集 3G 与 WLAN 于一体并能够传输高质量视频图像，而且其图像的传输质量与高清晰度电视不相上下的技术产品。4G 系统能够以 100Mbit/s 的速率下载，比拨号上网快 2 000 倍，上传速率也能达到 20Mbit/s，并能够满足几乎所有用户对于无线服务的要求。而在用户最为关注的价格方面，4G 与固定宽带网络在价格方面不相上下，而且计费方式更加灵活机动，用户完全可以根据自身需求确定所需的服务。此外，4G 可以在 DSL 和有线电视调制解调器没有覆盖的地方部署，然后扩展到整个地区。很明显，4G 有着不可比拟的优越性。

（5）第五代移动通信技术（5G）。第五代移动通信技术（5th Generation Mobile Networks 或 5th Generation Wireless Systems、5th-Generation，5G 或 5G 技术）是最新一代蜂窝移动通信技术，也是 4G（LTE-A、WiMax）、3G（UMTS、LTE）和 2G（GSM）系统之后的延伸。5G 的性能目标是高数据速率、减少延迟、节省能源、降低成本、提高系统容量等。

5G 移动通信技术

4G 的理论下载速率是 150Mbit/s，而 5G 的理论下载速率是 20Gbit/s。从传输速率来看，5G 通信技术要快一些、稳定一些，在资源利用方面也会全面打破 4G 通信技术的约束。为了提高 5G 网络的吞吐率和容量，3GPP 的各位专家不但给 5G 划分了超大带宽，还带来了更多的关键技术（见表 2-7）。

表 2-7　5G 关键技术

网络切片	网络面向不同的应用场景，大速率、低时延、海量连接、高可靠性等，将网络切割成满足不同需求的虚拟子网络。每个虚拟子网络的移动性、安全性、时延、可靠性，甚至计费方式等都不一样，相互之间逻辑独立，形成"网络切片"
毫米波	毫米波指波长在 1～10mm 的电磁波，频率处于 30GHz～300GHz，大致位于微波与远红外波相交叠的波长范围，因而兼具两种波谱的特点。根据通信原理，载波频率越高，其可实现的信号带宽也就越大
小基站	毫米波的频率很高、波长很短，意味着其天线的尺寸可以做得很小，这是部署 250m 左右间距小基站的基础。大量的小基站可以覆盖大基站无法触及的末梢通信
大规模天线	4G 基站只有十几根天线，但 5G 基站可以支持上百根天线。这些天线通过大规模天线（Massive MIMO）技术形成大规模天线阵列，可以同时向更多的用户发送和接收信号，从而将移动网络的容量提高数十倍甚至更大
波束成形	Massive MIMO 技术在为 5G 大幅提高容量的同时，其多天线的特点也势必会带来更多的干扰，波束成形是解决这一问题的关键。通过有效地控制这些天线，使它发出的电磁波在空间上互相抵销或者增强就可以形成一个很窄的波束，从而使有限的能量集中在特定方向上传输，不仅传输距离更远，还避免了信号的干扰
全双工	全双工技术是指设备的发射机和接收机占用相同的频率资源同时进行工作，使得通信的两端同时在上、下行使用相同的频率，突破了现有的频分双工（FDD）和时分双工（TDD）模式下的半双工缺陷，这是通信节点实现双向通信的关键之一，也是 5G 所需的高吞吐量和低时延的关键技术

2019 年 6 月 6 日，我国工信部正式向中国电信、中国移动、中国联通、中国广电发放 5G 商用牌照，中国正式进入 5G 商用元年。2019 年 9 月 10 日，中国华为公司在布达佩斯举行的国际电信联盟 2019 年世界电信展上发布《5G 应用立场白皮书》，展望了 5G 在多个领域的应用场景，并呼吁全球行业组织和监管机构积极推进标准协同、频谱到位，为 5G 商用部署和应用提供良好的资源保障与商业环境。

GSA 统计显示，到 2020 年 12 月中旬，全球 58 个国家的 135 家运营商已完成 5G 商用网络建设，与 2020 年 2 月相比，开通 5G 商用网络的 78 家运营商增加了近一倍，并且在"新基建"大潮的推动下，我国 5G 网络建设也超过预期，5G 基站已经超过 70 万个，覆盖全国所有地级以上城市。

2.3 数据存储与挖掘技术

在计算机的三大主要应用领域（科学计算、数据处理和过程控制）中，数据处理是主要方面。数据库技术就是作为数据处理而发展起来的一门技术。物流信息管理以数据库管理为核心，其关键是建立科学合理的数据库系统。

数据库技术

2.3.1 数据库系统的组成

一个完整的数据库系统由 3 个部分组成：数据库、数据库管理系统和数据库应用。三者的关系如图 2-11 所示。

1. 数据库

数据库（Database，DB）是存储数据的"仓库"。仓库中不但有数据，而且数据被分门别类、有条不紊地保存着。我们可以这样定义数据库：数据库是保存在存储介质上的数据集合，它能

图 2-11 数据库系统的 3 个部分

被各类用户所共享；数据的冗余被降到最低，数据之间有紧密的联系；用户通过数据库管理系统对其进行访问。

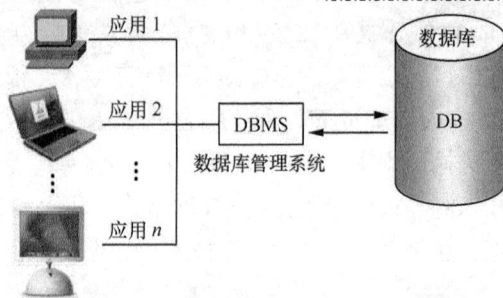

2. 数据库管理系统

一个实际运行中的数据库有复杂的结构和存储方式，用户直接访问数据库中的数据是很困难的。数据库管理系统（Database Management System，DBMS）如同一座桥梁，一端连接面向用户的数据库应用，另一端连接数据库。DBMS 将数据库复杂的物理结构和存储格式封装起来，用户访问数据库时只需发出简单的指令。这些指令由 DBMS 自动译成机器代码并执行，用户不必关心数据的存储方式、物理位置和执行过程，可使数据库系统的运行效率和空间资源得到充分、合理的使用。

常用的 DBMS 包括 Oracle、SQL-Server、Sybase、Access、VFP 等。

3. 数据库应用

数据库应用是指用户对数据库的各种操作，包括通过交互式命令、各类向导和视图、SQL 命令以及为非计算机专业用户开发的应用程序。这些程序可以用数据库管理系统内嵌的程序设计语言编写，也可以用其他程序语言编写。

2.3.2 关系数据模型

从数据库的逻辑结构角度，可以对数据库中的实体类型、实体间关系以及数据的约束规则进行抽象，归纳出 3 种数据模型，即层次模型、网状模型和关系模型。

自 1970 年被提出后，关系模型迅速取代层次模型和网状模型，成为流行的数据模型。它的原理比较简单，其特征是基于二维表格形式的实体集，即关系模型数据库中的数据均以表格的形式存在。表完全是一个逻辑结构，用户和程序员不必了解表的物理细节和存储方式；表的结构由数据库管理系统自动管理，表结构的改变一般不涉及应用程序，这种特性在数据库技术中称为数据独立性。

1. 实体描述

现实世界存在各种事物，事物与事物之间存在着联系。这种联系是客观存在的，是由事物本身的性质决定的。例如，图书馆中有图书和读者，读者借阅图书；学校的教学系统中有教师、学生和课程，教师为学生授课，学生选修课程并取得成绩；物资或商业部门有货物和客户，客户要订货、购物；体育竞赛中有参赛代表队和竞赛项目，代表队中的运动员参加特定项目的比赛等。

要在计算机中对现实世界中的事物及其联系进行表达和处理，必须经过信息世界（人们大脑的思维）抽象和转换，计算机中的数据才能形象地表达现实世界中的现象。现实世界中的事物到计算机世界中文件数据的转换过程如图 2-12 所示。

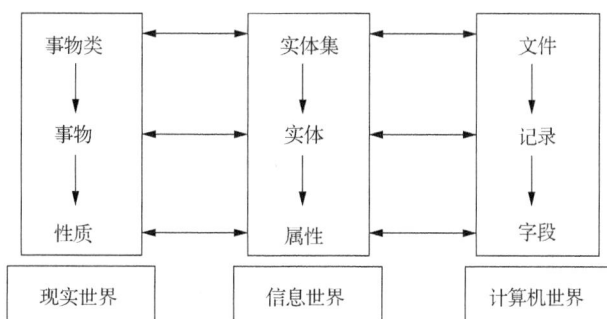

图 2-12　文件数据的转换过程

（1）现实世界：是在人们头脑以外的客观世界。

（2）信息世界：是现实世界在人们头脑中的反映。

（3）计算机世界：是数据存储形式，在计算机中数据以文件形式存储。

在计算机系统内，实体及其属性是由关系表来表示的。在图 2-13 所示的"学生基本情况"表中，每一条记录（每行）代表一个实体及其属性。

姓名	性别	出生日期	党团关系	应届	中学的学习成绩及获奖情况	毕业学校	家庭住址	第一志愿	照片
张凯华	男	08/21/80	团员	T	Memo	渭南师范学院子校	渭南市站南路24号	西安交通大学	Gen
李会琴	男	01/15/81	党员	F	memo	临渭区瑞泉中学	渭南市老城街137号	西安交通大学	Gen
李小侠	女	12/26/80	团员	F	memo	白水城关中学	白水县习李乡东郭村	北京大学	gen
宋秀兰	女	03/31/81	团员	T	memo	西安西飞子校	西安阎良西飞城	清华大学	gen
郭正宏	男	09/03/80	团员	T	memo	阜成大山中学	渭南市临渭区南岭乡	西安理工大学	gen
姜亚男	男	10/12/79	团员	F	memo	华县威林中学	华县军民路28号	陕西师范大学	gen
杨淑敏	女	11/29/80		T	memo	武阳华灵三中	武阳市东风街4号	陕西工业学院	gen
宋悦茜	女	07/05/81	团员	F	memo	宝鸡宝鸡中学	宝鸡市红旗路265号	西北政法学院	gen
杜拥军	男	05/31/79	团员	T	memo	商儒太悦中学	商州市西山路32号	清华大学	gen
王向东	男	08/16/80		F		丹山开阳中学	丹山市公路管理处	新疆石油学院	gen

图 2-13　"学生基本情况"表

2. 实体之间的联系

实体之间的对应关系称为联系，它反映现实世界事物之间的相互关联。例如，一位读者可以借阅若干本图书，同一本书可以相继被几个读者借阅。实体之间的联系既可以通过表中的主键和外键表达，也可以通过独立的表来表示（尤其在表示多对多关系时）。

实体间联系的种类是指一个实体型中可能出现的每一个实体与另一个实体型中的几个实

体存在联系。两个实体间的联系可以归结为 3 种类型。

（1）一对一关系：一个实体集中的每个实体只能与另一个实体集中的一个实体相对应，如公司和总经理的联系。

（2）一对多关系：一个实体集中的每个实体可以与另一个实体集中的多个实体相对应，反之不行，如部门和职工的联系。

（3）多对多关系：一个实体集中的每个实体可以与另一个实体集中的多个实体相对应，反之也可以。例如，学生和课程这两个实体型，一个学生可以选修多门课程，一门课程可由多个学生选修。

3．关系数据库的规范化

关系数据库的设计必须遵守一定的规范，一个好的数据库应该是冗余度低、查询效率较高的，其检验标准就是看数据库是否符合范式（Normal Forms，NF）。目前关系数据库有 6 种范式，一般满足前 3 种范式就可以了。

（1）第一范式（1NF）：规定了表中任意字段的值必须是不可分的，即每个记录的每个字段只能包含一个数据，不能将两个或两个以上数据"挤入"一个字段。

（2）第二范式（2NF）：仅仅满足第一范式是不够的，当一个表中的所有非主键字段完全依赖于主键字段时，称该表满足第二范式（2NF）。

（3）第三范式（3NF）：在满足第二范式的前提下，如果一个表的所有非主键字段均不传递依赖于主键，则称该表满足第三范式。

2.3.3　数据仓库与数据挖掘

1．数据仓库的概念

要将庞大的数据转换为有用的信息，必须首先高效地收集信息，功能完善的数据库系统就成了最好的收集数据的工具。数据仓库就是搜集来自其他系统的有用数据，存放在统一整合的存储区内。其实数据仓库就是一个经过处理整合，且容量特别大的关系型数据库，用来存储决策支持系统所需的数据，供决策支持或数据分析使用。

数据仓库系统的一般体系结构由操作环境层、数据仓库层和业务层等组成（见图 2-14）。

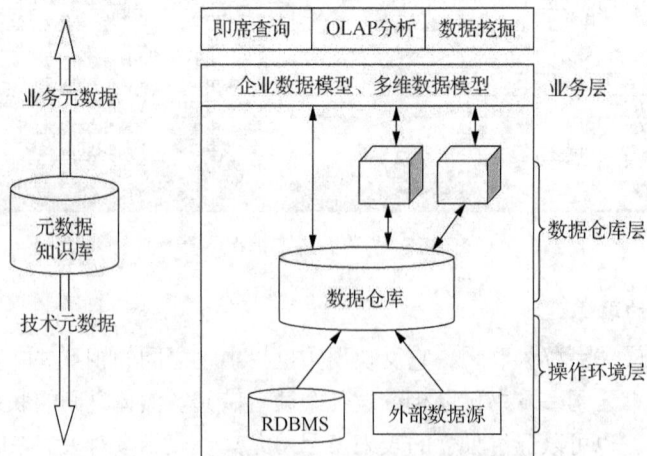

图 2-14　数据仓库系统的一般体系结构

物流信息技术实用教程（微课版　第3版）

其中，第一层（操作环境层）是指整个企业内有关业务的事务处理系统（On-Line Transactional Processing，OLTP）和一些外部数据源；第二层是把第一层的相关数据抽取到一个中心区组成的数据仓库层；第三层是为了完成对业务数据的分析而由各种工具组成的业务层。图 2-14 左边所示的部分是元数据管理。

2. 数据挖掘的概念

数据挖掘（Data Mining）是一种透过数理模式来分析企业内存储的大量资料，以找出不同的客户或市场划分，分析出消费者喜好和行为的方法。它主要以数据库、人工智能、数理统计、可视化四大支柱技术为基础。数据挖掘算法的输入是数据库，算法的输出是要发现的知识或模式，算法的处理过程则设计具体的搜索方法。

数据挖掘的算法影响其结果，目前对数据挖掘的研究集中在算法及其应用上。关联分析法、人工神经元网络、决策树和遗传算法在数据挖掘中的应用很广泛。

2.4 网站开发技术

物流行业中供应链各相关企业要实现物流信息化，就必须建立各种网站，如企业门户网站、电子商务网站、第三方物流信息平台网站等。

网站开发技术

2.4.1 网站基础知识

1. 网站的概念

网站（Website）是指在互联网上，根据一定的规则，使用 HTML、ASP、Java 等工具制作的用于展示特定内容的相关网页的集合。简单地说，网站是一种通信工具，就像布告栏一样，人们可以通过网站发布自己想要公开的信息，或者利用网站提供相关的网络服务。人们可以通过网页浏览器访问网站，获取自己需要的信息或者享受网络服务。世界上第一个网站由蒂姆·伯纳斯建立于 1991 年 8 月 6 日。

2. 网站的分类

网站从不同的方面可划分为不同的类型，分类方法主要有以下几种。

（1）根据编程语言分类，可分为 ASP 网站、PHP 网站、JSP 网站、ASP.NET 网站等。

（2）根据用途分类，可分为门户网站（综合网站）、行业网站、娱乐网站等。

（3）根据拥有者分类，可分为个人网站、企业网站、政府网站等。

2.4.2 网站建设

网站建设就是建一个网站，没有规范的流程很难做出完美的网站。通常不同公司建设网站的具体步骤会有所不同，但概括起来要经过以下几步。

（1）客户提出网站建设申请：开发人员和客户进行沟通交流，就要做什么样的网站进行详细的分析，弄清楚客户的要求，明确客户到底想要什么样的网站。

（2）制定网站建设方案：本阶段是以客户为中心进行策划、设计、运营和管理网站。首先确定做的网站是否有市场，然后确定建设网站的目标。

（3）签订网站相关协议：在制定网站建设方案后，委托方（客户）和受委托方（网站承建公司）签署网站建设协议。协议应明确网站建设委托方和受委托方的权利、责任和义务。

（4）网站设计：在网站设计阶段要细致考虑整个网站的创意、风格、整体框架布局、文字编排、图片的合理利用、空间的合理安排等方面。

（5）网站开发：该过程主要包括网页编程、Web 服务器搭建、系统测试及试运行等工作，以实现网站设计的总体目标。

（6）网站发布：网站最终要发布到服务器上供他人浏览。网站发布主要包括域名申请、空间购买、页面上传、信息更新、网站管理等工作。

2.4.3 网站开发工具

1. HTML

（1）HTML 的概念。超文本标记语言或超文本链接标示语言（HyperText Mark-up Language，HTML）是目前网络上应用最为广泛的语言，也是构成网页文档的主要语言。HTML文件是由 HTML 命令组成的描述性文本，HTML 命令可以说明文字、图形、动画、声音、表格、链接等。HTML 文件的结构包括头部（Head）、主体（Body）两大部分，其中头部描述浏览器所需的信息，主体包含所要说明的具体内容。

HTML 文件的基本格式如下。

```
<Html>
<Head>
<title>
网页标题
</title>
</Head>
<Body>
<P>这是正文部分</P>
</Body>
</Html>
```

（2）HTML 的工作方式。打开 Web 浏览器，在浏览器的地址栏中输入相关网址，进入相应的 WWW 服务器（计算机应该已连上了 Internet），浏览器将向目标服务器发送 HTTP 请求，目标服务器将相应的 HTML 文件（网页）发送到浏览器中，浏览器即将网页的内容显示出来（见图 2-15）。在屏幕上显示此网页后，从网络浏览器的菜单栏中选择 View Source 命令，屏幕弹出一个新的窗口并显示 HTML 文件代码。

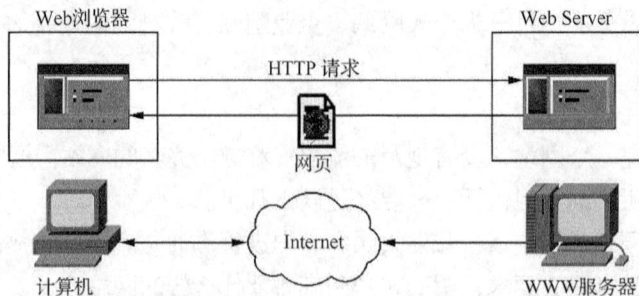

图 2-15 HTML 的工作方式

2. ASP 开发工具

动态服务器页面（Active Server Page，ASP）是微软公司开发的代替 CGI（通用网关接口）脚本程序的一种应用。它可以与数据库及其他程序交互，是一种简单、方便的编程工具。ASP 的网页文件的格式是.asp，现在常用于各种动态网站中。

ASP 是一种服务器端脚本编写环境，它使用的脚本语言是 VBScript，可以用来创建和运行动态网页或 Web 应用程序。ASP 网页可以包含 HTML 标记、普通文本、脚本命令以及 COM 组件等。利用 ASP，用户可以向网页中添加交互式内容（如在线表单），也可以创建使用 HTML 网页作为用户界面的 Web 应用程序。Web 浏览器发出 HTTP 请求后 WWW 服务器需要先对 ASP 进行处理，转换为能在 Web 浏览器显示的 HTML 网页文件，再返回给 Web 浏览器，Web 浏览器才能显示出正确的网页内容。ASP 的工作方式如图 2-16 所示。

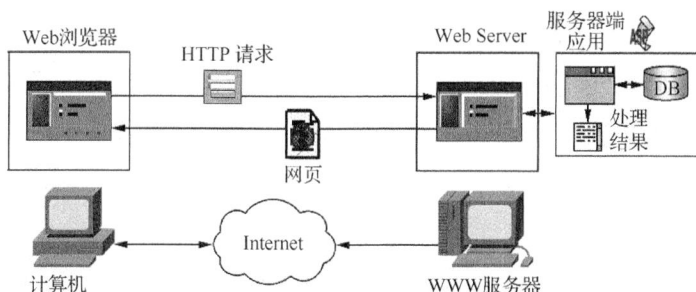

图 2-16　ASP 的工作方式

3. Dreamweaver 开发环境

Adobe Dreamweaver 简称 "DW"，中文名称为 "梦想编织者"，是美国 Macromedia 公司开发的集网页制作和网站管理于一身的所见即所得网页编辑器。DW 是第一套针对专业网页设计师特别开发的视觉化网页开发工具，用户利用它可以轻而易举地制作出跨平台限制和跨浏览器限制的充满动感的网页。

Adobe Dreamweaver 除了使用所见即所得的接口外，也有 HTML 编辑功能。它有 Mac 和 Windows 系统的版本。Macromedia 被 Adobe 收购后，Adobe 也开始计划开发 Linux 版本的 Dreamweaver。自 Dreamweaver MX 版本开始，使用了 Opera 的排版引擎 "Presto" 作为网页预览。图 2-17 所示为 DW 的主界面。

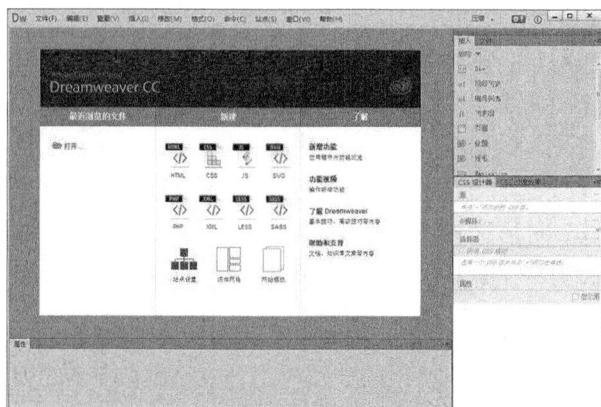

图 2-17　Dreamweaver CC 的主界面

4. Apache 发布平台

Apache（音译为阿帕奇）可以运行在几乎所有广泛使用的计算机平台上，因为其跨平台和安全性被广泛使用，是商业使用中比较流行的 Web 服务器端软件之一。Web 服务器平台还包括 IIS、FoxMail Server、小旋风等。

2.4.4 网站管理与维护

网站管理的内容十分广泛，主要是进行网站服务器日常维护、网站访问性能检测、网站日常维护、网站数据定期备份及清理、网站内容更新等；同时，通过管理评测确定网站的性能，提出网站的修改建议，提高网站的访问率和影响力。

（1）网站日常管理：主要包括日志管理、数据备份与恢复、网站安全保护等内容。

（2）网站更新与升级：网站内容更新主要分为以下几个方面：网站主体信息更新、网站模板信息更新、网站配置信息更新等。

（3）网站宣传与推广：主要方法有注册搜索引擎和其他网站做友情链接、使用广告交换等；还可以利用新闻组、邮件、留言板、聊天室、论坛等方式宣传推广。

2.5 信息安全技术

开放的、自由的、国际化的互联网的发展给物流业带来了革命性的改革和开放，使得人们能够利用互联网提高信息共享和传递效率、市场反应能力，以便减少物流成本，提高竞争力，同时人们又要面对网络开放带来的数据安全的新挑战和新危险。如何保护内部机密信息不受黑客和工业间谍的入侵，已成为物流业信息化健康发展必须考虑的重要事情之一。

信息安全技术

2.5.1 信息安全的基本概念

1. 信息安全的内涵

信息安全是指信息网络的硬件、软件及其系统中的数据受到保护，不会因偶然的或者恶意的情况而遭到破坏、更改、泄露，系统连续、可靠、正常地运行，信息服务不中断。信息安全是一门涉及计算机科学、网络技术、通信技术、密码技术、信息安全技术、应用数学、数论、信息论等多种学科的综合性学科。

信息安全作为一个更大的研究领域，对应信息化的发展，包含了信息环境、信息网络和通信基础设施、媒体、数据、信息内容、信息应用等多个方面的安全需要。信息安全可以防止意外事故和恶意攻击，对信息基础设施、应用服务和信息内容的保密性、完整性、可用性、可控性和不可否认性进行安全保护。

2. 威胁信息安全的因素

随着信息技术的飞速发展和互联网的普及应用，威胁信息安全的因素日益多元化，这些因素大致可以总结为以下几个方面。

（1）互联网体系结构的开放性。互联网核心 TCP/IP 是开放式体系结构，这种特性推动了互联网的迅速发展，加速了计算机产业和网际空间的发展。但 TCP/IP 从设计初期就没有考虑到安全问题，存在先天不足。当前很多安全协议（如 IPSec、SSL、HTTPS 等）的制定是为了弥补之前的设计漏洞，属于以亡羊补牢、打补丁的方式来应对网络威胁。

（2）网络基础设施的安全漏洞。物理层安全风险主要包括因地震、水灾、火灾等环境事故造成的设备损坏；电源故障造成设备断电，以至于操作系统引导失败或数据库信息丢失；设备被盗、被毁，造成数据丢失或信息泄露；电磁辐射可能造成数据信息被窃取或偷阅；监控和报警系统缺乏或者管理不善，可能造成原本可以防止的事故。

（3）外部攻击（黑客）。从普通用户的角度来看，黑客是对计算机和网络通信构成威胁的最大因素，其通过使用病毒、蠕虫以及拒绝服务等攻击手段对计算机以及网络通信系统发动毁灭式的攻击，以获取个人利益；也包括很多知名企业和团体涉嫌开发的软件，如恶意软件、软广告、间谍软件等，它们在未明确提示用户或未经用户许可的情况下，在用户计算机或其他终端上安装运行，侵犯用户合法权益。

（4）系统软件的漏洞。软件错误可以对计算机系统造成严重的安全威胁，尤其是网络操作系统、数据库管理系统等的错误。操作系统不但能方便快捷地使计算机系统起到重要作用，而且在系统安全方面也起到关键作用。攻击者会利用系统软件的漏洞取得系统中高级用户的权限，进行更改文件、安装和运行软件、格式化硬盘等操作。

（5）内部管理的漏洞。信息系统无论是从数据的安全性、业务服务的保障性角度，还是从系统维护的规范性等角度，都需要严格的安全管理制度，从业务服务的运营维护和更新升级等层面加强安全管理能力。责权不明、管理混乱、安全管理制度不健全及缺乏可操作性等都可能引起管理安全的风险。恶意的内部攻击是另外一种对系统安全构成重大威胁的因素。

3. 信息安全的体系结构

关于信息安全的体系结构，国际标准化组织于 1989 年 2 月 15 日颁布了基于 OSI 参考模型的 7 层协议之上的信息安全体系结构标准 ISO 7498-2。在 ISO 7498-2 中，描述了开放系统互连安全的体系结构，提出了设计安全的信息系统的基础架构中应该包含 5 种安全服务（安全功能）及能够为这 5 种安全服务提供支持的 8 类安全机制和普遍安全机制，内容主要如下。

5 种安全服务：保密性、完整性、鉴别、访问控制、抗否认。

8 类安全机制：加密、数字签名、访问控制、数据完整性、鉴别交换、业务流填充、路由控制、公证。

2.5.2 信息系统的攻击手段

按黑客的攻击目标来划分，信息系统主要有系统型攻击和数据型攻击两类攻击手段，其对应的安全性也涉及系统安全和数据安全两个方面。从比例上分析，前者占到攻击总数和损失的 30%；后者占到攻击总数和损失的 70%。一个完整的网络安全解决方案不仅能防止系统型攻击，也能防止数据型攻击；既能解决系统安全问题，又能解决数据安全问题。

网络信息系统的攻击手段如下。

（1）恶意代码攻击：病毒、特洛伊木马、蠕虫、细菌、陷门、逻辑炸弹等。

（2）消息收集攻击：口令猜测、嗅探器（Sniffer）、端口扫描、节点扫描等。

（3）代码漏洞攻击：代码漏洞扫描、缓冲区溢出等。

（4）欺骗和会话劫持攻击：IP 地址欺骗、TCP 会话劫持等。

（5）分布式攻击：通过消耗网络带宽或系统资源，导致网络或系统不胜负荷，从而瘫痪。

（6）其他攻击：死亡之 ping、SYN Flood、Land 攻击、泪珠（Teardrop）攻击等。

2.5.3　信息安全的技术

通常保障信息安全的方法有两大类：其一，以"防火墙"技术为代表的被动防卫型；其二，建立在数据加密、用户授权确认机制上的，以开放型网络安全保障技术为代表的主动防卫型。

（1）防火墙技术。防火墙主要用于保护与互联网相连的企业内部网络或单独节点。它简单实用、透明度高，可以在不修改原有网络应用系统的情况下达到一定的安全要求。一方面，用户可利用防火墙，检查、分析、过滤从内部网流出的 IP 包，尽可能地对外部网络屏蔽被保护的网络或节点的信息结构；另一方面，对内屏蔽外部的某些危险地址，实现对内部网络的保护。

（2）攻击防御和入侵检测。如果网络防线最终被攻破了，就需要及时发出被入侵的警报。对网络的攻击可能来自非法用户，也可能来自合法用户。对此，系统管理员一定要有安全防范意识，对系统采取一定的安全措施。要清楚对网络系统可能的攻击方法，既要时刻警惕来自外部的黑客攻击，又要加强对内部网络用户的管理和教育，并采取必要的措施，保护自己的信息系统。

（3）加密技术。为了防止信息内容泄露，可以将被传输的信息加密，使信息以密文的形式在网络上传输。这样，攻击者即使截获了信息，也只能得到密文，而无法知道信息的内容。数据加密实质上是对以符号为基础的数据进行移位和置换的变换算法，它可分为对称密码体制（私钥密码体制）和非对称密码体制（公钥密码体制）两大类。其加解密过程如图 2-18 所示。

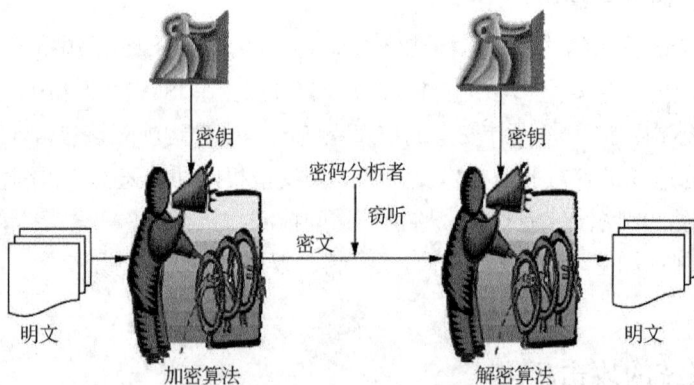

图 2-18　加解密过程模型

（4）认证技术。在虚拟的网络世界中，人和人之间虽然有交流和通信，但往往不能谋面，如何确认对方的身份和确保接收到的信息来源的可靠性和完整性，成为网络信息安全的重要内容。认证技术主要是对互联网中人员的身份和消息进行确认和证实。认证技术是解决电子商务活动中安全问题的技术基础，主要采用对称密码、公钥加密、散列算法等技术。

（5）防病毒。计算机病毒是指编制或者在计算机程序中插入的破坏计算机功能或者破坏数据、影响计算机使用，而且能够自我复制的一组计算机指令或者程序代码。计算机病毒的特征具

物流信息技术实用教程（微课版 第3版）

有自我复制能力、感染性、潜伏性、触发性和破坏性。病毒种类繁多，无处不在，破坏力也有所不同，给各种信息系统和网络应用带来了很大危害。做好防病毒工作，不但要安装安全功能强大的防病毒软件，及时更新病毒库，随时查杀，而且要养成健康良好的上网习惯和提高安全意识。

（6）其他安全技术。其他安全技术包括操作系统、数据库系统安全配置、虚拟专用网VPN技术、企业信息系统安全管理、法律法规建设、诚信体系建设等。安全是一个系统化工程，必须从技术、管理两方面入手，并且需要政府、企业、个人等多层面协调合作，形成科学合理的信息安全保障系统才能有效加强信息系统安全。

2.5.4 信息安全的标准

1. 美国国防部开发的计算机安全标准

为了促进信息安全产品的普及，美国国防部国家计算机安全中心主持了一项政府与产业界合作进行的项目——可信产品评价计划。这项计划的主要目标是根据有关标准，从技术上认定市场上商品化的计算机系统的安全性能。1985 年，该中心代表美国国防部制定并出版了可信计算机安全评价标准（Trusted Computer Standards Evaluation Criteria，TCSEC），即著名的"橘皮书"。

TCSEC 通常被用来评估操作系统或软件平台的安全性。TCSEC 准则将安全等级划分为A、B、C、D 4 个等级，A 为最高等级。每个等级又分为几个细的等级，如 C 可分为两个等级。TCSEC 等级表如表 2-8 所示。

表 2-8　TCSEC 等级表

级别	名称	特征
A	验证设计安全级	形式化的最高级描述和验证、形式化的隐蔽通道分析、非形式化的代码一致性证明
B3	安全域级	安全内核、高抗渗透能力
B2	结构化安全保护级	面向安全的体系结构，遵循最小授权原则，有较好的抗渗透能力，为所有主体和客体提供访问控制保护，对系统进行隐蔽通道分析
B1	标记安全保护级	在 C2 安全级上增加安全策略模型、数据标记（安全和属性）、托管访问控制
C2	访问控制环境保护级	访问控制、以用户为单位进行广泛的审计
C1	选择性安全保护级	有选择地访问控制，用户与数据分离，数据以用户组为单位进行保护
D	最低安全保护级	保护措施很少，没有安全功能

2. 我国网络安全评价标准

1999 年 10 月，经过国家质量技术监督局批准发布，从 2001 年 1 月 1 日起开始实施的强制性国家标准《计算机信息安全保护等级划分准则》和 2007 年出台的《信息安全等级保护管理办法》都将计算机安全保护划分为以下 5 个级别（见"中国信息安全等级保护网"之"技术标准"）。

（1）第一级为用户自主保护级。它的安全保护机制使用户具备自主安全保护的能力，保护用户的信息免受非法的读写破坏。

（2）第二级为系统审计保护级。除具备第一级的所有安全保护功能外，还要求创建和维护访问的审计跟踪记录，使所有用户对自己行为的合法性负责。

（3）第三级为安全标记保护级。除继承前一级别的安全功能外，还要求以访问对象标记的安全级别限制访问者的访问权限，实现对访问对象的强制保护。

（4）第四级为结构化保护级。在继承前面安全级别安全功能的基础上，将安全保护机制划分为关键部分和非关键部分，对关键部分直接控制访问者对访问对象的存取，从而加强系统的抗渗透能力。

（5）第五级为访问验证保护级。在这一级特别增设了访问验证功能，负责仲裁访问者对访问对象的所有访问活动。

综合实训：物流企业信息技术应用状况调研

【实训目的】

选择典型企业，通过多种途径和方法，搜集相关数据，了解分析信息技术在物流系统中的应用现状、存在问题以及发展前景。通过实训使学生进一步了解信息技术在物流活动中的重要性，主要的信息技术种类，以及物联网的发展前景。

【实训内容】

（1）企业的基本情况：包括企业规模、主要物流业务、业务流程、经营发展情况。

（2）信息技术应用：主要针对物流信息的采集、传输、存储、跟踪、定位等采用的技术和方法，了解应用信息技术的类型、信息技术发挥的作用、应用过程中遇到的问题。对同类企业的状况进行对比分析。

（3）发展前景：针对信息技术应用存在的问题提出解决思路和方法，对本企业信息技术应用前景进行展望。

【实训方法】

企业调研可以根据实际情况选择适当的方式分组进行。

（1）企业参观：可以利用校外实习基地资源有组织地进行企业参观调研，也可以将学生分组自由选择熟悉的企业进行调研。

（2）问卷调查：针对具体企业实际，设计调查问卷，通过问卷填写、访谈等方式有针对性地搜集相关数据。

（3）浏览网站：可以通过网上搜索的方式了解典型物流企业，如顺丰、联邦快递、京东物流、德邦物流等的信息。

【实训要求】

完成小组调研报告，篇幅 3 000～4 000 字，主要包括调研的目的与方法、企业概况、信息技术应用现状、存在问题与对策、发展前景等内容。

课后习题

一、填空题

1. 1969 年，美国国防部国防高级研究计划署资助建立了一个名为_____的网络。

2. 因特网是一个以_____网络协议连接各个国家、各个地区、各个机构的计算机网络的数据通信网。

3. IPv4 的地址位数为_____位，因特网中每台计算机必须有唯一的 IP 地址。

4. 因特网地址中的第一级域名和第二级域名由互联网信息中心管理，我国的第一级域名是_____。

5. 计算机网络是_____技术和_____技术相结合的产物。

6. 关系模型的主要特征是用_____结构表达实体集，用_____表示实体间的联系。

7. 二维表中的列称为关系的_____，二维表中的行称为关系的_____。

8. URL 的中文名是_____。

9. 作为一个组织或个人在 WWW（或其他 Web）上开始点的页面称为_____。

10. _____是网页中的标记符，它可以告诉浏览器如何显示网页，即确定内容的格式。

11. 网络安全有五大要素，分别是_____。

12. TCSEC_____分为_____个等级，我国的信息安全标准分为_____个等级。

13. Web 服务器软件有很多，如 Windows 中自带的 IIS_____管理器，目前应用最广泛的 Web 服务器软件是_____。

14. TCSEC 通常被用来评估操作系统或软件平台的安全性。TCSEC 准则将安全等级划分为 A、B、C、D 4 个等级，_____为最高等级。

15. 局域网的体系结构是_____。

16. 信息的主要内容包括文本（西文和中文）信息、_____信息和图像信息。

17. 数字化是指将传统的模拟数据转换为_____数据的过程。

18. 用二维表数据来表示实体及实体之间联系的数学模型称为_____。

19. 语音数字化主要采用 PCM（脉冲编码模式）技术，PCM 主要包括采样、_____、编码 3 个步骤。

20. 目前网站开发的语言很多，如 HTML、ASP、Java、JSP 等。客户端的浏览器与 Web 服务器之间通信主要采用_____的语言形式。

二、选择题

1. 下面不是局域网特征的是（　　　　）。
   A. 分布在一个宽广的地理范围之内　　　　B. 提供给用户一个带宽高的访问环境
   C. 连接物理上相近的设备　　　　　　　　D. 速率高

2. 一座大楼内的一个计算机网络系统属于（　　　　）。
   A. PAN　　　　　　B. LAN　　　　　　C. MAN　　　　　　D. WAN

3. 用二维表数据来表示实体及实体之间联系的数学模型称为（　　　　）。
   A. 实体—联系模型　　　　　　　　　　　B. 层次模型
   C. 网状模型　　　　　　　　　　　　　　D. 关系模型

4. 在下列实体类型的关系中，属于一对多关系的是（　　　　）。
   A. 学校与课程的学习关系　　　　　　　　B. 父亲与孩子的父子关系
   C. 省与省会的关系　　　　　　　　　　　D. 顾客与商品的购买关系

5. 下列 4 项中，不属于数据库特点的是（　　　　）。
   A. 数据共享　　　B. 数据完整性　　　C. 数据冗余很高　　D. 数据独立性高

6. 学生社团可以接纳多名学生参加，但每个学生只能参加一个社团，社团与学生之间的关系类型是（　　　）。

    A. 多对多   B. 一对一   C. 多对一   D. 一对多

7. 以一定的组织方式存储在计算机存储设备上，能为多个用户共享的与应用程序彼此独立的相关数据的集合称为（　　　）。

    A. 数据库   B. 数据库系统

    C. 数据库管理系统   D. 数据结构

8. 在短时间内向网络中的某台服务器发送大量无效连接请求，导致合法用户暂时无法访问服务器的攻击行为是破坏了（　　　）。

    A. 机密性   B. 完整性   C. 可用性   D. 可控性

9. 有意避开系统访问控制机制，对网络设备及资源进行非正常使用属于（　　　）。

    A. 破坏数据完整性   B. 非授权访问

    C. 信息泄露   D. 拒绝服务攻击

10. 防火墙通常被比喻为网络安全的大门，但它不能（　　　）。

    A. 阻止基于 IP 包头的攻击

    B. 阻止非信任地址的访问

    C. 鉴别什么样的数据包可以进出企业内部网

    D. 阻止病毒入侵

11. 在全新安装操作系统时，最常用的安装方法是（　　　）。

    A. 光盘安装   B. 网络安装   C. 无人值守   D. 升级安装

12. （　　　）是国际标准化组织定义的计算机网络体系结构的标准。

    A. OSI/RM   B. TCP/IP   C. IEEE 802   D. IPX/SPX

13. 信息安全中的认证技术主要分为（　　　）。

    A. 消息认证和报文认证   B. 消息认证和身份认证

    C. 报文认证和数字签名   D. 数字签名和实体认证

14. 关系数据库中规定了表中任意字段的值必须是不可分的，即每个记录的每个字段中只能包含一个数据，不能将两个或两个以上的数据"挤入"一个字段，这表示满足数据库范式中的（　　　）。

    A. 第一范式（1NF）   B. 第二范式（2NF）

    C. 第三范式（3NF）   D. 第四范式（4NF）

15. ASP 是一种服务器端脚本编写环境，它使用的脚本语言是（　　　），可以用来创建和运行动态网页或 Web 应用程序。

    A. Java 语言   B. VC++   C. VBScript   D. VFP

16. 在以下 4 个 WWW 网址中，哪一个网址不符合 WWW 网址书写规则？（　　　）

    A. www.163.com   B. www.nk.cn.edu   C. www.863.org.cn   D. www.tj.net.jp

17. 互联网的最早形态（互联网的雏形）是（　　　）。

    A. ARPANET   B. ChinaNet   C. Internet   D. CERNET

18. 多媒体计算机能够处理文字、声音、图像等信息，主要是因为这些信息都已被（　　　）。

    A. 智能化   B. 数字化   C. 网络化   D. 虚拟化

物流信息技术实用教程（微课版　第3版）

19. 下列选项中，哪一项不能作为网站的开发工具？（   ）

    A. HTML   B. HTTP   C. ASP   D. Dreamweaver

三、名词解释

以太网；OSI/RM；数据挖掘；数据库的范式；防火墙；Web 服务器；动态网站；公钥体系

四、简答题

1. 说明数字化、网络化、信息化、智能化之间的区别与联系。

2. 简单说明语音数字化 PCM 技术的工作原理。

3. 简述互联网的发展过程。

4. 什么是关系数据库？其特点是什么？

5. 常见的网络安全技术有哪些？

6. 网络攻击和防御分别包括哪些内容？

7. 简述企业网站建设的主要步骤。

案例分析

珠海港物流可视化信息系统

一、应用企业简介

珠海港物流发展有限公司是珠海港股份有限公司下属全资企业，企业注册资本 2.65 亿元，隶属于珠海市国资委，旗下拥有 6 家子公司，并建立了分公司和办事处。公司经营领域广泛，业务涵盖运输、仓储、配送、分拨、进出口代理等各物流环节，同时也为客户提供个性化定制的商贸物流服务、供应链金融服务、物流总包服务和保税 VMI 服务。

背景：经过多年的发展，珠海港物流架构体系越来越庞大，资源分布到不同的运营点，这将在管理上增加难度与投入。各方的信息协同、过程的透明监控、分散管理的成本消耗与效率都将成为新的挑战。国家"互联网+"行动计划、"一带一路"国家战略新的政策环境，以及横琴自贸区挂牌和珠港澳大桥开通等又带来新的历史机遇。

二、信息化进程，实施中遇到的主要困难

其一，标准化的建立无疑是信息化建设的重要环节，也是最难的环节；其二，业务模型的多样化，核心产品与核心竞争力在很大程度上难以形成；其三，客户需求的个性化，无疑增加了运营管理成本和难度；其四，内部管理考核标准不一致，员工绩效激励程度达不到预想效果；其五，进出口物流市场份额持续下滑，成本优势与服务水平亟待提升。

三、解决措施

为解决上述行业与企业内部发展中的诸多问题，2016 年公司高层经过多次研讨，从战略层面形成一致决策，搭建统一的可视化信息服务平台成为关键举措，并制定了详细的实施计划与方案。

其具体设计原理：建立统一订单平台入口；标准化数据接口与要求；形成统一数据源规范，对整体运营过程进行事件管理与全程跟踪；通过 GPS 终端设备统一接入以及手机 App 应用服务自动采集数据与物流信息状态；通过数据信息交互，形成业务、调度、司机、车辆、后勤服务管理一网通模式；通过事件对应处理方式与责任判定标准以及费用标准，形成自动

计费与自动提醒预警；通过数据采集与沉淀形成统一的格式化数据中心，为过程监控与经营管理以及考核提供大量的数据支持服务；通过全程可视化服务与流程管控，形成标准化服务体系，保障物流服务得到有效执行与管控。

四、信息化主要效益分析与评估

珠海港物流可视化服务平台以提升整体服务运营能力和全程可视化为明确目标。在新的社会环境、政策、发展趋势和挑战下，该服务平台通过搭建信息平台进行资源整合、服务标准化建立与执行，以及自动数据采集与数据分析，为决策提供了大量的统计样本数据，并因物流技术通过平台的信息技术转换，极大地提高了公司的整体运营能力和降低了物流成本。

根据案例回答问题。

（1）说明案例中可视化信息系统的重要作用。

（2）本系统涉及哪些信息技术的应用？

（3）结合案例说明信息系统建设中标准化工作的重要意义。

第 3 章   条码技术与应用

【本章学习方略】

本章重点内容

* 自动识别技术的概念与分类
* 商品条码 EAN13、EAN8
* 条码技术在物流中的应用

本章难点内容

* 条码编码方法
* 二维码及应用

案例引入

GS1全球统一编码标准助力高质量建设浙江省重要产品追溯体系

2021 年 4 月 27 日，中国物品编码中心与浙江省市场监督管理局签署战略合作协议，通过采用全球通用的 GS1 编码标准，建设以 "浙食链" "浙品码" 为代表的高质量浙江省重要产品追溯体系。

"编码智万物，一扫通全球"，商品条码作为商品流通 "身份证" 和全球贸易的 "通行证"，是商品数字化的基础，具有精准识别商品身份、连接供应链各环节数据的独特优势。中国物品编码中心与浙江省市场监督管理局将共同推动建立商品信息的资源共享、深度应用以及跨省互认协同机制，实现基于 GS1 标准的追溯码跨省互认一码通行，为消费者、企业提供更优质、更全面的服务。

一直以来，中国物品编码中心致力于通过统一编码提升产品质量安全水平，推动以商品条码为核心的 GS1 追溯标准广泛而深入地应用。中国物品编码中心建设的中国商品信息服务平台，拥有 1.45 亿条商品信息，市场覆盖率接近 90%，是全球最全面、专业、完整的物品编码数据资源库。统一物品编码技术的广泛应用与商品数据资源的深厚积淀已成为产品质量安全追溯领域重要的双重支撑。

强化编码技术支撑，对 "浙食链" "浙品码" 系统在不同区域和领域的协同应用至关重要。"浙食链" "浙品码" 系统对编码技术的广泛应用，可以进一步提升国家编码数据库的数据质量和应用效能。

未来，双方将进一步强化商品信息的数据共享和深度应用，构建食品等重点产品信息跨省互认协同机制，推动 "浙食链" "浙品码" 系统相关地方标准对接国家食品（产品）安全追溯平台有关国家标准，实现基于 GS1 标准的追溯码跨省互认，一码通行，为保障国家食品及产品质量安全贡献力量。

条码技术的迅速发展和在诸多领域的广泛应用，已引起了许多国家的重视。如今在世界各国从事条码技术及其系列产品开发研究的单位和生产经营的厂商越来越多，条码技术产品达近万种。本章主要介绍自动识别技术概述、条码的基本理论、商品条码、储运与物流条码、二维码等的原理与应用。

3.1　自动识别技术概述

3.1.1　自动识别技术的概念

在信息系统早期，相当一部分数据的处理都是通过手工录入的。这样，不仅数据量十分庞大，劳动强度大，而且数据误码率较高，也失去了实时的意义。为了解决这些问题，人们研究和发展了各种各样的自动识别技术，将人们从繁冗、重复的但又十分不精确的手工劳动中解放出来，提高了系统信息的实时性和准确性，从而为生产的实时调整、财务的及时总结以及决策的正确制定提供了正确的参考依据。

自动识别技术将计算机、光、机电、通信和网络技术融为一体，与互联网、移动通信等技术相结合，实现了全球范围内的物品跟踪与信息共享，从而给物体赋予智能，实现人与物体以及物体与物体之间的沟通和对话。

在当前比较流行的物流研究中，基础数据的自动识别与实时采集更是物流信息系统的存在基础，因为物流过程比其他任何环节都更接近于现实的"物"，物流产生的实时数据比其他任何工况都要密集，数据量都要大。

3.1.2　自动识别技术的分类

自动识别技术是信息数据自动识读、自动输入计算机的重要方法和手段，是以计算机技术和通信技术的发展为基础的综合性科学技术。自动识别技术近几十年在全球范围内得到了迅猛发展，初步形成了一个包括条码技术、磁卡识别技术、光学字符识别、射频技术、生物识别及图像识别等集计算机、光、机电、通信技术等为一体的高科技学科。

除了条码和射频技术外，还有下列自动识别技术。

1. 生物识别技术

生物识别技术是指通过计算机利用人类自身生理或行为特征进行身份认定的一种技术。生物特征分为物理特征和行为特点两类，物理特征包括指纹、掌形、眼睛（视网膜和虹膜）、人体气味、脸型、皮肤毛孔、手腕、手的血管纹理和 DNA 等；行为特点包括签名、语音、步态、击打键盘的力度等。

比较常用的生物识别技术有指纹识别、虹膜识别、人脸识别等。

2. 语音识别技术

语音识别技术（也称作"声音识别"）将人类语音转换为电子信号，然后将这些信号输入具有规定含义的编码模式中。它并不是将说出的词汇转变为字典式的拼法，而是转换为一种计算机可以识别的形式，这种形式通常可开启某种行为。

3. 图像识别技术

图像识别技术是指将原始图像数据转换为数字信息的技术，它具有"数据量大、运算速度快、算法严密、可靠性强、集成度高、智能性强"等特点，被广泛应用于摄影、摄像、扫描等领域。

光学字符识别（Optical Character Recognition，OCR）技术是属于图形识别的一项技术，其目的是要让计算机知道它到底看到了什么，尤其是文字资料。

4. 磁卡（IC卡）识别技术

磁条就是一层薄薄的，由定向排列的、铁性氧化粒子组成的材料（也称为涂料），用树脂黏合在一起并黏在诸如纸或塑料这样的非磁性基片上。磁卡在很多领域得到广泛应用，如信用卡、机票、公共汽车票、自动售货卡、会员卡、现金卡（如电话磁卡）等。

IC卡即集成电路卡，是继磁卡之后出现的又一种信息载体。IC卡通过卡里的集成电路存储信息，采用射频技术与支持IC卡的读卡器进行通信。按读取界面将IC卡分为接触式IC卡和非接触式IC卡两种。

3.1.3 自动识别技术在供应链中的作用

从企业层面上讲，自动识别技术已经成为企业价值链的必要构成部分，是我国企业信息化的基石。自动识别技术具有提升传统产业的现代化管理水平、促进企业运作模式和流程变革的作用。

自条码技术进入物流业和零售业以后，零售企业和物流企业的传统运作模式被打破，具有先进管理模式的现代零售企业如超级市场、大卖场等开始出现。企业可以及时获得商品信息，实现商品管理的自动化和库存的精确管理，最大限度地减少库存成本和人力成本，增强企业的综合竞争能力。

自动识别技术也为零售企业的规模扩张提供了技术支撑。当今企业间的竞争已经不是单一的企业层面之间的竞争，而是整体供应链间的竞争。而供应链上下游伙伴间信息的"无缝"连接，需要条码、射频识别等自动识别技术的支持。

自动识别技术具有广阔的市场前景，各项技术各有所长，面对各行业的信息化应用，自动识别技术将形成互补的局面，并将更广泛地应用于各行各业。

3.2 条码的基本理论

3.2.1 条码技术的发展过程

条码技术诞生于20世纪40年代，但得到实际应用和迅速发展还是在近20年间。条码技术在欧美、日本已得到普遍应用，而且正在世界各地迅速推广普及，其应用领域还在不断扩大。从条码的起源、应用的普及到条码技术的不断成熟，可以将条码技术的发展总结为3个阶段。

条码的起源与发展

1. 条码技术的萌芽期（20世纪40～70年代）

早在 20 世纪 40 年代后期，美国乔·伍德兰德（Joe Wood Land）和贝尼·西尔佛（BenySilver）两位工程师就开始研究用条码表示食品项目以及相应的自动识别设备，并于 1949 年获得了美国专利。该图案很像微型射箭靶，称作"公牛眼"条码，如图 3-1 所示。靶的同心环由圆条和空白绘成。

20 年后，乔·伍德兰德作为 IBM 公司的工程师成为北美地区的统一代码——UPC 的奠基人。20 世纪 60 年代后期，

图 3-1　早期的"公牛眼"条码

西尔韦尼亚（Sylvania）发明了一种被北美铁路系统所采纳的条码系统。1967 年，辛辛那提市（美国中部俄亥俄州西南端工商业城市）的 Kroger（克罗格公司）超市安装了第一套条码扫描零售系统。

2. 条码技术普及期（20世纪70～80年代）

1970 年，美国超级市场 Ad Hoc（非常设）委员会制定了通用商品代码——UPC（Universal Product Code），此后许多团体也提出了各种条码符号方案。1972 年，莫那奇·马金（Monarch Marking）等人研制出了库德巴码（Coda Bar），主要应用于血库，是第一个利用计算机校验准确性的码制。1972 年，交插 25 码由美国易腾迈（Intemec）公司的戴维·阿利尔（David Allair）博士发明，提供给 Computer-Identics 公司，此条码可在较小的空间内容纳更多的信息。

美国统一代码委员会（Uniform Code Council, UCC）于 1973 年建立了 UPC 商品条码应用系统。同年，UPC 条码标准宣布。1974 年，Intermec 公司的戴维·阿利尔（David Allair）博士推出 39 条码，并很快被美国国防部所采纳，作为军用条码码制。1976 年，美国和加拿大在超级市场上成功地使用了 UPC 商品条码应用系统，这给人们以很大的鼓舞，尤其是欧洲人对此产生了很大的兴趣。1977 年，欧洲物品编码协会在 12 位的 UPC-A 商品条码的基础上，开发出与 UPC-A 商品条码兼容的欧洲物品编码系统（European Article Numbering System, EAN）。

3. 条码技术成熟期（20世纪80年代至今）

1981 年，Computer-Identic 公司推出 EAN-128 条码，而 93 条码于 1982 年投入使用。美国曾先后制定了军用标准、交插 25 条码、39 条码和 Coda Bar 条码等 ANSI 标准。1984 年，医疗保健业条码委员会采用 39 条码作为其行业标准。

1990 年，条码印刷质量美国国家标准 ANSI X3.182 颁布，以适应发展的需要。此后，戴维·阿利尔又研制出第一个二维码码制——49 条码。这是一种非传统的条码符号，比以往的条码符号具有更高的密度。1990 年，讯宝公司（Symbol）推出二维码 PDF417。1994 年 9 月，日本电装公司（Denso）研制成 QR Code。1991 年 4 月，中国物品编码中心代表我国加入国际物品编码协会 EAN，为全面开展我国条码工作创造了先决条件。

3.2.2　条码的相关概念

1. 条码

条码是由一组规则排列的条、空及其对应字符组成的标记，用以表示一定的信息。条码通常用来对物品进行标识。这个物品可以是用来进行交

条形码基础知识

易的一个贸易项目，如一瓶啤酒或一箱可乐；也可以是一个物流单元，如一个托盘。典型的商品条码如图 3-2 所示。

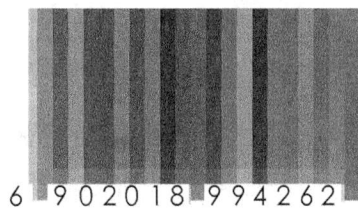

图 3-2 典型的商品条码

2. 代码

代码（Code）即用来表征客观事物的一个或一组有序的符号。代码必须具备鉴别功能，即在一个信息分类编码标准中，一个代码只能唯一地标识一个分类对象，而一个分类对象只能有一个唯一的代码。在不同的应用系统中，代码可以有含义，也可以无含义。

3. 码制

条码的码制是指条码符号的类型。每种类型的条码符号都是由符合特定编码规则的条和空组合而成的。每种码制都具有固定的编码容量和所规定的条码字符集。在条码字符中，字符总数不能大于该种码制的编码容量。常用的一维条码码制包括 EAN 条码、UPC 条码、UCC/EAN-128 条码、交叉 25 条码、39 条码、93 条码、库德巴条码等。

4. 字符集

字符集是指某种码制的条码符号可以表示的字母、数字和符号的集合。有些码制仅能表示 10 个数字字符：0～9，如 EAN/UPC 条码；有些码制除了能表示 10 个数字字符外，还可以表示几个特殊字符，如库德巴条码。39 条码可表示数字字符 0～9、26 个英文字母 A～Z 以及一些特殊符号。

5. 连续性

条码符号的连续性是指每个条码字符之间不存在间隔。相反，非连续性是指每个条码字符之间存在间隔。从图 3-3 所示的 25 条码的字符结构中可以看出，字符与字符间存在间隔，所以是非连续的。

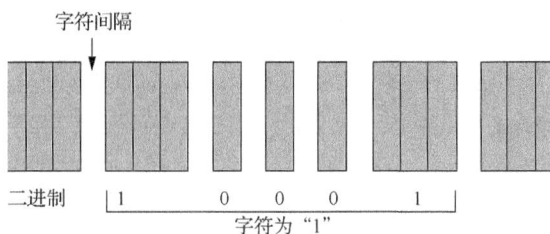

图 3-3 25 条码的字符结构

6. 双向可读性

条码符号的双向可读性是指从左右两侧开始扫描都可被识别的特性。绝大多数码制都可双向识读，所以都具有双向可读性。事实上，双向可读性不仅仅是条码符号本身的特性，也是条码符号和扫描设备的综合特性。对于双向可读的条码，在识读过程中，译码器需要判别扫描方向。

7. 自校验特性

条码符号的自校验特性是指条码字符本身具有校验特性。若在一个条码符号中，一个印刷缺陷（例如，因出现污点把一个窄条错认为宽条，而把相邻宽空错认为窄空）不会导致替代错误，这种条码就具有自校验功能。39 条码、库德巴条码、交叉 25 条码都具有自校验特性。

3.2.3　条码的结构与分类

1. 条码的结构

一个完整的条码符号是由两侧空白区、起始字符、数据字符、校验字符（可选）、终止字符以及供人识读字符组成的，如图 3-4 所示。条码信息靠条和空的不同宽度和位置来传递。信息量的大小是由条码的宽度和印刷的精度决定的。条码越宽，包容的条和空越多，信息量越大；条码印刷的精度越高，单位长度内可以容纳的条和空越多，传递的信息量也就越大。

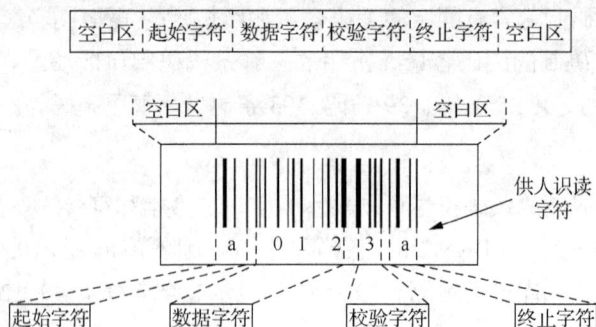

图 3-4　条码的结构

2. 条码的分类

条码按照不同的分类方法、不同的编码规则可以分成许多种，现在已知的世界上正在使用的条码就有 250 种之多。

条码通常的分类方法有以下 3 种。

（1）按维数：可分为一维条码、二维码、多维条码。

（2）按用途：可分为商品条码（包括 EAN 码和 UPC 码）、存储条码（交叉 25 码、ITF-14 条码和 ITF-6 条码）、物流条码（包括 128 码、ITF 码、39 码、库德巴码）等。

（3）按码制：可分为 UPC 码、EAN-13 码、EAN-8 码、ITF-14、ITF-16、EAN/UCC-128 码、39 码和库德巴码等。

3.2.4　条码的工作原理

条码系统把条码标签、条码扫描器、后台计算机结合在一起来完成自动识别和信息采集工作。它集编码、印刷、识别、数据采集和处理于一身，其核心内容是利用光电扫描设备识读条码符号。从功能上说，条码系统由扫描系统、信号整形、译码等部分组成。

条码系统主要是根据条码图形的条（黑条）和空（白条）对光的反射率不同来进行自动识别和将信息输入计算机系统。其工作过程大致可以分为 3 个步骤（见图 3-5）。

（1）条码扫描。当条形码扫描器光源发出的光照射到黑白相间的条形码上时，反射光照射到光电转换器上，光电转换器接收到与白条和黑条相应的强弱不同的反射光信号，并转换成相应的电信号输出到放大整形电路，从而表示不同的字符和信息。

物流信息技术实用教程（微课版　第3版）

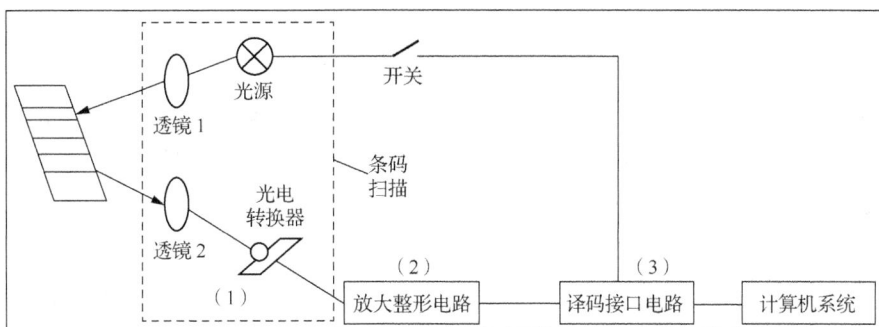

图 3-5　条码系统工作过程

（2）放大整形。由光电转换器输出的与条形码的条和空相应的电信号一般仅 10mV 左右，不能直接使用，因而需先将光电转换器输出的电信号送放大器放大。放大后的电信号仍然是一个模拟电信号，为了避免条形码中的疵点和污点导致错误信号，在放大电路后需加一整形电路，把模拟信号转换成数字信号，以便计算机系统能准确判读。放大整形过程由信号放大、滤波、波形整形 3 个步骤完成。

（3）译码。译码是条码编码的逆过程。它的功能是对得到的条码矩形波信号进行译码，根据码制对应的编码规则，将条形码符号转换成相应的数字、字符信息，通过接口电路传输给计算机系统，进行数据处理与管理，并将结果输出到条码应用系统中的数据采集终端，完成条形码识别的全过程。

3.3　商品条码

3.3.1　商品条码的组织机构

1. UCC

条码标识商品起源于美国，并形成一个独立的编码系统，通用于北美地区。美国统一代码委员会（Uniform Code Council Inc，UCC）是负责开发和维护北美地区包括产品标识标准在内的国际标准化组织，创建于 1972 年，推广 UPC 商品条码是它的一项业务。

UPC 码仅可用来表示数字，其字码集为数字 0～9。UPC 码共有 A、B、C、D、E 5 种版本（见表 3-1），常用的商品条码版本为 UPC-A 和 UPC-E。UPC-A 是标准的 UPC 通用商品条码版本，UPC-E 为 UPC-A 的压缩版。

表 3-1　UPC 码的版本

版本	应用对象	格式
UPC-A	通用商品	SXXXXXXXXXXC
UPC-B	医药卫生	SXXXXXXXXXXC
UPC-C	产业部门	XSXXXXXXXXXXCX
UPC-D	仓库批发	SXXXXXXXXXXCXX
UPC-E	商品短码	XXXXXX

注：S 为系统码；X 为数据码；C 为校验码。

2. 国际物品编码协会

1976 年，美国和加拿大在超级市场上成功地使用了商品统一代码（Universal Product Code，UPC）系统。1977 年，欧洲共同体开发出与 UPC 系统兼容的欧洲物品编码系统（European Article Numbering System，EAN）。1981 年，随着协会成员的不断增加，EAN 组织已发展成为一个事实上的国际性组织，改称为"国际物品编码协会"。

因为国际物品编码协会推出的国际通用编码系统（EAN 系统）在世界范围内得到迅速推广应用，UPC 系统的影响逐渐缩小。2002 年 11 月 26 日，EAN 正式接纳 UCC 成为系统成员，EAN 和 UCC 合并为一个全球统一的标识系统——EAN·UCC 系统。

3. GS1

2005 年 2 月，EAN International 改名为 GS1。全球统一标准（GS1）是一个组织的英文全称，它同时包含了 5 个含义：一个全球系统、一个全球标准、一种全球解决方案、世界一流的标准化组织（供应链管理/商务领域）、在全球开放标准/系统下的统一商务行为。

GS1 拥有一套全球跨行业的产品、运输单元、资产、位置和服务的标识标准体系和信息交换标准体系，使产品在全世界都能够被扫描和识读；GS1 的全球数据同步网络（GD-SN）确保全球贸易伙伴都使用正确的产品信息；GS1 通过电子产品代码（EPC）、射频识别（RFID）技术标准提供更高的供应链运营效率；GS1 可追溯解决方案，帮助企业遵守国际的有关食品安全法规，实现食品消费安全。

4. 中国物品编码中心

中国物品编码中心是统一组织、协调、管理我国商品条码、物品编码与自动识别技术的专门机构，隶属于国家质量监督检验检疫总局。它成立于 1988 年，于 1991 年 4 月代表我国加入国际物品编码协会（GS1），负责推广国际通用的、开放的、跨行业的全球统一编码标识系统和供应链管理标准，向社会提供公共服务平台和标准化解决方案。

中国物品编码中心在全国设有 47 个分支机构，形成了覆盖全国的集编码管理、技术研发、标准制定、应用推广以及技术服务于一体的工作体系。物品编码与自动识别技术已广泛应用于零售、制造、物流、电子商务、移动商务、电子政务、医疗卫生、产品质量追溯、图书音像等国民经济和社会发展的诸多领域。企业使用 EAN 商品条码需向中国物品编码中心申请，申请流程如图 3-6 所示。

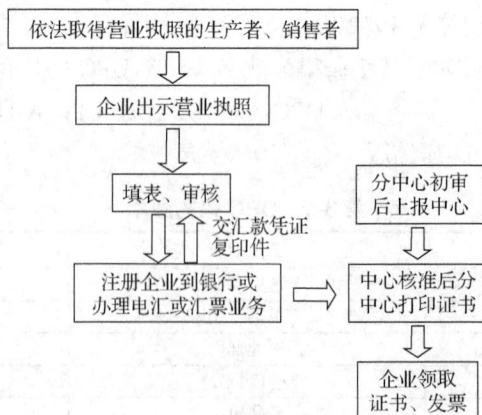

图 3-6　企业申请注册厂商识别代码流程图

3.3.2 商品标识代码与商品条码

商品标识代码是代表商品的一组符号。商品标识代码包括 EAN/UCC-13、EAN/UCC-8、UCC-12 3 种代码结构，还有一些特殊的商品代码。厂商应根据需要选择申请适宜的代码结构，并遵循 3 项基本的编码原则，即唯一性原则、无含义性原则、稳定性原则。

商品条码是表示商品标识代码的图形符号，即条形码。对应的商品条码包括 EAN-13、EAN-8、UPC-12 等，其关系如图 3-7 所示。

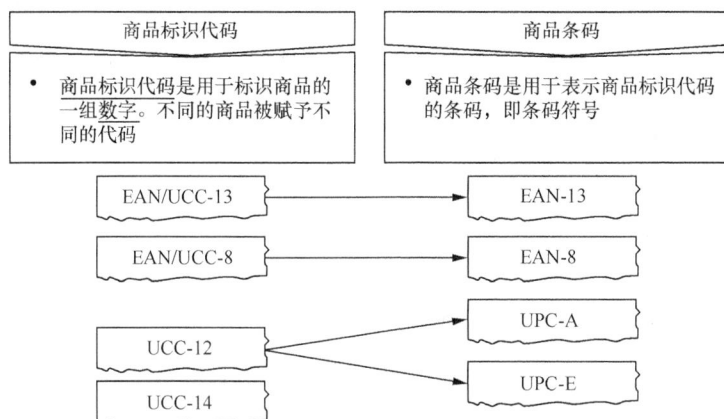

图 3-7　商品代码与商品条码的关系

1. EAN/UCC-13 代码

（1）EAN-13 条码的结构。EAN-13 商品条码由前置码、左侧空白区、起始符、左侧数据符、中间分隔符、右侧数据符、校验符、终止符、右侧空白区及供人识别字符组成，如图 3-8 所示。

图 3-8　EAN-13 条码的结构

（2）EAN/UCC-13 代码的结构。EAN/UCC-13 代码由 13 位数字组成。不同国家（地区）的条码组织对 13 位代码的结构有不同的划分。我国商品条码的 EAN/UCC-13 代码有以下 3 种结构（见表 3-2）。

表 3-2　EAN/UCC-13 代码的结构

结构种类	厂商识别代码		商品项目代码	校验码
	前缀码	厂商代码		
结构一	$X_{13}X_{12}X_{11}$ （690，691）	$X_{10}X_9X_8X_7$	$X_6X_5X_4X_3X_2$	X_1

结构种类	厂商识别代码		商品项目代码	校验码
	前缀码	厂商代码		
结构二	$X_{13}X_{12}X_{11}$ （692，693，694）	$X_{10}X_9X_8X_7X_6$	$X_5X_4X_3X_2$	X_1
结构三	$X_{13}X_{12}X_{11}$ （695）	$X_{10}X_9X_8X_7X_6X_5$	$X_4X_3X_2$	X_1

① 前缀码。前缀码由 2～3 位数字（$X_{13}X_{12}$ 或 $X_{13}X_{12}X_{11}$）组成，是 EAN 分配给国家（或地区）编码组织的代码。前缀码由 EAN 统一分配和管理。

② 厂商识别代码。厂商识别代码用来在全球范围内唯一标识厂商，其中包含前缀码。在中国大陆地区，厂商识别代码由 7～9 位数字组成，由中国物品编码中心负责注册分配和管理。

③ 商品项目代码。商品项目代码由 3～5 位数字组成，由获得厂商识别代码的厂商自己负责编制。在使用同一厂商识别代码的前提下，厂商必须确保每个商品项目代码的唯一性。

④ 校验码。为了保证条码识读设备在读取商品条码时的可靠性，厂商应在商品标识代码和商品条码中设置校验码。校验码为 1 位数字，用来校验编码的正确性。校验码是根据前 12 位编码的数值，按一定的数学算法计算得到的。

（3）EAN/UCC-13 代码的编码举例。假设分配给某药厂的厂商识别代码为 6901234。表 3-3 给出了其部分产品的编码方案。

- 商品品种不同，应编制不同的商品项目代码。
- 即使是同一企业生产的同一品种的商品，其商标不同，也应编制不同的商品项目代码。
- 同种商标的同种商品，如果剂型不同，其商品项目代码也应不同。
- 同一种类、同一商标、同一剂型的商品，其商品规格或包装规格不同，均应编制不同的商品项目代码。
- 对于组合包装的项目，也应分配一个独立的商品项目代码。

表 3-3　某药厂的商品编码方案

产品种类	商标	剂型、规格与包装规格			商品标识代码
清凉油	天坛牌	搽剂	固体	棕色	3.5g/盒	6901234 00000 9
					3.5g/袋	6901234 00001 6
					19g/盒	6901234 00002 3
				白色	19g/盒	6901234 00003 0
			液体	3mL/瓶	6901234 00004 7
				8mL/瓶	6901234 00005 4
				18mL/瓶	6901234 00006 1
		吸剂（清凉油鼻舒）		1.2g/支	6901234 00007 8
	龙虎牌	黄色		3.0g/盒	6901234 00008 5
				10g/盒	6901234 00009 2
		白色		10g/盒	6901234 00010 8
				18.4g/盒	6901234 00011 5
		棕色		10g/盒	6901234 00012 2
				18.4g/盒	6901234 00013 9
		吸剂（清凉油鼻舒）		1.2g/支	6901234 00014 6

产品种类	商标	剂型、规格与包装规格		商品标识代码
清凉油	ROYAL BALM™	运动型棕色强力装	18.4g/瓶	6901234 00015 3
		关节型原始白色装	18.4g/瓶	6901234 00016 0
风油精	龙虎牌	8mL/瓶		6901234 00017 7
		3mL/瓶		6901234 00018 8
家友（组合包装）	龙虎牌	风油精 1mL，清凉油鼻舒 0.5g/支		6901234 00019 1

2. EAN/UCC-8 代码

介绍 EAN-8/UCC-8 代码前先了解一下 EAN-8 条码的结构。

（1）EAN-8 条码的结构。EAN-8 商品条码由左侧空白区、起始符、左侧数据符、中间分隔符、右侧数据符、校验符、终止符、右侧空白区和供人识别字符组成，如图 3-9 所示。

图 3-9　EAN-8 条码的结构

（2）EAN/UCC-8 代码的结构。EAN/UCC-8 代码是 EAN/UCC-13 代码的一种补充，用于标识小型商品。它由 8 位数字组成，其结构分为前缀码和商品项目代码两个部分（见表 3-4）。

表 3-4　EAN-8 代码的结构

前缀码	商品项目代码	校验码
$X_8X_7X_6$	$X_5X_4X_3X_2$	X_1

从表 3-4 中可以看出，EAN/UCC-8 代码的结构中没有厂商识别代码。EAN/UCC-8 的商品项目代码由 7 位数字组成。在中国，$X_8X_7X_6$ 为前缀码。前缀码与校验码的含义与 EAN/UCC-13 相同。计算校验码时，只需在 EAN/UCC-8 代码前添加 5 个 0，然后按照 EAN/UCC-13 代码中的校验位计算即可。

（3）EAN/UCC-8 代码的注册。商品项目代码由国家（或地区）编码组织统一分配管理。在我国，由中国物品编码中心依据《商品条码管理办法》的相关规定，对 EAN-8 商品条码统一分配，以确保标识代码在全球范围内的唯一性，厂商不得自行分配。

3. UCC-12 代码

通常情况下，厂商不选用 UPC 商品条码。只有当产品出口到北美地区而且客户指定时，厂商才申请使用 UPC 商品条码。中国厂商如需申请 UPC 商品条码，需经中国物品编码中心统一办理。

UCC-12 代码可以用 UPC-A 商品条码（见图 3-10）和 UPC-E 商品条码的符号表示。

4. 特殊商品代码

除以上国际标准的商品代码编码规则外，一些特殊商品（如书、期刊等）或在特殊情况下（如生产线上的元件、超市的特卖等），可以采用特殊的编码方法。

图 3-10　UPC-A 商品条码的结构

（1）EAN 系统的图书代码。2007 年 1 月，国际物品编码协会（EAN）与国际标准书号（International Standard Book Number，ISBN）中心达成了一致协议，把图书作为特殊的商品，将 EAN 前缀码 978 作为 ISBN 系统的前缀码，并将 ISBN 书号条码化（见图 3-11）。

（2）EAN 系统的期刊代码。与图书编码类似，按照 EAN 的规定，期刊可以有两种编码方法：第一种方法与普通商品方法相同，其编码方法按照标准的 EAN-13 代码的编码方式进行；第二种方法按照国际标准期刊号（International Standard Serials Number，ISSN）体系进行编码，其前缀特征码为 977，如图 3-12 所示。

ISBN 978-7-115-44629-9

9 787115 446299>

图 3-11　图书 ISBN 条码

ISSN 1671-6663

09>

9 771671 666024

图 3-12　期刊 ISSN 条码

（3）音像制品和电子出版物。音像制品和电子出版物可视为一般商品，也有一些国家将其视为特殊商品，因此条码标识上有两种编码方法：可以像其他贸易项目一样使用 EAN/UCC-13 或 UCC-12，也可以在 EAN·UCC 指定的前缀后直接使用 ISBN 或 ISSN（无校验码）组成 GTIN。如有附加信息，可将其印制成 2 位或 5 位数字的条码符号，这称为附加条码符号，它置于 EAN/UPC 条码符号的右边并与其平行。

（4）厂商内部编码。厂商为了供内部使用，可能需要对贸易项目进行编码，这时应使用以 20～29 为前缀的 EAN/UCC-13。这些代码仅限于内部使用，不能用于外部的数据交换，也不能用于 EDI。商店使用店内码请遵循 GB/T18283—2000《店内条码》标准。

（5）优惠券的编码。优惠券的编码采用前缀为 99 的 EAN/UCC-13。如果优惠券流通于通用一种货币的两个以上国家或地区，则使用前缀 981 或 982。目前，优惠券的标识由各国自行管理，尚不能全球通用。

3.4　储运与物流条码

3.4.1　储运单元条码

为便于搬运、仓储、订货、运输等，由消费单元组成的商品包装单元称为储运单元。储运单元分为定量储运单元和变量储运单元。

储运单元条码

定量储运单元是由定量消费单元组成的储运单元，与消费单元同为一体的定量储运单元应共用一个商品项目代码，按消费单元编码方法构成 13 位代码，用 EAN-13 条码标识。内含的消费单元为同一类定量储运单元，可以在 13 位代码前加指示符 0 构成 14 位代码，用 ITF-14 条码标识；如果仍用原商品项目代码，则可按有关规定选用不同指示符构成不同的 14 位代码，用 ITF-14 条码或 EAN-128 条码标识。内含非同类消费单元的定量储运单元，可用 EAN-13 条码或 ITF-14 条码标识。

变量储运单元是由变量消费单元组成的储运单元。变量储运单元由 14 位数字的主代码和 6 位数字的附加代码组成，主代码用 ITF-14 条码标识，附加代码用 ITF-6 条码标识。指示字符 9 表示主代码后面有附加代码；厂商识别代码与商品项目代码的编码规则同消费单元，只是商品项目代码只能表示储运单元的产品种类；商品数量代码表示基本计量单位（如 m、kg 等）的数量；校验字符的计算同商品条码 EAN-13 校验字符的计算方法，如图 3-13 所示。如果储运单元与商品单元相同，则储运单元条码就采用商品条码（见图 3-13），如果一个储运单元包含多个商品单元[见图 3-13（下）]则储运条码变为 14 位的 ITF14 条码。

1. 交叉 25 条码

交叉 25 条码（见图 3-14）是在 25 条码的基础上发展起来的，由美国的 Intermec 公司于 1972 年发明。它弥补了 25 条码的许多不足之处，不仅增大了信息容量，而且因为自身具有校验功能，还提高了交叉 25 条码的可靠性。交叉 25 条码起初被广泛应用于仓储及重工业领域，1997 年我国也研究制定了交叉 25 条码标准（GB/T 16829—1997），主要应用于运输、仓储、工业生产线、图书情报等领域的自动识别管理。

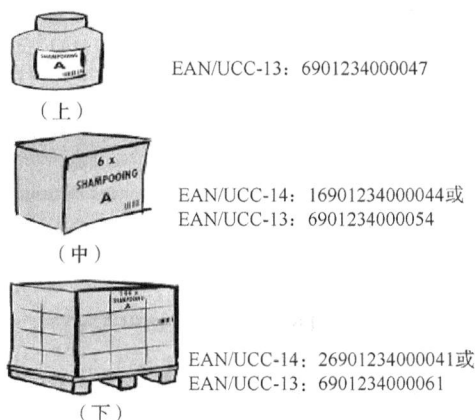

EAN/UCC-13：6901234000047
（上）

EAN/UCC-14：16901234000044或
EAN/UCC-13：6901234000054
（中）

EAN/UCC-14：26901234000041或
EAN/UCC-13：6901234000061
（下）

图 3-13　不同包装等级的编码方案

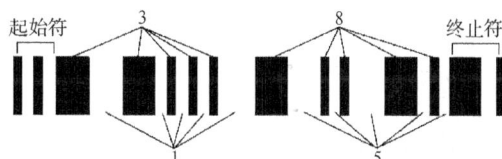

图 3-14　交叉 25 条码

2. ITF-14 条码符号

ITF-14 条码是一种连续型、定长、具有自校验功能，且条和空都表示信息的双向条码。它的条码字符集、条码字符的组成与交叉 25 条码相同。ITF-14 条码由保护框、左侧空白区、条码字符、右侧空白区和供人识别字符组成，如图 3-15 所示。

0 6 9 0 1 2 3 4 5 6 7 8 9 2

图 3-15　ITF-14 条码的结构

ITF-14 条码只用于标识非零售的商品。ITF-14 条码对印刷精度要求不高，比较适合直接印刷（热转换或喷墨）表面不够光滑、受力后尺寸易变形的包装材料，如瓦楞纸和纤维板。图 3-16 所示为 ITF-14 条码的印刷位置。

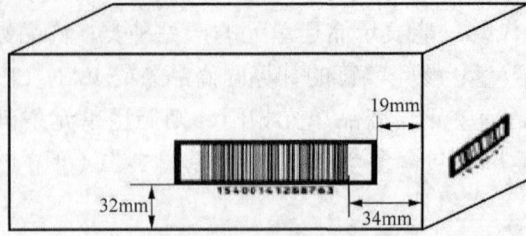

图 3-16　ITF-14 条码的印刷位置

3.4.2　物流单元条码

1. 物流条码的概念

物流条码

一般而言，商品条码用在商品包装上或者单个大件商品的物流包装箱上。如果包装箱内含有预先确定的、规则数量的商品时，也可用通用商品条码码制给每个货运单元分配一个与消费单元不同的通用商品条码；交叉 25 条码可用于定量储运单元；EAN-128 条码可以弥补商品通用代码和交叉 25 条码的不足，更多地标识贸易单元信息。

2. UCC/EAN-128 条码的结构

UCC/EAN-128 条码由国际物品编码协会（EAN）和美国统一代码委员会（UCC）共同设计而成。它是一种连续型、非定长、有含义的高密度、高可靠性、两种独立的校验方式的代码。

UCC/EAN-128 条码是唯一能够表示应用标识的条码符号。UCC/EAN-128 可编码的信息范围广泛，包括项目标识、计量、数量、日期、交易参考信息、位置等。UCC/EAN-128 条码的结构如图 3-17 所示。

物流单元条码符号的放置原则同 ITF-14 条码符号。在相邻的面上放置两个标签：一个放在短面的右边；另一个放在长面的右边，如图 3-18 所示。

图 3-17　EAN-128 条码的结构

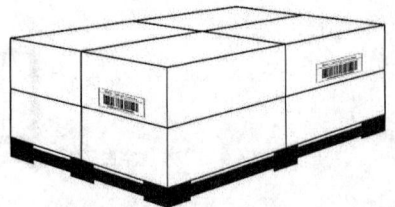

图 3-18　EAN-128 条码的印刷位置图

3.5 二维码

3.5.1 二维码的产生与发展

二维码技术是在一维码无法满足实际应用需求的前提下产生的。因为受信息容量的限制，一维码通常是对物品的标识，而不是对物品的描述。所谓对物品的标识，就是给某物品分配一个代码，代码以条码的形式标识在物品上，用来标识该物品，以便自动扫描设备识读。代码或一维码本身不表示该产品的描述性信息。

二维码

国外对二维码技术的研究始于 20 世纪 80 年代末。在二维码符号表示技术研究方面，已研制出多种码制，常见的有 PDF417、QR Code、Code 49、Code 16K、Code One 等。在二维码设备研制、生产等方面，美国、日本等国的设备制造商生产的识读设备、符号生成设备，已广泛应用于各类二维码应用系统。我国对二维码技术的研究始于 1993 年。

3.5.2 二维码的特点

二维码具有条码技术的一些共性：每种码制有其特定的字符集、每个字符占有一定的宽度、具有一定的校验功能等。同时还具有以下特点。

（1）信息容量大：根据不同的条空比例，每平方英寸（1 英寸=0.025km）可以容纳 250～1 100 个字符，比普通条码信息容量高几十倍。

（2）容错能力强：二维码因穿孔、污损等引起局部损坏时，照样可以正确识读，损毁面积达 50%仍可恢复信息，比普通条码的译码错误率低得多，误码率不超过 1/10 000 000。

（3）引入加密措施：引入加密措施后，保密性、防伪性好。

（4）印刷多样：二维码不仅可以在白纸上印刷黑字，还可以进行彩色印刷，而且印刷机器和印刷对象都不受限制，印刷方便。

（5）可影印及传真：二维码经传真和影印后，仍然可以使用；而一维码在经过传真和影印后，机器无法进行识读。

一维码与二维码的比较如表 3-5 所示。

表 3-5　一维码与二维码的比较

项目/条码类型	一维码	二维码
条码密度与容量	密度低、容量小	密度高、容量大
错误校验及纠错能力	有校验码进行错误校验，但没有错误纠正能力	有错误检验及错误纠正能力，并可根据实际应用设置不同的安全等级
垂直方向的信息	不存储信息，垂直方向的高度是为了识读方便，并弥补印刷缺陷或局部损坏	携带信息，对印制缺陷或局部损坏等可以采用错误纠正机制、恢复信息
主要用途	主要用于对物品的标识	用于对物品的描述
信息网络与数据库依赖性	多数场合需依赖信息网络与数据库	可不依赖信息网络与数据库而单独应用
识读设备	可用线型扫描器（如光笔、线型 CCD、激光扫描枪）识读	对于堆叠式，可用线型扫描器多次扫描，或可用图像扫描仪识读。矩阵式则仅能用图像扫描仪识读

3.5.3 二维码的码制

1. 二维码的分类

二维码按组成方式，可分为行排式二维码和矩阵式二维码，另外还有邮政专业码。

（1）行排式二维码。行排式二维码即线性堆叠式二维码，就是在一维码的基础上，降低条码行的高度，安排一个纵横比大的窄长条码行，并将各行在顶上互相堆积，每行间都用一模块宽的厚黑条分隔。典型的线性堆叠式二维码有 Code 16K、Code 49、PDF417 等。

（2）矩阵式二维码。矩阵式二维码是在一个矩形空间，通过黑白像素在矩阵中的不同分布进行编码。矩阵式二维码比堆叠式二维码具有更高的自动纠错能力，更适用于在条码容易受到损坏的场合。典型的矩阵式二维码有 Aztec、MaxiCode、QR Code、Data Matrix 等。

（3）邮政专业码。邮政专业码是指通过不同长度的条进行编码，主要用于邮件编码，如 Postnet、BP04-State 等。

目前，二维码的主要码制有 PDF417 码、49 码、16K 码、Data Matrix 码和 Maxi code 码等，如图 3-19 所示。其中以 PDF417 码应用范围最广，从生产、运货、行销到存货管理都很适用，故 PDF417 码特别适用于流通业；Maxicode 码通常用于邮包自动分类和追踪；Data Matrix 码则特别适用于小零件的标识。

| （a）Code one 码 | （b）Data Matrix 码 | （c）Maxicode 码 |

| （d）PDF417 码 | （e）49 码 | （f）16K 码 |

图 3-19　典型的二维码

2. PDF417 条码

PDF417 条码是一种行排式二维码，目前应用最为广泛。PDF417 条码是由留美华人王寅敬博士发明的。PDF 取自英文 Portable Data File 3 个单词的首字母，意为"便携数据文件"。因为组成条码的每个字符都是由 4 个条和 4 个空共 17 个模块构成的，所以称为 PDF417 条码。

PDF417 条码是一种多层、可变长度、具有高容量和纠错能力的二维码。每个 PDF417 条码可以表示 1 108 字节，或 1 850 个 ASCII 字符或 2 710 个数字的信息。PDF417 条码的结构如图 3-20 所示。PDF417 条码的特性如表 3-6 所示。

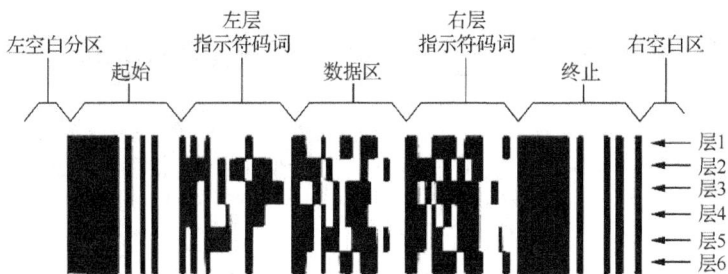

图 3-20　PDF417 条码的结构

表 3-6　PDF417 条码的特性

项目	特性
可编码字符集	全 ASCII 字符或 8 位二进制数据，可表示汉字
类型	连续、多层
字符自校验功能	有
符号尺寸	可变，高度为 3～90 行，宽度为 90～583 个模块宽度
双向可读	是
错误纠正码词数	2～512 个
最大数据容量 （错误纠正级别为 0 时）	1 850 个文本字符 或 2 710 个数字 或 1 108 字节数字
附加属性	可选择纠错级别、可跨行扫描、宏 PDF417 条码、全球标记标识符等

3. QR Code 条码

QR Code 条码是由日本 Denso 公司于 1994 年 9 月研制的一种矩阵二维码符号。从 QR Code 条码的英文名称 Quick Response Code 可以看出，超高速读是 QR Code 区别于 PDF417、Data Matrix 等二维码的主要特点。用 CCD 二维码识读设备，每秒可识读 30 个 QR Code 条码字符；对含有相同数据信息的 PDF417 条码字符，每秒仅能识读 3 个条码字符；对 Data Martix 矩阵码，每秒仅能识读 2～3 个条码字符（图 3-19 中其他二维码不再赘述）。

4. 汉信码

由中国物品编码中心承担的国家"十五"重大科技专项"二维码新码制开发与关键技术标准研究"取得突破性成果，我国拥有完全自主知识产权的新型二维码——汉信码，于 2005 年岁末诞生在中国大地。汉信码填补了我国在二维码码制标准应用中没有自主知识产权技术的空白。

汉信码具有抗畸变、抗污损能力强、信息容量大等特点，达到了国际先进水平。其中在汉字表示方面，支持 GB 18030 大字符集，汉字表示信息效率高，达到了国际领先水平。汉信码的信息容量如表 3-7 所示。

表 3-7　汉信码的信息容量

数字	最多 7 829 个字符
英文字符	最多 4 350 个字符
汉字	最多 2 174 个字符
二进制信息	最多 3 262 字节

3.6 条码技术在物流中的应用

随着电子商务的发展，物流行业日益壮大，条码技术的应用也越来越广泛。条码技术已融入物流行业的各个环节，为物流工作带来了便利。

1. 在运输中的应用

现代运输已广泛运用条码技术进行运输管理，如录入货物的品名、规格、数量等数据，促进了运输管理的信息化、自动化。航空、铁路、水路、公路的旅客自动化售票系统，桥梁、隧道、公路收费站的自动化收费，货运仓库、航空港、码头、物流中心、货场的物流自动化管理，都要使用条码技术来进行自动化管理。

2. 在仓储中的应用

在仓储管理中应用条码技术，可以对仓储管理中的入库、出库、盘点等环节进行科学管理。货物在入库时自动扫描信息并输入计算机，在库存管理中采用条码对库存物品进行盘点；货物出库时进行出库登账处理，更新货物库存明细。

3. 在配送中的应用

在物流配送中心的各种作业活动中，利用条码技术实行自动化作业，大大提高了配送作业效率并减少了物流作业活动的差错事故，从而保证及时、准确地将商品配送到目的地。

4. 在商场销售点 POS 系统的应用

商场 POS 系统利用条码技术，可以在为经营者创造更好的利润方面提供新的作业环境，也可以帮助控制店面中存货的流动，有效地把前台系统（POS）和后台系统结合起来，加快商品的流通速度，增强营运能力，同时跟踪客户的购买模式。

5. 在其他领域的应用

条码技术除了在物流领域各个环节得到普遍应用外，在医疗卫生、工业制造、现代军事、人口管理、环境保护等各个领域都得到了越来越广泛的应用。

综合实训：走进超市搜集各类条码进行分析

【实训目的】

条码的应用在现代大型超市管理中不可或缺。像沃尔玛、易初莲花等世界著名大型超市，从纵向到横向，从商品的流通、供应商的选择到客户及员工的管理，都已充分使用条码。

通过分组合作方式，利用课余时间走进超市，收集各种类型的条码，包括一维条码、二维码、仓储码、通用商品条码、长码短码等，了解超市环境下应用条码的类型、作用及其码制的组成结构。

【实训内容】

（1）走进超市，尽量收集各种类型、各种形状的条码，并进行归类分析。

（2）分析各种条码的类型、组成以及功能。

（3）按照信息管理活动的类型，包括商品流通的管理、客户的管理、供应商的管理、员工的管理等，分析条码在各个管理活动中的应用状况。

【实训方法】

分组（3～4人）合作，选择典型或就近的超市，收集各类条码。

【实训要求】

根据调研结果组织调研报告及制作PPT，小组在讨论课中汇报调研实施情况及结果汇报，回答其他小组的提问。

课后习题

一、填空题

1. 条码作为一种图形识别技术，与其他识别技术相比有如下特点：简单、_____、采集信息量大、可靠性高、灵活且实用、自由度大、设备结构简单、成本低。

2. 自动识别技术主要包括生物识别、图像识别、语音识别和磁卡识别4种类型。条码技术属于_____。

3. 1988年12月28日，经国务院批准，成立了中国物品编码中心，主要负责统一组织、协调、管理我国的条码工作。_____代表我国加入_____，为全面开展我国条码工作创造了先决条件。

4. 条码是由一组规则排列的条、空及其对应_____组成的标记，用以表示一定的信息。

5. 条码系统把条码标签、条码扫描器、后台计算机结合在一起，来完成自动识别和信息采集的工作。从功能上来说，条码系统由扫描系统、_____、译码等部分组成。

6. 在我国由_____依据《商品条码管理办法》的相关规定，对EAN-8商品条码统一分配，以确保标识代码在全球范围内的唯一性，厂商不得自行分配。

7. EAN分配给国际ISBN系统专用的前缀码_____，用以标识图书。

8. 从符号学的角度来讲，二维码和一维码都是信息表示、携带和识读的手段；但从应用角度来讲，尽管在一些特定场合可以选择其中的一种来满足需要，但它们的应用侧重点是不同的，一维码是对"物品"的_____，二维码是对"物品"的_____。

9. 组成条码的每个符号都是由4个条和4个空共17个模块构成的，所以称为_____条码。

10. 人脸识别是基于人的脸部特征信息进行身份识别的一种_____识别技术。用摄像机或摄像头采集含有人脸的图像或视频流，并自动在图像中检测和跟踪人脸，进而对检测到的人脸进行脸部识别的一系列相关技术，通常也叫作人像识别、面部识别。

11. 自动识别技术主要解决信息处理过程中的信息_____问题。

12. 条码属于_____类型的自动识别技术。

13. 当储运包装商品不是零售商品时，应在13位代码前补_____变成14位代码，采用ITF-14或UCC/EAN-128条码表示。

14. 当扫描器扫读条码符号时，光敏元件将扫描到的光信号转变为模拟电信号，模拟电信号经过放大、滤波、整形等信号处理，转变为_____信号。

15. 汉信码的优点包括：_____、_____、_____。

二、选择题

1. 条码最早出现在 20 世纪（　　　）年代。

    A. 20   B. 40   C. 60   D. 70

2. 当前，条码技术比射频技术应用广泛是因为条码的（　　　）。

    A. 输入速度更快   B. 准确性更高

    C. 采集信息量更大   D. 价格更低

3. 商品条码 EAN-13 的前缀码是用来表示（　　　）的代码。

    A. 商品项目   B. 厂商

    C. 各编码组织所在国家地区   D. 国际编码组织

4. 商品条码 EAN-13 的校验码由（　　　）位数字组成，用以校验条码的正误。

    A. 1   B. 2   C. 3   D. 4

5. 下面不属于一维条码的是（　　　）。

    A. 库德巴条码   B. PDF417 条码   C. ITF 条码   D. QR 条码

6. 条码扫描译码过程是（　　　）。

    A. 光信号→数字信号→模拟电信号   B. 光信号→模拟电信号→数字信号

    C. 模拟电信号→光信号→数字信号   D. 数字信号→光信号→模拟电信号

7. （　　　）码是美国统一代码委员会制定的一种商品用条码，主要用于美国和加拿大地区。

    A. UPC   B. EAN   C. 39   D. 93

8. 通常情况下，厂商不选用 UPC 商品条码。当产品出口到北美地区而且客户指定时，厂商才申请使用 UPC 商品条码。中国厂商如需申请 UPC 商品条码，需经中国物品编码中心统一办理。UPC 商品条码的码制包括（　　　）。

    A. UPC-A 和 UPC-B   B. UPC-A 和 UPC-E

    C. UPC-B 和 UPC-C   D. UPC-A 和 UPC-D

9. （　　　）二维码形态上是由多行短截的一维条码堆叠而成的，它在编码设计、校验原理、识读方式等方面继承了一维码的一些特点，识读设备与条码印刷和一维码技术兼容。

    A. 堆叠式/行排式   B. 矩阵式   C. 图像式   D. 数字式

10. （　　　）经传真和影印后仍然可以使用，而一维码在经过传真和影印后机器无法进行识读。

    A. 128 码   B. 一维码   C. 二维码   D. 25 码

11. 从系统结构和功能上讲，条码识读系统由（　　　）等部分组成。

    A. 条码扫描和译码   B. 光学系统及探测器

    C. 信号放大、滤波、波形整形   D. 扫描系统、信号整形、译码

12. 因为条、空的（　　　）颜色搭配可获得最大对比度，所以是最安全的条码符号颜色设计。

    A. 红白   B. 黑白   C. 蓝黑   D. 蓝白

13. 自动识别系统是应用一定的识别装置，通过与被识别物之间的（　　　），自动获取被识别物的相关信息，并提供给后台的计算机处理系统来完成相关后续处理的数据采集系统，加载了信息的载体（标签）与对应的识别设备及其相关计算机软硬件的有机组合便形成了自动识别系统。

    A. 传输   B. 复制   C. 耦合   D. 通信

14. 储运包装商品 14 位代码中的第（　　）位数字为包装指示符。

    A. 1　　　　　　　　B. 2　　　　　　　　C. 3　　　　　　　　D. 4

15.（　　）的宗旨是建立全球统一标识系统，促进国际贸易。其主要任务是协调全球统一标识系统在各国的应用，确保成员组织规划与步调充分一致。

    A. 国际物品编码协会　　　　　　　　B. 国际自动识别协会

    C. 中国物品编码中心　　　　　　　　D. 中国条码技术与应用协会

三、名词解释

人脸识别；商品条码；EAN/UCC 系统；PDF417；汉信码

四、简答题

1. 简单说明自动识别技术的概念与分类。

2. 结合实际说明生物识别技术的发展与应用现状。

3. 简要说明扫描器的扫描译码过程。

4. 简述二维码与一维码的区别。

5. 简述条码在物流领域的应用现状。

6. 简述企业在中国物品编码中心申请商品条码的条件和流程。

📖 **案例分析** ════════════════════

让商品条码走进网上商店

商品条码应用于网上商店是电子商务发展走向成熟的必然选择。商品条码的唯一性原则恰恰是今天网络购物环境中，解除人们对充斥于网上的各种假冒伪劣产品后顾之忧的一剂良方，同时也是电子商务交易平台、网商诚信经营的保障措施。

网络零售需要商品条码

传统零售业对于消费者来说，最大的弊端在于信息的不对称性。而网上商店却完全打破了这样的格局，降低了消费者的信息获取成本，使消费者不再被蒙在鼓里。

但是，如果网上商店销售的商品并非在超市、商场见到的同一产品，新的信息不对称就产生了，从而滋生了人们对网上商店销售商品的质疑，导致消费者对产品、网商的不信任。所以，网上零售也需要商品条码。

商品条码让网络零售参与方受益

2015 年，“我查查”等商品信息核验软件为公众带来了方便，满足了消费者对商品信息、价格信息的即时了解。公众可通过手机扫描商品条码，实现对商品信息的查询核验。在越来越多的产品追溯系统中，以商品条码作为追溯码的案例比比皆是。

网上商店为什么要用商品条码呢？一些大型网络商店与供货商联手，推出所谓“低价赔款”的营销活动。那是因为同一产品在传统销售渠道中的代码与网上商店中的代码永远不一致，甚至在不同网上商店销售的都不一样，商店和供货商就是钻了不使用商品条码的空子，使消费者无法了解、确认、比较商品信息。正确方法是，网商所销售的商品如果是采购而来的，消费者通过商品条码就可以确定该商品的生产企业，并保证该商品与传统零售渠道中的产品完全一致。网商销售的商品如果是自己加工或委托加工，并以网商的自有品牌销售的，则应由该网商申请独立的厂商识别代码，网商通过给自己的商品赋予商品项目代码保证其全球唯一性，由此赢得消费者的信任。

商品条码赢得广阔的电子商务发展空间

在国际GS1组织的推动下，商品条码作为产品的唯一标识，已经在100多个国家得到广泛应用。网上商店采用商品条码标识所售产品，不仅有助于国内市场的销售，还可以极大提高跨境电子商务产品品牌知名度，推动"中国制造"走出国门。

随着大数据、云计算、物联网的广泛应用，以商品条码为纽带，企业实现了网上商城、网下店铺的数据整合。商品条码作为GS1编码体系中的基础，与物联网应用中的RFID标签EPC产品电子代码标准完全兼容，夯实了物联网中通过条码技术实现物物相连的基石。

当网上商店的所有商品都采用了商品条码技术，通过 GS1 的全球商品信息数据同步系统，可使网上商店销售的产品，在全世界范围内真正做到一物一码，实现人们对销售数据统计、产品追踪溯源、产品责任主体查询、产品质量信息公示、跨境电子商务全程管理，这些必将促进电子商务生态环境健康发展。

根据案例回答问题。

（1）网上商品采用条码标识利用了条码的哪些特点？

（2）网上商品采用条码有哪些好处？

第4章 射频识别技术与应用

【本章学习方略】

本章重点内容

- RFID 的功能与特点
- RFID 的工作原理
- RFID 在物流系统中的应用

本章难点内容

- RFID 的标准体系
- EPC 与 RFID 的关系

案例引入

RFID技术在智能图书馆管理中的应用

近年来，随着 RFID 技术的成熟、标签价格的下降、读取速度的加快、安全性能的提高，RFID 技术应用越来越广泛。RFID 技术不只是简单的条码代用品，它的系统化运用将给图书馆的整个工作流程、传统服务和管理模式带来革命性影响，进而引发新的业务流程重组，使图书馆自动化得到推进发展，服务功能进一步增强。相比于传统的条码加磁条方式，RFID 技术的优势主要表现在以下 4 个方面。

（1）提高图书借还效率。传统的条码加磁条技术在借书、还书时，仍然需要工作人员打开图书扉页找到条码后再进行扫描和消磁，借还效率比较低。采用 RFID 技术后，RFID 智能标签读码器以非接触式读取信息，并且借助 RFID 技术的防碰撞功能，可以同时对多本图书进行读取和识别，从而提高借还效率和读者接待能力。

（2）提高服务水平。通过配备的自助借还书外围设备，读者可以在网络系统查找到图书所在架号，快速准确地找到所需图书，自行办理图书借阅、归还手续，给读者带来便利。图书馆可以重新调整节省下来的人力资源，使更多的馆员可以从传统的管理工作转向为读者服务或者进行其他增值服务。

（3）强化馆藏管理工作。在开架书库，作为图书管理工作人员，通常需要花费很大的精力寻找乱架、错架的书刊，并进行分类归位，工作量和工作强度都比较大。通过将图书的架位信息录入 RFID 系统，工作人员在日常巡架整架过程中就可以借助手持式阅读器及时发现乱架的图书信息，由此使排架、整架工作变得相当轻松。此外，利用 RFID 技术还可以简化图书管理人员的图书盘点工作。

（4）加强防盗监控能力。传统的磁条防盗系统常会出现诸如虚幻误报警、消磁不干净误报警等许多非真实被盗情况。而 RFID 门禁系统可以通过集成的阅读器来判断被检查图书是否为违规夹带或借阅记录遗漏图书，进而判断是否做出报警动作，降低了漏报率和误报率。

图书馆使用 RFID 技术是当前的主要发展趋势，也为图书管理实现智能化、自动化、高效化做出了重要信息技术铺垫。RFID 图书管理不仅可以跟踪和管理图书资源，还保护了图书馆图书的安全。在管理图书资源时，工作人员只需要通过简单的操作就可以快速、高效管理图书借阅/归还等工作，实现图书资源、数据信息快速流通。

近年来许多物流配送商指出，使用 RFID 物流技术是一件"很重要的事情"，因为需要满足一些顾客的特别配送要求，RFID 技术的优势由此浮出水面。目前世界各国的许多供应商，包括 DHL、UPS、TNT 等都在深入研究并深刻体会 RFID 技术的精髓，而最好的研究是为了最棒的应用。本章主要介绍射频识别（RFID）概述、RFID 的组成与工作原理、RFID 的标准体系、电子产品编码（EPC）及 RFID 在物流系统中的应用等内容。

4.1　射频识别（RFID）概述

4.1.1　RFID 的概念

射频识别（Radio Frequency Identification，RFID）常称为感应式电子晶片或近接卡、感应卡、非接触卡、电子标签、电子条码等。无线射频识别是一种通信技术，可通过无线电信号识别特定目标并读写相关数据，无须在识别系统与特定目标之间建立机械或光学接触。

RFID 概述

它像手机通信一样是以问答形式工作的，解决了"是谁"的问题，而且可以同时与多个标签对话。随着网络通信技术的普及，它得到了广泛应用，以便使整个物流供应链的管理实现透明化。零售巨头沃尔玛不仅是条码技术的推动者，也是 RFID 技术的重要推动者。

4.1.2　RFID 的特点

RFID 的基本原理是电磁理论。RFID 不局限于视线，识别距离比光学系统远。RFID 标签具有可读写能力，可携带大量数据，难以伪造并具有智能化特征。总结起来，RFID 有如下特点。

（1）非接触：读取距离为数厘米到几十米。

（2）可遮盖：即使有遮蔽物（金属、液体除外），也可辨识。

（3）轻薄短小：可多样化地贴于对象人/物。

（4）环境时间性：耐污、耐震、耐撞击、长期性。

（5）个体识别：芯片单体上有个体标识符串，可个别管理物品。

（6）自动读取：无须人工介入即可读取。

（7）可抹写：数据可重复擦写。

（8）移动读写：在移动中也可实现读取、写入。

（9）同时多笔读取：可同时读取多个标签。

4.2 RFID 的组成与工作原理

4.2.1 RFID 的组成

RFID 是一种只有两个基本器件的无线系统，用于控制、检测和跟踪物体。系统由一个询问器（或阅读器）和很多应答器（或标签）组成，阅读器和标签上都具有无线天线。所以，基本的 RFID 系统由标签、读/写器和天线 3 个部分组成，如图 4-1 所示。

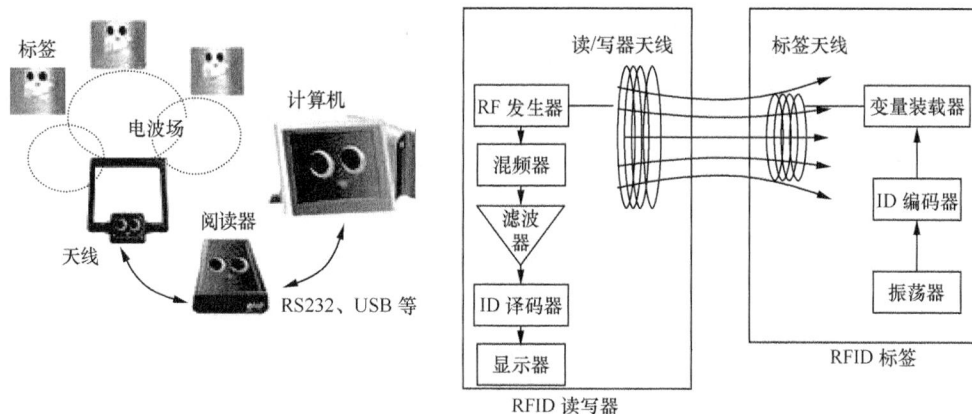

图 4-1　RFID 的组成部分

（1）标签：由耦合元件芯片及内置天线组成。它一般由振荡器、ID 编码器、变量装载器组成。

（2）读/写器：是读取（也可以写入）标签信息的设备，其中包含 RF 发生器、混频器、滤波器、ID 译码器、显示器等。读/写器应具有以下功能：读/写器与标签通信的功能、读/写器与计算机通信的功能。

（3）天线：标签和读/写器均有射频天线，是标签与阅读器之间传输数据的发射、接收装置，用于发射和接收信号。

4.2.2 RFID 的工作原理

读/写器和电子标签之间射频信号的传输主要有两种方式：一种是电感耦合方式；另一种是电磁反向散射方式。

电感耦合方式的阅读器通过天线发送出一定频率的射频信号，当标签进入磁场时，产生感应电流从而获得能量，然后向阅读器发送出自身编码等信息，这些信息被读取器读取并解码，阅读器将信息送至计算机主机进行有关处理。系统的基本原理如下（见图 4-2）。

（1）阅读器一般具有电源，它可以连续主动地通过发射天线发送一定频率的射频信号。

（2）一般的射频标签不具有电源，当射频标签进入发射天线频率覆盖范围时，产生感应电流，从而因获得能量被激活，并发出自身编码信息。

（3）阅读器接收天线接收到从射频标签发送来的载波信号，经天线调节器传输到阅读器，阅读器对接收的信号进行解调和解码，然后送到后台计算机系统。

（4）计算机系统根据逻辑运算判断该标签的合法性，并针对不同的设定做出相应的处理和控制，发出指令信号，控制执行机构动作。

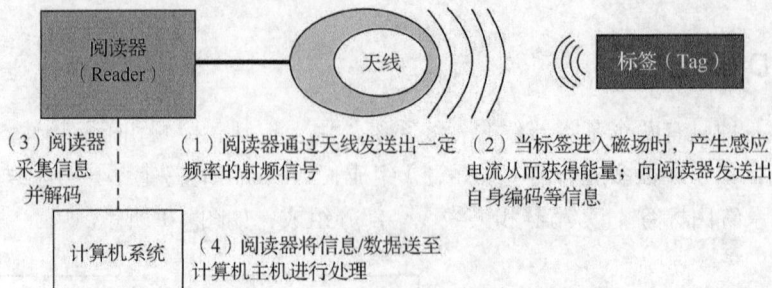

（3）阅读器采集信息并解码

（1）阅读器通过天线发送出一定频率的射频信号

（2）当标签进入磁场时，产生感应电流从而获得能量；向阅读器发送出自身编码等信息

（4）阅读器将信息/数据送至计算机主机进行处理

图 4-2　RFID 的工作原理图

电磁反向散射方式类似于雷达的工作原理，发射出去的电磁波碰到目标后反射，同时携带回目标信息，依据的是电磁波的空间传播规律。

4.2.3　RFID 产品分类

目前，RFID 技术衍生的产品大概有三大类：无源 RFID 产品、有源 RFID 产品、半有源 RFID 产品。

1. 无源 RFID 产品

无源 RFID 产品发展最早，也是目前发展最成熟、市场应用最广的产品，如公交卡、食堂餐卡、银行卡、宾馆门禁卡、二代身份证等。这类产品在人们的日常生活中随处可见，属于近距离接触式识别类。其产品的主要工作频率有低频 125kHz、高频 13.56MHz、超高频 433MHz 以及超高频 915MHz。

2. 有源 RFID 产品

有源 RFID 产品是最近几年慢慢发展起来的，其远距离自动识别的特性决定了其巨大的应用空间和市场潜质。目前，在远距离自动识别领域，如智能监狱、智能医院、智能停车场、智能交通、智慧城市、智慧地球及物联网等领域有重大应用。该产品的主要工作频率有超高频 915MHz 和微波 2.45GHz。

3. 半有源 RFID 产品

半有源 RFID 技术也可以叫作低频激活触发技术。半有源 RFID 产品利用低频近距离精确定位、微波远距离识别和上传数据，来解决单纯的有源 RFID 和无源 RFID 无法实现的功能。它在门禁进出管理、人员精确定位、区域定位管理、周界管理、电子围栏及安防报警等领域有很大的优势。

4.3　RFID 的标准体系

RFID 的标准体系

4.3.1　RFID 标准体系的内容

为了更好地推动 RFID 这一新产业的发展，国际标准化组织 ISO，以及以美国为首的

EPCglobal、日本 UID 等标准化组织纷纷制定 RFID 相关标准，并在全球积极推广。RFID 标准体系由技术标准体系和应用标准体系组成，如图 4-3 所示。

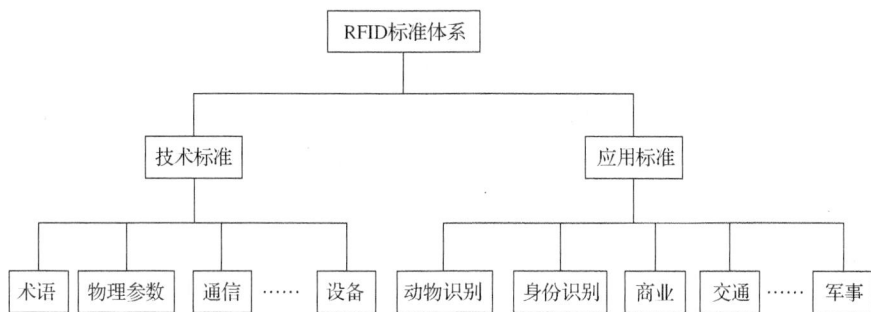

图 4-3　RFID 标准体系的内容

4.3.2　三大标准体系

1. ISO 制定的 RFID 标准体系

RFID 标准化工作最早可以追溯到 20 世纪 90 年代。1995 年，国际标准化组织 ISO/IEC 第一联合技术委员会 JTC1 设立了子委员会 SC31（以下简称"SC31"），负责 RFID 标准化研究工作。SC31 子委员会由来自各个国家的代表组成，如英国的 BSI IST34 委员、欧洲的 CEN TC225 成员。

SC31 子委员会负责的 RFID 标准可以分为 4 个方面：数据标准（如编码标准 ISO/IEC 15691，数据协议 ISO/IEC 15692、ISO/IEC 15693，满足了应用程序、标签和空中接口多样性的要求，提供了一套通用的通信机制）、空中接口标准（ISO/IEC 18000 系列）、测试标准（性能测试 ISO/ IEC 18047 和一致性测试标准 ISO/IEC 18046）、实时定位（RTLS）（ISO/IEC 24730 系列应用接口与空中接口通信标准）。

2. EPCglobal 制定的 RFID 标准体系

EPCglobal 的目标是解决供应链的透明性和追踪性。透明性和追踪性是指供应链各环节中的所有合作伙伴都能够了解单件物品的相关信息，如位置、生产日期等信息。为此，EPCglobal 制定了 EPC 编码标准，它可以为所有物品提供单件唯一标识；也制定了空中接口协议、读/写器协议。这些协议与 ISO 标准体系类似。在空中接口协议方面，目前 EPCglobal 的策略尽量与 ISO 兼容，如 C1Gen2 UHF RFID 标准递交 ISO 将成为 ISO 18000 6C 标准。但 EPCglobal 空中接口协议有它的局限范围，仅仅关注 UHF 860～930MHz。

与 RFID 标准相比，EPCglobal 标准体系主要面向物流供应链领域，可以看成一个应用标准。物联网标准是 EPCglobal 所特有的，ISO 仅仅考虑自动身份识别与数据采集的相关标准，对数据采集以后如何处理、共享并没有做规定。物联网是未来的一个目标，对当前应用系统建设来说具有指导意义。

3. 日本 UID 制定的 RFID 标准体系

日本泛在识别中心（Ubiquitous ID Center，UID）制定 RFID 相关标准的思路类似于

EPCglobal，目标也是构建一个完整的标准体系，即从编码体系、空中接口协议到泛在网络体系结构，但是每一个部分的具体内容存在差异。

UID 在网络方面与 EPCglobal 的物联网还是有区别的。EPC 采用业务链的方式，面向企业、面向产品信息的流动（物联网），比较强调与互联网的结合。UID 采用扁平式信息采集分析方式，注重信息的获取与分析，比较强调前端的微型化与集成。

目前，ISO/IEC 18000、EPCglobal、日本 UID 3 个空中接口协议正在完善中。这 3 个标准相互之间并不兼容，主要差别在通信方式、防冲突协议和数据格式这 3 个方面，技术上的差距其实并不大。

4.3.3 RFID 的频率标准

目前 RFID 产品的工作频率有低频、高频和超高频，而且不同频段的 RFID 产品具有不同的特性。通常情况下，RFID 阅读器发送的频率称为 RFID 系统的工作频率或载波频率。

1. 低频系统（30～300kHz）

RFID 技术首先在低频得到广泛应用和推广，该频率主要是通过电感耦合的方式进行工作，也就是在读/写器线圈和感应器线圈间存在变压器耦合作用。通过读/写器交变场的作用在感应器天线中感应的电压被整流，可做供电电压使用。

RFID 的低频系统主要用于短距离、低成本的应用中，如多数的门禁控制、校园卡、煤气表、水表等。常见的工作频率有低频 125kHz 和 134.2kHz。

2. 高频系统（3～30MHz）

在该频率的感应器不需要绕制线圈，人们可以通过腐蚀或者印刷的方式制作天线。感应器一般通过负载调制的方式进行工作，也就是通过感应器上负载电阻的接通和断开，促使读/写器天线上的电压发生变化，实现用远距离感应器对天线电压进行振幅调制。如果人们通过数据控制负载电压的接通和断开，这些数据就能够从感应器传输到读/写器。高频系统用于需传输大量数据的应用系统。

值得关注的是，在 13.56MHz 频段中主要有 ISO 14443 和 ISO 15693 两个标准，ISO 14443 俗称现在的 Mifare1 系列产品，其识别距离近，但价格低、保密性好，常作为公交卡、门禁卡来使用。ISO 15693 的最大优点在于识别效率高，通过较大功率的阅读器可将识别距离扩展至 1.5m 以上，因为波长的穿透性好，所以在处理密集标签时有优于超高频的读取效果。

3. 超高频系统（300MHz～3GHz）

超高频系统通过电场来传输能量。电场的能量下降的不是很快，但是读取的区域不是很好定义。该频段读取距离比较远，无源可达 10m 左右，主要是通过电容耦合的方式来实现。

超高频系统应用于需要较长的读写距离和高读写速度的场合，其天线波束方向较窄且价格较高，在火车监控、高速公路收费等系统中得以应用，使用的频率有 433MHz、860MHz～930MHz 以及 2.45GHz 等。

4.4 电子产品编码（EPC）

4.4.1 EPC 的相关概念

1. EPC 的概念

EPC 概述

电子产品编码（Electronic Product Code，EPC）是一种编码系统，建立在 EAN·UCC（国际物品编码协会）条型编码的基础之上，并对该条形编码系统做了一些扩充，用于对单品进行标识。

1999 年，美国麻省理工学院的一位教授提出了 EPC 开放网络（物联网）构想。在国际物品编码协会（EAN·UCC）、宝洁公司（P&G）、吉列公司（Gillette Company）、可口可乐、沃尔玛、联邦快递、雀巢、英国电信、SAP、SUN、PHILIPS、IBM 等全球 83 家跨国公司的支持下，这个发展计划得以开始并于 2003 年完成了技术体系的规模场地使用测试；于 2003 年 10 月成立了 EPCgloble 全球组织，推广 EPC 和物联网的应用。欧州、美国、日本等发达国家在全力推动符合 EPC 技术的电子标签应用。

2. EPC 网络的概念

EPC 网络能够实现供应链中的商品快速自动识别及信息共享。EPC 网络使供应链中的商品信息真实可见，从而使组织机构更加高效地运转。通过采用多种技术手段，EPCglobal 网络可在供应链中识读 EPC 所标识的贸易项目，而且在贸易伙伴之间共享项目信息。国际标准（全球统一标识 GS1）射频识别标签数据规范 1.4 版（英文版）也简称 EPC 规范。

EPC 网络使用 RFID 技术实现供应链中贸易项信息的真实可见性，它由 5 个基本要素组成：产品电子代码、射频识别系统、发现服务（包括 ONS）、EPC 中间件、EPC 信息处理系统（EPCIS）。

4.4.2 EPC 编码

1. EPC 的编码原则

（1）唯一性：EPC 提供对实体对象的全球唯一标识，一个 EPC 代码只标识一个实体对象。

（2）简单性：EPC 的编码既简单，又能同时提供实体对象的唯一标识。

（3）可扩展性：EPC 编码留有备用空间，具有可扩展性。

（4）保密性与安全性：EPC 编码与安全和加密技术相结合，具有高度的保密性和安全性。

2. EPC 编码体系

EPC 编码的一个重要特点是：该编码是针对单品的，它的基础是国际物品编码协会，并在 EAN·UCC 基础上扩充。根据 EAN·UCC 体系，EPC 编码体系也分为 5 种。

（1）全球贸易标识系列编码（Serialized Global Trade Identification Number，SGTIN）。

（2）全球位置编码系列（Serialized Global Location Number，SGLN）。

（3）集装箱编码系列（Serial Shipping Container Code，SSCC）。

（4）可回收资产标识（Global Returnable Asset Identifier，GRA）。

（5）全球个人资产标识（Global Individual Asset Identifier，GIAI）。

3. EPC 的编码结构

EPC 编码是由一个版本号和另外 3 段数据（依次为域名管理、对象种类、序列号）组成的一组数字。其中，版本号标识 EPC 的版本号，它使得以后的 EPC 可有不同的长度或类型；域名管理是描述与此 EPC 相关的生产厂商的信息，至今已经推出 EPC-96 I 型、EPC-64 I 型、Ⅱ 型、Ⅲ 型、EPC-256 I 型、Ⅱ 型、Ⅲ 型等编码方案，如图 4-4 所示。

编码类型		版本号	域名管理	对象分类	序列号
EPC-64	TYPE I	2	21	17	24
	TYPE Ⅱ	2	15	13	32
	TYPE Ⅲ	2	26	13	23
EPC-96	TYPE I	8	28	24	36
EPC-256	TYPE I	8	32	56	160
	TYPE Ⅱ	8	64	56	128
	TYPE Ⅲ	8	128	56	64

图 4-4　EPC 编码方案

例如"美国生产的 330 mL 罐装减肥可乐"的编码（见图 4-5），01 表示版本号，0000A89 表示可口可乐公司，000169DC0 表示此罐可乐的唯一序列号。

EPC-96 I 型序列号			
01	0000A89	00016F	000169DC0
版本号字段	域名管理	对象分类	序列号
8 位	28 位	24 位	36 位

图 4-5　EPC 编码示例

4.4.3　EPC 系统的结构与工作流程

1. EPC 系统的结构

EPC 系统由全球产品电子代码（EPC）体系、射频识别系统及信息网络系统 3 个部分组成，其中包括 EPC 编码、EPC 标签、阅读器、EPC 中间件、对象名解析服务 ONS 以及实体标记语言 PML 6 个方面，如表 4-1 所示。

表 4-1　EPC 系统的结构

系统构成	名称	注释
全球产品电子代码编码体系	EPC 编码	识别目标的特定代码
射频识别系统	EPC 标签	贴在物品之上或内嵌在物品之中
	识读器	识读 EPC 标签
信息网络系统	EPC 中间件	EPC 系统的软件支持系统
	对象名称解释服务器（Object Naming Service，ONS）	通过将 EPC 码与相应物品信息进行匹配来查找有关实物的参考信息
	物理标识语言（Physical Markup Language，PML）	PML 文件将被存储在 EPC 信息服务器上，为其他计算机提供它们需要的文件

2. EPC 系统的工作流程

基于 EPC/RFID 的物联网系统，读/写器读出的 EPC 只是一个信息参考（指针），由这个信息参考从Internet找到IP地址并获取该地址中存放的相关物品信息，然后采用分布式的EPC中间件处理由读/写器读取的一连串EPC信息。因为标签上只有一个EPC代码，计算机需要知道与该EPC匹配的其他信息，这就需要对象名称解释服务器（ONS）来提供一种自动化的网络数据库服务。EPC中间件将EPC代码传给ONS，ONS指示EPC中间件到一个保存着产品文件的信息服务器（EPC IS）查找，该文件可由EPC中间件复制，因而文件中的产品信息能传到供应链上。

EPC系统的具体工作流程（见图4-6）为：射频标签的读/写器读取物体上的标签信息，并通过EPC中间件连接互联网；互联网通过IP地址找到ONS读取物体的详细信息；再将物体信息通过互联网传送到EPS信息处理系统EPCIS进行相应的处理；然后控制信息通过PML发送到互联网，最终返回到目标端实现对物体的实时控制。

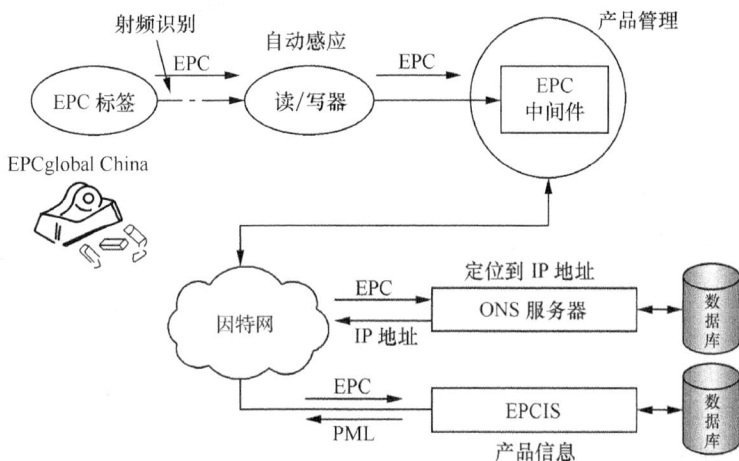

图4-6　EPC系统的工作流程

4.5　RFID在物流系统中的应用

RFID作为前端的自动识别与数据采集技术，在物流的各主要作业环节中应用，可以实现物品跟踪与信息共享，极大地提高物流企业的运行效率，实现可视化供应链管理。它在物流行业有着巨大的应用空间和发展潜力，在物流信息化中占有举足轻重的地位。

1. RFID在生产制造中的应用

制造企业为了保持生产的高效、准确，对生产过程的自动化程度提出了更高要求，如果没有一个高度组织的、集成的控制系统是很难完成这样复杂的任务的。RFID识别系统无疑是最具竞争力的产品，利用现代化RFID技术，可以实现生产一种产品的多种变形或是最小批量为1的不同产品的生产。

在整个生产过程中，RFID技术可以实现对原材料、零部件、半成品以及最终成品在整个生产过程中的识别与跟踪，降低人工识别的成本和出错率，尤其在采用了JIT（Just In Time，准时）生产的流水线上，原材料和零部件必须准时送到工位上。运用RFID技术后，企业就能够通过识别 RFID 电子标签来快速准确地从种类繁多的商品库存中，找出适合工位所需的适当原材料和零部件，并结合运输系统及传输设备，实现物料转移，确保流水线均衡协调生产。RFID 在制造业中可以实现数据实时共享、标准化的生产控制、质量跟踪和追溯等功能。

2. RFID 在仓储管理中的应用

目前 RFID 技术在物流仓储管理中的应用最为广泛，技术较完善，应用成熟度高，有效地降低了 RFID 应用成本，提高了仓储管理水平，正在成为现代高效仓储管理的标准应用技术之一。

仓库管理系统对仓库到货检验、入库、出库、调拨、移库移位、库存盘点等各个作业环节进行自动化数据采集，信息处理，对产品进行出入库的管理。保障每个出库入库的产品上都贴了 RFID 电子标签，用 RFID 读写设备对标签保证仓库管理各个环节数据输入的及时性和准确性，确保企业及时准确地掌握库存的真实数据，合理保持和控制企业库存。

RFID 智能仓库管理基于最优化的仓储资源配置、精确的仓库作业控制，以及实时有效的仓储数据流的传输，智能仓储管理的主要功能包含可视化出入库管理、电子托盘及库位管理、货物快速查找定位、实现信息流和实物流的统一等。

3. RFID 在配送中心的应用

配送中心是从事配送业务的物流场所或组织。随着国际化与电子商务的发展，客户对物流配送的高水平服务和拥有竞争力的价格的需求日益提高，物流的配送中心在整个供应链当中发挥着至关重要的作用，怎样设置配送中心进行集中配送，有效组织物流活动，控制物流费用，保持合理的库存，提高响应速度和服务质量，是具体而又复杂的任务。

传统配送中心存在存货统计缺乏准确性、订单填写不规范、货物损耗大、清点货物效率低、劳动力成本高等问题。针对传统配送中心的业务流程（见图 4-7）在以下几个业务环节可以发挥 RFID 的优势，有进货和盘点、拣货与补货、订单处理、发货与配货等。

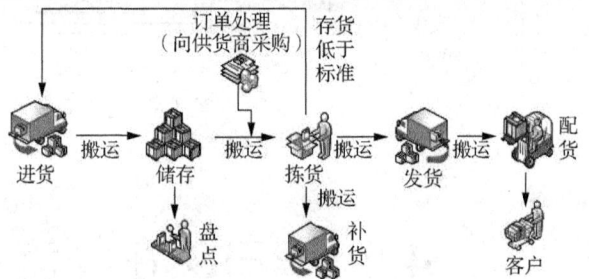

图 4-7　传统配送中心的业务流程

4. RFID 在交通运输中的应用

交通运输是物流系统中的主要环节，RFID 以其无线自动识别的特性在车辆跟踪和管理方面发挥着重要作用。物流企业可在道路货运车辆的挡风玻璃或车体部位贴上 RFID 标签，标签中包含车牌号、运输的起讫地点、运输线路、所属的运输企业、货物基本信息等。

其主要应用场景包括：运输工具。管理（如图 4-8 所示的基于 RFID 的车

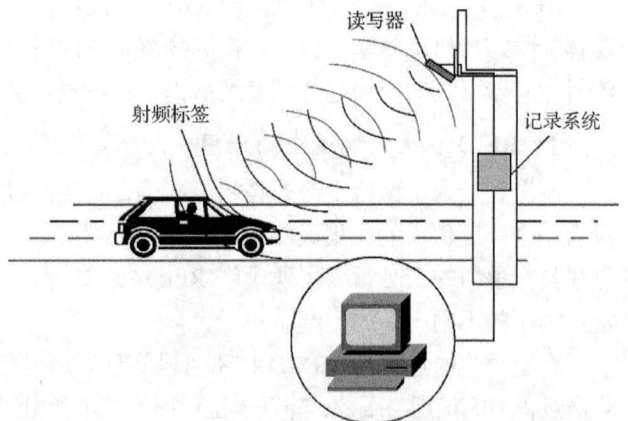

图 4-8　基于 RFID 的车辆跟踪

物流信息技术实用教程（微课版　第3版）

辆跟踪）；客货运场站（港口）管理；城市公共交通管理；危险品运管管理；集装箱运输管理；海事管理；从业人员管理；高速公路的路径识别等。

5. RFID 在零售环节的应用

RFID 独有的识别方式和技术特性，能为零售商和供应商及顾客带来巨大的益处；它以一种高效的方式，使供应链系统能够更简易、自动地追踪商品动态，让物品实现真正的自动化管理。此外，RFID 还为零售业提供了先进便捷的数据采集方式、便利的顾客交易、高效的运营方式、快速而有洞察力的决策手段等条码技术无法取代的好处。

零售业中的 RFID 应用主要集中在供应链管理、库存管理、店内商品管理、客户关系管理以及安全管理 5 个方面。

综合实训：RFID 在图书馆中的应用

【实训目的】

随着 RFID 技术的快速发展，RFID 凭借快速扫描、体积小、记忆容量大以及可穿透等特点，在图书馆领域得到了广泛应用。通过走进图书馆，调研图书馆自动识别、信息采集、书库管理的流程，分析 RFID 技术在图书馆管理中的应用情况。

【实训内容】

（1）图书馆管理的信息自动化需求及传统图书馆的管理缺陷。

（2）了解该图书馆图书分拣管理、借还书管理、书库盘点管理、图书资产管理等业务的管理流程，了解各个业务流程中自动识别技术的应用情况，如磁条、条码、射频、人脸识别等技术的应用情况。

（3）根据 RFID 的技术特点，分析 RFID 技术在图书馆的应用现状、存在问题并提出解决方案。

（4）展望 RFID 在图书馆的应用前景。

【实训方法】

（1）通过图书馆实习参与管理工作，体验管理系统中信息采集技术的应用情况。

（2）走访图书馆管理员，了解其业务流程及信息采集方法。

（3）从网上搜集图书馆 RFID 应用情况资料。

【实训要求】

根据实地调研和网上搜集的资料撰写调研报告，要求内容完整、操作具体、资料翔实、表达流畅，字数为 3 000 字左右。

课后习题

一、填空题

1. 一套完整的 RFID 系统由_____、_____和_____3 个部分组成。

2. RFID 射频识别是一种非接触式的_____，它通过射频信号自动识别目标对象并获取相关数据，识别工作无须人工干预，可工作于各种恶劣环境。

3. _____是射频识别系统的数据载体，电子标签由标签天线和标签专用芯片组成。

4. 在物流领域，RFID 电子标签可以应用于自动仓储库存管理、_____、供应链自动管理、产品装配和生产管理、产品防伪等多个方面。

5. 在 RFID 技术中，主动式标签与被动式标签的主要区别在于_____。

6. RFID 技术是 20 世纪 90 年代开始兴起的一项自动识别技术，即利用_____信号通过空间交变磁场或电磁场的_____实现_____接触信息传递并通过所传递的信息达到识别目的的技术。

7. 国际标准（国际物品编码协会 GS1）射频识别标签数据规范 1.4 版（英文版），也简称_____规范。

8. 阅读器通过天线发送出一定频率的射频信号，当标签进入磁场时，产生感应电流从而获得能量，然后发送出自身编码等信息被读取器读取并解码，最后送至_____进行有关处理。

9. 有源 RFID 产品是最近几年慢慢发展起来的，其_____自动识别的特性决定了其巨大的应用空间和市场潜质，如高速公路自动收费 ETC。

10. 读/写器和电子标签之间射频信号的传输主要有两种方式：一种是_____；另一种是_____。

11. 电子标签正常工作需要的能量全部是由阅读器供给的，这一类电子标签称为_____源标签。

12. _____管理系统中，RFID 应用的主要内容包括利用固定或移动解读器对进出仓库以及仓库货架上的商品进行扫描，提高货物出入、拣货、盘货的工作效率。

二、选择题

1. 不属于 RFID 构成部分的是（　　　）。

A. 标签　　　　　　B. 阅读器　　　　　　C. 天线　　　　　　D. 中间件

2. 以下有关 RFID 射频识别的描述，错误的是（　　　）。

A. 是一种接触式的自动识别技术　　　　B. 通过射频信号识别目标并获取数据

C. 识别工作无须人工干预　　　　　　　D. 可工作于各种恶劣环境

3. RFID 解决方案可按照行业进行分类，以下不属于按行业分类的是（　　　）。

A. 物流　　　　　　B. 防伪防盗　　　　　C. 资产管理　　　　D. 人员管理

4. 电子标签依据频率的不同，可分为低频电子标签、高频电子标签、超高频电子标签和（　　　）。

A. 有源电子标签（Active Tag）　　　　B. 无源电子标签（Passive Tag）

C. 半无源电子标签　　　　　　　　　　D. 微波电子标签

5. 在一个基本的 RFID 系统中，识读过程由以下几个阶段构成，其中第一个识读过程是（　　　）。

A. 阅读器接收到标签反射回来的微波信号后，经阅读器内部电路的解调和处理，将电子标签内部存储的识别代码等信息识别出来

B. 这些识别信息作为物体的特征，传送到计算机中进行处理与管理

C. 当装有电子标签的物体接近阅读器的天线时，标签将会接收到阅读器发出的查询信号，同时阅读器发出的能量将标签激活

D. 标签根据查询信号的要求，将标签中的信息反射回阅读器

6. RFID 的标准体系不包括以下哪个标准体系？（　　　　）

A. ISO 制定的 RFID 标准体系　　　　B. EPCglobal 制定的 RFID 标准体系

C. 日本 UID 制定的 RFID 标准体系　　D. 日本 UFD 制定的 RFID 标准体系

7. EPC 技术是由（　　　　）、RFID 空中接口协议，利用网络传递编码及存储和检索相关产品信息的一项现代技术。

A. EPC 编码　　　B. EPC 条形码　　　C. EPC 读卡器　　　D. EPC 电子标签

8. EPC 系统是一个非常先进的、综合性的和复杂的系统，其最终目标是（　　　　）。

A. 为每一单品建立全球的、开放的标识标准

B. 为每一单品建立复杂的标识标准

C. 为每一单品建立综合的标识标准

D. 为每一单品建立先进的标识标准

9. 一个完整的 EPC 工作系统由（　　　　）、识读器、Savant 服务器、Internet、ONS 服务器、PML 服务器以及众多的数据库组成。

A. 识读器　　　B. 天线　　　C. 读卡器　　　D. 电子标签

10. EPC/RFID 物品识别的目标是为每一个物理实体提供唯一标识，它与传统条码技术相比有许多优点。下面不属于优点之一的是（　　　　）。

A. 标识多样　　　B. 读取方便　　　C. 长寿耐用　　　D. 动态更改

11. 最常见的 RFID 阅读器是（　　　　）。

A. 便捷式阅读器　　B. 发卡器　　　C. 手持机阅读器　　D. 固定式阅读器

12. 利用 RFID、传感器、二维码等随时随地获取物体的信息，指的是（　　　　）。

A. 可靠传递　　　B. 全面感知　　　C. 智能处理　　　D. 互联网

13. RFID 技术首先在低频得到广泛应用和推广，该频率主要是通过电感耦合的方式进行工作，低频的频率范围是（　　　　）。

A. 30～300kHz　　　　　　　　　B. 3～30MHz

C. 300MHz～3GHz　　　　　　　D. 2.4～5GHz

三、名词解释

射频识别系统；电子标签；RFID 标准体系；EPCglobal；ONS 服务器

四、简答题

1. 射频识别系统的组成与原理是什么？

2. RFID 的标准体系有哪些？

3. 说明 RFID 技术在物流领域的应用现状。

4. 说明各种电子标签频率范围以及应用场景。

5. 从 EPCglobal 角度说明物联网的概念与组成。

6. RFID 与传统的条码识别相比主要的优势有哪些？

菜鸟推出新型RFID技术 能否让物流行业"拾级而上"?

2021 年 5 月，由菜鸟主导的"精准射频识别技术"曝光，引起了业界的广泛关注，这一新技术便是被称作第三代识别技术的 RFID 技术。

那么，菜鸟推出的"精准射频识别技术"到底有什么独到之处呢？

据了解，菜鸟经过两年多的研发，通过优化芯片、读/写器及其背后的一整套识别算法，将识别准确率大幅提升到了 99.8%，达到全球领先水平。并且，已经具备大规模商用条件，有望大幅推动供应链和物流领域的数字化升级。

事实上，早在 2020 年，菜鸟已与 NXP 公开宣布将共同开发低成本、高性能的新一代超高频射频识别技术（RFID）协议，提升供应链和物流管理系统的运营效率，并为全球的物流中心输出数字化解决方案。最终目标是提升 RFID 的应用识别率，以及降低应用成本，进而推动物流行业中 RFID 数字化方式的普及。

长期以来，物流一直是 RFID 技术的一大核心应用场景，通常用于供应链的商品流通中的货物盘点、出入库交接，以及全链路追踪等，对提升仓储物流管理效率和服务水平有很大好处。

在商品流通环节中，货物在全球的运转交接主要依靠托盘。如果将货物码成实心摆放，就会扫不到内层物品的条码。如果将货物垒成空心托，既会造成空间浪费，也会导致运输不稳定。然而，在实际操作中，商家通常会先把商品垒成空心托，等到扫码盘点完成后，再次恢复成实心托。经过这样的操作，处理一个托盘一般需要 20 分钟时间。

而菜鸟的精准射频识别技术可以实现遮挡识别，能在 20 秒内快速完成实心托盘上所有商品的盘点扫描。据了解，在包含液体、金属等商品的通用物流场景下，采用菜鸟精准射频识别技术（RFID）的盘点小车，能够准确识别实心托上所有的商品 RFID 标签，并且可以排除附近其他托盘上 RFID 标签的干扰。

根据官方公开的信息，目前菜鸟在全球包裹流转，绿色环保包装的追踪和管理中已经在使用该项新技术，一批快消类、食品类品牌商家也在预约使用这项技术。就在 2021 年 4 月 25 日，菜鸟与徐福记达成战略合作，未来将在食品行业中率先应用菜鸟的精准射频识别技术（RFID），借此加快自身的供应链数字化升级。据悉，菜鸟的 RFID 技术将在徐福记东莞工厂的沙琪玛产品中率先试点，同时覆盖徐福记的华南部分仓库。

根据案例回答问题。

（1）RFID 有哪些技术特点？RFID 技术在出入库管理中解决了哪些问题？

（2）菜鸟主导的"精准射频识别技术"有哪些特点？可以解决哪些难题？

第 5 章　电子数据交换（EDI）

【本章学习方略】

本章重点内容

- EDI 系统的组成和工作流程
- EDI 标准体系的内容
- EDI 在物流中的作用

本章难点内容

- UN/EDIFACT 标准
- 港口 EDI 的功能与结构

案例引入

高科技行业中的EDI

　　EDI 已在整个高科技行业中使用了很多年。许多高科技公司依靠外部合作伙伴来帮助设计和制造其产品，高科技价值链已经变得非常复杂。

　　由于高科技行业的性质，人们一直希望尝试以电子方式交换商业交易，这比许多其他行业部门的情况更甚。这是非常受消费者驱动的，这意味着高科技供应链必须变得灵活，以适应不断变化的消费者需求。与此同时，对引入供应商管理库存系统的需求也越来越多，以确保零售商拥有正确的库存水平，从而支持新产品的推出或消费者需求的季节性波动。由于这个原因，零售网络和多模式物流网络的库存可见性对高科技公司和他们的交易伙伴社区而言都很重要。

　　与汽车行业的公司一样，许多高科技公司也将其业务全球化，以利用全球许多新兴市场中的低成本供应商。这意味着高科技制造公司必须确保他们可以与世界上任何国家的供应商进行电子贸易，即使那些与（信息与通信技术）相关技能有限的供应商也是如此。提供易于使用、快速部署和易于维护的 EDI 系统对于高科技公司而言非常重要。

　　高科技产业是所有产业部门中供应链结构最复杂的。汽车行业有一个分层和相当合理的结构，而相比之下，高科技行业的结构非常矩阵化。

　　能够在相对复杂和快速变化的供需链中交换业务文档，对于高科技业务的平稳运行非常重要。由于价值链中涉及的合同制造商、设计合作伙伴、物流合作伙伴和零售商等的数量众多（遍及地理位置分散的工厂和办公室），因而与能够支持这样复杂的全球价值链的 EDI 或 B2B 供应商合作是很重要的。

　　除了更常见的标准（如 ANSI X12 和 EDIFACT）以外，高科技行业在尝试开发基于 XML 的行业标准方面也取得了一些成功。在 21 世纪初期，互联网繁荣发展的高峰期，出现了许多新的 XML 标准，以满足在高科技行业工作的公司的需求。

随着物流业的发展、信息技术的进步以及国际贸易的普及，电子数据交换（Electronic Data Interchange，EDI）应用越来越广泛，尤其是在港口、海关等对外贸易活动中发挥着十分重要的作用。本章主要介绍 EDI 的基本概念、EDI 系统的组成与工作原理、EDI 的标准体系以及 EDI 在物流中的应用等内容。

5.1 EDI 的基本概念

5.1.1 EDI 的起源与发展

全球贸易额的上升带来了各种贸易单证、文件数量的激增；另外，市场竞争也出现了新的特征，价格因素在竞争中所占的比重逐渐减小，而服务性因素所占比重逐渐增大。正是在这样的背景下，以计算机应用、通信网络和数据标准化为基础的 EDI 应运而生。EDI 一经出现便显示出强大的生命力，迅速在世界各主要工业发达国家和地区得到广泛应用。

1. EDI 的起源

20 世纪 60 年代末期，美国在航运业首先使用 EDI。1968 年，美国运输业许多公司联合成立了美国运输业数据协调委员会（TDCC），研究开发电子通信标准的可行性，早期 EDI 是点对点，靠计算机与计算机直接通信完成的。

2. 行业 EDI 的出现

20 世纪 70 年代，数字通信网的出现加快了 EDI 技术的成熟和应用范围的扩大，出现了一些行业性数据传输标准并建立起行业性 EDI。例如，银行业发展的电子资金汇兑系统（SWIFT）；美国运输业数据协调委员会制定了一整套有关数据元的目录结构、语法规则和报文格式，这就是 ANSIX.12 的前身；英国简化贸易程序委员会（SIMPRO）出版了第一部用于国际贸易的数据元目录（UN/TDED）和应用语法规则（UN/EDIFACT），即 EDIFACT 标准体系。20 世纪 70 年代，EDI 应用集中在银行业、运输业和零售业。

3. EDI 标准化阶段

20 世纪 80 年代 EDI 应用迅速发展，美国国家标准化委员会（American National Standards Institute，ANSI）与欧洲一些国家联合研究国际标准。1986 年，欧洲和北美 20 多个国家代表开发了用于行政管理、商业及运输业的 EDI 国际标准（EDIFACT）。增值网的出现及行业性标准逐步发展成通用标准，加快了 EDI 的应用和跨行业 EDI 的发展。

4. 基于 Internet 的 EDI

20 世纪 90 年代出现 Internet EDI，使 EDI 从专用网扩大到 Internet，降低了成本，满足了中小企业对 EDI 的需求。20 世纪 90 年代初，全球已有 2.5 万家大型企业采用 EDI，美国 100 家大型企业中有 97 家采用 EDI。20 世纪 90 年代中期，美国有 3 万多家公司采用 EDI，西欧有 4 万家 EDI 企业用户，包括化工、电子、汽车、零售和银行等行业。

时至今日，EDI 历经萌芽期、发展期，已步入成熟期，英国的 EDI 专家明确指出，"以现有的信息技术水平，实现 EDI 已不是技术问题，而仅仅是一个商业问题"。

5.1.2 EDI 的含义

1. EDI 的概念

EDI 技术是信息技术在商贸领域中的应用。EDI 就是模拟传统的商务单据流转过程，对整个贸易过程进行了简化的技术手段。因为 EDI 应用的领域不同，EDI 技术实施所达到的目的也不同，所以 EDI 的定义很难统一。

国际标准化组织（ISO）于 1994 年确认了 EDI 的技术定义：根据商定的交易规则或电子数据结构的标准实施商业或行政交易，实现从计算机到计算机的电子数据传输。美国国家标准局 EDI 标准委员会对 EDI 的解释是：EDI 指的是在相互独立的组织机构之间所进行的标准格式、非模糊的具有商业或战略意义的信息的传输。联合国 EDIFACT 培训指南认为，"EDI 指的是在最少的人工干预下，在贸易伙伴的计算机应用系统之间的标准格式数据的交换"。

从上述 EDI 定义不难看出，EDI 包含 3 个要点：资料用统一标准；利用电信号传递信息；计算机系统之间的连接。

2. 物流 EDI 的概念

所谓物流 EDI，是指货主、承运业主以及其他相关的单位之间，通过 EDI 系统进行物流数据交换，并以此为基础实施物流作业活动的方法。物流 EDI 参与单位有货主（如生产厂家、贸易商、批发商、零售商等）、承运业主（如独立的物流承运企业等）、实际运送货物的交通运输企业（如铁路企业、水运企业、航空企业、公路运输企业等）、协助单位（如政府有关部门、金融企业等）和其他的物流相关单位（如仓库业者、专业报送业者等），如图 5-1 所示。

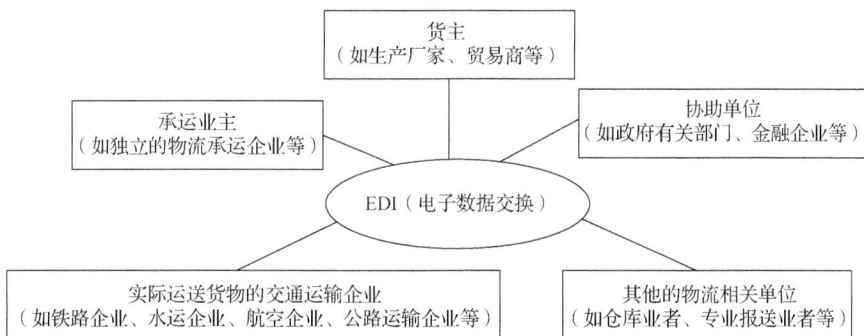

图 5-1　物流 EDI 参与单位

5.1.3 EDI 的特点

作为企业自动化管理的工具之一，EDI 通过计算机将商务文件如订单、发票、货运单、报关单等按统一的标准，编制成计算机能够识别和处理的数据格式，在计算机之间传输。EDI 具有以下几个方面的特点。

（1）单证格式化：EDI 传输的是企业间格式化的数据，而非信件、公函等非格式化的

文件。

（2）报文标准化：EDI 传输的报文符合国际标准或行业标准，国际 EDI 标准是 UN/EDIFACT。

（3）处理自动化：数据交换的模式是"机对机"以及"应用对应用"，不需要人工干预。

（4）软件结构化：EDI 系统由 5 个模块组成：用户界面模块、内部电子数据处理接口模块、报文生成与处理模块、标准报文格式转换模块和通信模块。

（5）运作规范化：任何一个成熟、成功的 EDI 系统，均有相应的规范化环境做基础。

（6）通信保密化：EDI 系统必须考虑安全保密功能，并具有法律效力。

5.1.4 EDI 的分类

1. 根据 EDI 的功能分类

（1）贸易数据交换。贸易数据交换即订货信息系统，又称为贸易数据互换系统（Trade Data Interchange，TDI）。它是最基本、最知名的 EDI 系统，用电子数据文件来传输订单、发货票和各类通知。

（2）电子金融汇兑系统。电子金融汇兑系统（Electronic Fund Transfer，EFT）在银行和其他组织之间实行电子费用汇兑。EFT 已使用多年，但它仍在不断改进中，最大的改进是同订货系统联系起来，形成一个自动化水平更高的系统。

（3）交互式应答系统。交互式应答系统（Interactive Qurey Response，IQR）可在旅行社或航空公司作为机票预订系统；可以询问到达某一目的地的航班，要求显示航班的时间、票价或其他信息；然后根据旅客的要求确定所要的航班，打印机票。

（4）带有图形资料自动传输的 EDI。最常见的是计算机辅助设计（Computer Aided Design，CAD）图形的自动传输。例如，设计公司完成一个厂房的平面布置图，将其平面布置图传输给厂房的主人，请主人提出修改意见。一旦该设计被认可，系统将自动输出订单，发出购买建筑材料的报告。在收到这些建筑材料后，系统自动开出收据。

2. 根据 EDI 的运作方式分类

（1）封闭式 EDI。因为不同行业、不同地区实施 EDI 所采用的标准和协议的内容是不同的，所以导致了大量不同结构 EDI 系统的出现。各个系统之间由于采纳的标准和传输协议不同，彼此之间相对处于封闭状态，因此，人们将它称为封闭式 EDI。

（2）开放式 EDI。为了解决封闭式 EDI 孤岛式的格局，一些国际组织提出了开放式 EDI 的概念。它使用公共的、非专用的标准，实现跨时域、跨商域、跨现行技术系统和跨数据类型的电子数据交换。

（3）交互式 EDI。在交互式 EDI 中，对于用户等待应答的时间，交互式 EDI 可以达到一秒或更短时间的应答水平。目前交互式 EDI 的研究仍处在理论和开发的初级阶段。交互式 EDI 以开放式 EDI 为基础，是将来 EDI 的发展方向。

（4）基于 Internet 的 EDI。按照以往的 EDI 实施模式，商业机构之间实现 EDI 传输要借助专用增值网络 VAN 的服务。以国际互联网为基础的 EDI 就是要建立开放式的信息传输，那么对增值网络服务的需求就会减少。

5.2 EDI 系统的组成与工作原理

5.2.1 EDI 系统的组成

EDI 系统是在不同公司之间传递商务信息的，其系统模型如图 5-2 所示。数据标准、EDI 软件及硬件和通信网络是构成 EDI 系统的 3 个要素。

EDI 的组成与原理

图 5-2　EDI 系统模型

1. 数据标准

EDI 标准是由各企业、各地区代表共同讨论、制定的电子数据交换共同标准，可以使各组织之间的不同文件格式，通过共同的标准来实现彼此之间文件交换。

2. EDI 的软硬件

实现 EDI 需要配备相应的 EDI 软件和硬件。EDI 硬件设备主要是指计算机、外设、网络连接设备和线路等。

EDI 软件将用户数据库系统中的信息译成 EDI 的标准格式，以供传输交换。虽然 EDI 标准具有足够的灵活性，可以适应不同行业的不同需求，但因为每个公司都有自己规定的信息格式，因此，需要发送 EDI 电文时，必须用某些方法从公司的专有数据库中提取信息，并把它翻译成 EDI 的标准格式，然后进行传输。这就需要有 EDI 相关软件的帮助。EDI 软件的结构如图 5-3 所示，EDI 软件模块的功能及关系如图 5-4 所示。

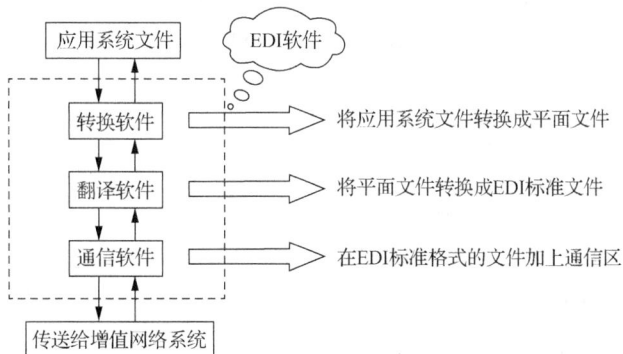

图 5-3　EDI 软件的结构

3. 通信网络

通信网络是实现 EDI 的手段。根据通信方式的不同，EDI 网络可以分为点对点（PTP）方式、增值网（VAN）方式以及信息处理系统（Message Handing System，MHS）方式。

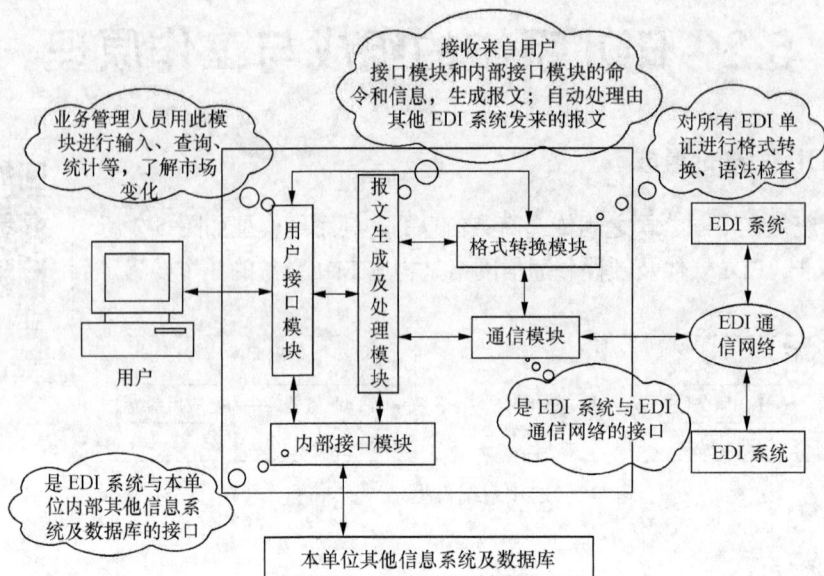

图 5-4 EDI 软件模块的功能及关系

（1）点对点方式。在点对点方式中，EDI 按照约定的格式，通过通信网络进行信息传递和终端处理，完成相互的业务交往。早期的 EDI 通信一般都采用此方式。它有许多缺点，如当 EDI 用户的贸易伙伴不再是几个而是几十个甚至几百个时，这种方式很浪费时间，需要许多次重复发送。同时这种通信方式是同步的，不适用于跨国界、跨行业之间的应用。

（2）增值网方式。增值数据业务（VADS）公司利用已有的计算机与通信网络设备，除完成一般的通信任务外，还增加了 EDI 的服务功能。VADS 公司提供给 EDI 用户的服务主要是租用信箱及协议转换，后者对用户是透明的。信箱的引入实现了 EDI 通信的异步性，提高了效率，降低了通信费用。另外，EDI 报文在 VADS 公司自己的系统中传递也是异步的，即存储转发的。

（3）信息处理系统方式。信息处理系统方式是 ISO 和 ITU-T 联合提出的有关国际间电子邮件服务系统的功能模型。它建立在 OSI 开放系统的网络平台上，适应多样化的信息类型，并通过网络连接，具有快速、准确、安全、可靠等特点。它是以存储转发为基础、非实时的电子通信系统，非常适合作为 EDI 的传输系统。

5.2.2 EDI 的工作原理

当今世界通用的 EDI 通信网络是建立在 MHS 数据通信平台上的信箱系统，其通信机制是信箱间信息的存储和转发。其具体实现方法是在数据通信网上加挂大容量信息处理计算机，在计算机上建立信箱系统，通信双方需申请各自的信箱，其通信过程就是把文件传到对方的信箱中。文件交换由计算机自动完成，在发送文件时，用户只需进入自己的信箱系统。

1. 手工方式与 EDI 方式

（1）手工条件下贸易单证的传递方式（见图 5-5）。操作人员首先使用打印机将企业数据库中存放的数据打印出来，形成贸易单证；然后通过邮件或传真的方式发给贸易伙伴。贸易伙伴收到单证后，再由录入人员手工录入数据库，以便各个部门共享。传统商业贸易在单据流通过程中，买卖双方之间重复输入的数据较多，容易产生差错，准确率低，劳动力消耗多及延时增加。在 EDI 中，这些问题都将得到良好的解决。

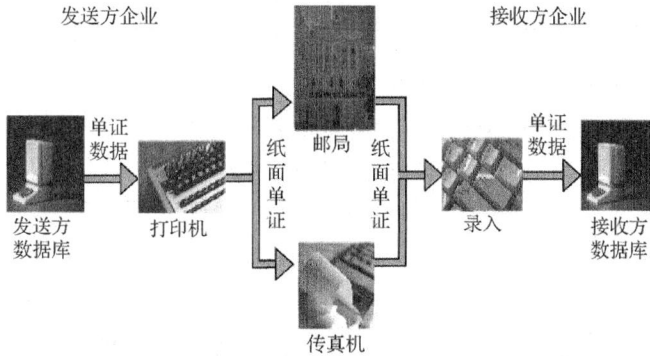

图 5-5　手工条件下贸易单证的传递方式

（2）EDI 条件下贸易单证的传递方式（见图 5-6）。翻译器把数据库中的数据转换成字符型的标准贸易单证，然后通过网络传递给贸易伙伴的计算机。该计算机再通过翻译器将标准贸易单证转化成本企业内部的数据格式，存入数据库，由此不难看出使用 EDI 的好处。因为单证是通过数字方式传递的，缺乏验证的过程，所以加强安全性、保证单证的真实可靠十分重要。

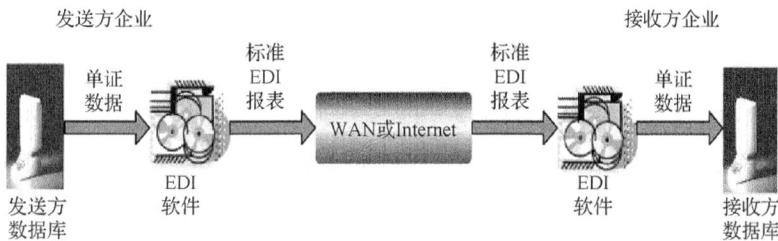

图 5-6　EDI 条件下贸易单证的传递方式

2. EDI 的工作流程

EDI 的实现过程就是用户将相关数据从自己的计算机信息系统传输到有关交易方的计算机信息系统的过程。EDI 的工作流程可以分为 3 个阶段（见图 5-7）。

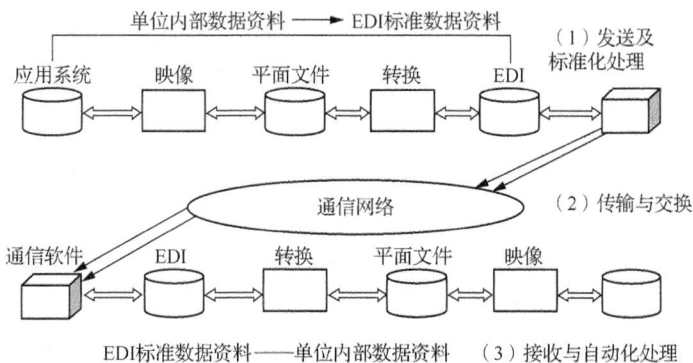

图 5-7　EDI 的工作流程

（1）发送及标准化处理。用户首先将发送方应用系统中的数据或原始的纸面商业和行政文件，经计算机处理，通过映像文件、平面文件的转换，最终形成符合 EDI 标准的、具有标准格式的 EDI 数据文件，再通过通信软件发送到通信网络。

（2）传输和交换。用户用自己的本地计算机系统将形成的标准数据文件，经由 EDI 数据通信和交换网，传输到登录的 EDI 服务中心，继而转发到对方用户的计算机系统。

（3）接收及自动化处理。接收端通过通信软件接收到对方用户计算机系统发来的报文后，立即按照与发送端相反的处理过程自动进行处理，最终转换为接收方应用系统格式的数据信息，并存入接收方的信息系统加以应用。如有必要，则输出纸面文档。

5.3　EDI 的标准体系

5.3.1　EDI 标准的内涵

EDI 以格式化的、可用计算机自动处理的方式来进行公司间文件交换。商务上的任何数据和文件的内容都要按照一定的格式和顺序，这样才能被计算机识别和处理。这些大家共同制定并遵守的格式和顺序就是 EDI 的标准。

（1）EDI 标准的内容。该内容包括语法规则、数据结构定义、编辑规则与转换、公共文件规范、通信协议、计算机语言等方面。

（2）EDI 标准化工作的内容。标准化工作是实现 EDI 互通和互连的前提和基础，EDI 标准包括 EDI 网络通信标准、EDI 处理标准、EDI 联系标准、EDI 语义语法标准等。

（3）EDI 的标准应该遵循以下两条基本原则：提供一种发送数据及接收数据的各方都可以使用的语言，这种语言使用的语句是无二义性的；这种标准不受计算机类型的影响，既适用于计算机间的数据交流，又独立于计算机之外。

5.3.2　EDI 的国际标准

根据 EDI 标准制定和应用范围的不同，EDI 标准有 4 种：企业专用标准、行业标准、国家标准和国际标准。20 世纪 90 年代是各国寻求实现一个世界范围内的 EDI 标准的时代。

目前，世界上通用的 EDI 标准有两个：一个是由美国国家标准局（ANSI）主持制定的 X.12 数据通信标准，主要在北美使用；另一个是 EDIFACT（EDI for Administration, Commerce and Transportation），即多行业电子数据互换标准，最早在西欧使用。近年来，联合国鉴于 EDI 有助于推动国际贸易程序与文件的简化，经有关标准化组织的工作，EDIFACT 已被作为事实上的 EDI 国际标准。

1. ANSI X.12 标准

1978 年，美国信用研究基金会（American Credit Research Foundation，ACRF）与运输数据协调委员会（Transportation Data Coordinating Committee，TDCC）一起，组成 ANSI X.12，致力于 EDI 的报文和数据交换的标准研究。ANSI X.12 已经制定了 AIAG（汽车行业集团）、UCS（食品杂货类）等应用 EDI 标准。目前已由几十个行业协会、政府部门参加了 ANSI X.12

组织的标准化工作。该标准已经在北美地区广泛使用，成为通用成熟产品。

2. EDIFACT 标准

EDIFACT 是在 UN/ECEGTDI（联合国欧洲经济委员会主办的贸易数据交换规则）基础上由北美和欧洲专家开发的 EDI 国际标准。1986 年经 UN/ECE/WP.4 批准使用 EDIFACT 这个名字。

UN/EDIFACT 是 EDI 的主流标准，当今 EDI 国际标准主要是指 UN/EDIFACT 标准和 ISO 标准。UN/EDIFACT 标准是由联合国欧洲经济委员会（UN/ECE）制定并发布的，而 ISO 标准由国际标准化组织制定并发布。这两个组织已形成了良好的默契，UN/EDIFACT 标准中的一部分已经纳入 ISO 标准中，UN/EDIFACT 的很多标准都涉及 ISO 标准的应用。UN/EDIFACT 标准比较偏重当前的应用，而 ISO 的一些标准和研究结果则侧重未来的发展。ANSI X.12 标准与 EDIFACT 标准除流行地区不同外，在编码方式上也有些不同，如图 5-8 所示。

UN/EDIFACT 标准	流行于欧洲、亚洲的，由联合国欧洲经济委员会（UN/ECE）制定
ANSI X.12 标准	流行于北美的，由美国国家标准化委员会 ANSI 制定

	UNEDI/FACT	ANSI X.12
默认控制符	有	无
指定控制符	UNA	ISA
数据段终止符	单引号	<LF>或<NL>
数据元素分隔符	+	*
成分数据元素分隔符	:	无
小数点	,或&	&

图 5-8　ANSI X.12 标准与 EDIFACT 标准的区别

5.3.3　我国的 EDI 标准

EDIFACT 概念在 1990 年首次引入我国后，立即受到国内有关部门的高度重视，并将其列为我国"八五"计划的关键性应用推广项目。1991 年，我国以中国 EDIFACT 委员会（CEC）的名义首次参加了亚洲 EDIFACT 理事会（ASEB），成为 ASEB 的正式成员。

我国根据国际标准体系和我国实际以及未来一段时间的发展情况，制定了 EDI 标准体系——《EDI 系统标准化总体规范》。该规范作为我国 EDI 标准化工作的技术指南，把 EDI 标准体系分为基础、单证、报文、代码、通信、安全、管理、应用 8 个部分。

我国 EDI 标准化组织建设工作主要是针对 UN/ECE 和 ISO/IEC 两大组织的情况并结合我国国情开展的，通过开展 UN/EDIFACT 和 ISO/IEC 相关标准的引进、本地化、EDI 标准的维护机制建设，结合我国国情开发出自己的报文标准。CEC 下属的技术评估工作组（TAG）已经先后将 EDIFACT 基础标准转化为国家标准，我国的主要标准如下。

（1）GB/T 14925《电子数据交换术语》：该标准参照采用 UN/EDIFACT 的贸易数据交换目录（UNTDID）的术语部分。

（2）GB/T 14805《用于行政、商业和运输业电子数据交换的应用级语法规则》：该标准等同于采用 ISO 9735-1992 标准。

（3）GB/T 16703《用于行政、商业和运输业电子数据交换的语法实施指南》：该标准等效于采用 UN/EDIFACT 相关标准。

（4）GB/T 15947《用于行政、商业和运输业电子数据交换的报文设计指南与规则》：该标准等效于采用 UN/EDIFACT 相关标准。

5.4　EDI 在物流中的应用

5.4.1　EDI 在物流中的应用优势

EDI 系统的主要功能是提供报文转换，企业应用 EDI 一般有 3 种目的：数据传输、作业改善、企业再造。对于不同的目的，EDI 的功能，所需的人力、时间与成本是不同的，如表 5-1 所示。

表 5-1　企业应用 EDI 的目的

目的	数据传输	作业改善	企业再造
功能	维持订单、减少人工输入、降低错误率	与业务系统集成、缩短作业时间、发现错误、提高传输可靠性	提高企业竞争力
参与人员	作业人员	业务主管	决策主管
初期成本	小	较小	
引入时间	1 个月	2～4 个月	1 年
条件	计算机	管理信息系统	管理信息系统
实现方式	多引入频繁发生且各不相同的业务单据	引入相关业务单据，并与自身系统集成	借 EDI 的引入完成企业流程再造

物流 EDI 的优点在于：供应链组成各方基于标准化的信息格式和处理方法，通过 EDI 共享信息、提高流通效率、降低物流成本。其主要表现在：节省时间和资金，提高工作效率和竞争力；改善对客户的服务；消除纸面作业和重复劳动；扩展客户群等。

5.4.2　EDI 在物流中的应用模式

根据 EDI 的应用范围和集成度，其应用模式主要分为 3 类。其一，行业应用模式，例如，"海关 EDI 通关系统""国际集装箱运输 EDI 示范工程"等，在这里即指物流行业应用模式。其二，EDI 中心模式，如上海市 EDI 中心、南昌港口 EDI 中心等。其三，中国 EDI 模式，以邮电通信网为支撑提供 EDI 增值服务。

1. EDI 行业应用模式

应用 EDI 系统后，要把贸易双方在处理过程中的所有纸面单证由 EDI 通信网来传输，并由计算机自动完成全部（或大部分）处理过程。具体过程为：企业收到一份 EDI 订单，系统自动处理该订单，检查订单是否符合要求；然后通知企业内部管理系统安排生产；向零配件供销商订购零配件等；向有关部门申请进出口许可证；通知银行并给订货方开出 EDI 发票；

向保险公司申请保险单等。这种模式非常适用于供应链或大型第三方或第四方物流中。

2. EDI 中心模式

EDI 中心模式一般与具体应用相结合，如港口的进出口业务、通关业务、电子保单业务等，通过 EDI 中心将相关单位和部门的内部信息系统联系起来，进行相关报文的处理和传输。EDI 中心一般由以下 4 个部分组成。

（1）公用 EDI 服务手段：支持 EDIFACT 报文的翻译、验证、核查跟踪等功能。

（2）通信接口：中心提供多种存取方式的接口。

（3）公共业务服务：用户委托的 EDI 业务，用户可以通过 FAX、柜台服务，进行现有纸面单证的 EDI 处理。

（4）EDI 最终用户系统：提供最终用户系统的 EDI 应用系统解决方案。

EDI 中心的组成与功能如图 5-9 所示。

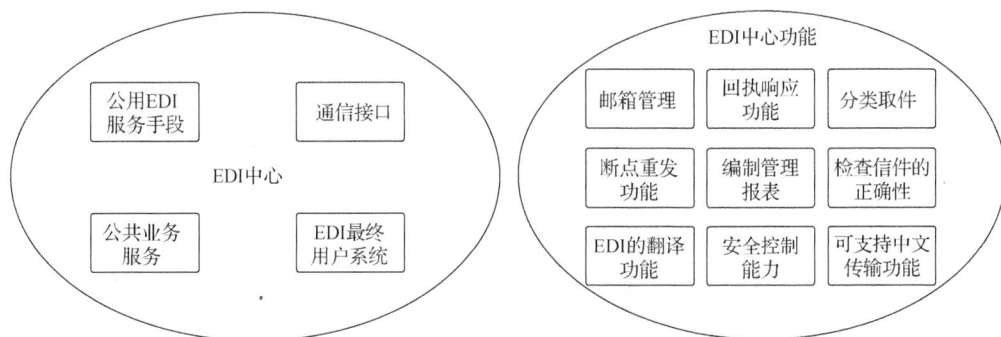

EDI中心：公用EDI服务手段、通信接口、公共业务服务、EDI最终用户系统

EDI中心功能：邮箱管理、回执响应功能、分类取件、断点重发功能、编制管理报表、检查信件的正确性、EDI的翻译功能、安全控制能力、可支持中文传输功能

图 5-9　EDI 中心的组成与功能

3. China EDI 模式

在 China EDI 模式下，EDI 运营商往往是国家的大型通信公司或网络公司，在其核心业务外提供诸如 EDI 等增值业务。物流企业也可以采用这种模式实现 EDI 技术。China EDI 模式有着综合性的特点，其 EDI 服务功能大而全，这种模式在可靠性、安全性方面都比较强。但可能出现的问题是其提供的功能不一定适用于企业自身的情况，在应用上很不灵活。

5.4.3　EDI 在港口物流中的应用

港口作为整个运输链中最大量货物的集结点，汇聚着内陆运输、水路运输等大量的货物。港口已经成为一个重要的信息中心，汇集了大量的货源信息、技术信息、服务信息；港口同时又是国际贸易的重要服务基地和货流分拨配送中心。在港口中运用 EDI，各关系方都能得到各自的收益。这里将这些部门划分为运输部门、协调部门、金融部门和行政部门。

（1）运输部门应用 EDI 的收益。运输部门主要包括托运方、收货方、承运公司（铁路、内河、公路）、装卸公司、集装箱联运人、班轮公司等。这些部门实际承担货物运输，有关业务有理货、装船及卸货，集装箱船运输以及货物的内陆、内河运输或铁路运输等。EDI 给运输部门带来了以下利益：提高通信速度、降低文件处理成本、更好的供应链管理、提高存货效率、更好的顾客服务。

（2）协调部门应用 EDI 的效益。协调机构包括货代、船代和船舶经纪人。安排运输及其相关的单据流转是一个复杂的过程，因此需要专业化的部门来协调。这些部门从托运人和收货人那里得到运输指示，安排集装箱订船或订舱，把信息传递给其他方面，安排保险和付款，并通知运输部门。EDI 给协调者带来许多效益，如拓展业务范围、降低文件处理成本、提高顾客服务质量、改进内部管理、获取竞争性利益等。

（3）金融部门应用 EDI 的效益。金融部门主要包括银行、保险公司等，金融机构负责和运输过程相应的资金流动，银行的作用是管理公司间资金与财产的转移。除此之外，银行还提供信用证和安排国际金融交易，保险公司主要负责为货物运输活动提供保险服务。EDI 为金融部门带来的效益主要体现在改进顾客服务质量、拓展新的业务进而获得竞争优势等方面。

（4）行政部门应用 EDI 的效益。行政部门包括海关、港务当局、商会、环境办公室等，这些部门为保证运输活动能符合有关部门规定，必须从其他部门获取必要信息。EDI 的应用为这些部门带来的效益主要体现在更好地服务顾客、改进内部组织管理、提高安全性等方面。

综合实训：典型 EDI 中心的比较

【实训目的】

通过登录操作国内典型 EDI 中心网站，了解 EDI 中心的组成和功能；掌握平面文件、映像文件、报文格式等的具体形式和作用。通过网络搜索方式，了解我国港口 EDI 中心的应用现状和发展情况。

【实训内容】

（1）上网了解我国港口 EDI 中心的现状和发展。

（2）至少访问 3 个国内 EDI 中心，比较它们的功能和特点。

【实训方法】

参考相关网站和 EDI 中心，如宁波港口 EDI 中心、南京港集团 EDI 中心、日照港 EDI 中心等，或通过实习、参观调研等方式搜集 EDI 中心建设和应用情况数据，进行分析总结。

【实训要求】

（1）通过企业访问或网络查找等方式了解港口 EDI 中心的现状。

（2）访问典型的 EDI 中心，简述其功能、流程、报文格式等主要内容。

（3）对 3 个国内 EDI 中心的功能、特点进行比较。

课后习题

一、填空题

1. 构成 EDI 系统的 3 个要素是_____、_____、_____。

2. 构成 EDI 软件系统的软件按其所实现的功能可分为：用户接口模块、内部接口模块、报文生成及处理模块、_____和通信模块共 5 个模块。

3. EDI 标准的发展分为以下几个阶段：专业标准阶段、产业标准阶段、_____、国际标准阶段。

4. EDI 的应用始于 20 世纪 60 年代末，最先在美国的_____使用。

5. 根据功能，EDI 可以分为四大类：_____、电子金融汇兑系统、交互式应答系统和带有图形资料自动传输的 EDI。

6. EDI 系统中常用的软件包括转换软件、_____和通信软件。

7. EDI 有两大标准体系，我国采用的是_____标准。

8. EDI 系统一般由数据标准、EDI 软硬件和_____3 个部分组成。

9. 所谓物流 EDI，是指货主、_____以及其他相关的单位之间，通过 EDI 系统进行物流数据交换。

10. EDI 系统的组成包括_____、EDI 软硬件及通信网络。

二、选择题

1. EDI 网络传输的数据是（　　　）。
   A. 自由文件　　　　B. 平面文件　　　　C. 用户端格式　　　D. EDI 标准报文

2. 组成 EDI 系统的是 EDI 客户端系统和（　　　）。
   A. EDI 传输系统　　　　　　　　B. EDI 交换平台
   C. 计算机通信网络　　　　　　　D. EDI 应用系统

3. EDI 是（　　　）之间的数据传输。
   A. 计算机应用系统　　　　　　　B. 应用系统与个人
   C. 个人与应用系统　　　　　　　D. 个人

4. EDI 转换软件的主要功能是帮助用户将原有计算机系统的文件转换成（　　　）及其逆转换。
   A. EDI 标准格式　　B. EDI 报文　　　C. 平面文件　　　　D. 文本文件

5. 在下列各选项中，EDI 不能执行的功能是（　　　）。
   A. 格式转换功能　　B. 翻译功能　　　C. 通信功能　　　　D. 编辑功能

6. 下面关于 EDI 的说法，（　　　）最准确。
   A. EDI 是一种采用计算机通过数据通信网络将标准化文件，在通信双方之间进行自动交换和处理的工作方式
   B. EDI 和 E-mail 都是通信双方通过网络传递信息的方法，两者的本质相同
   C. EDI 就是无纸贸易
   D. 以上说法都不对

7. EDI 软件包括转换软件、翻译软件、（　　　）。
   A. 调制解调器　　　B. 通信软件　　　C. 杀毒软件　　　　D. 通信网络

8. 物流 EDI 的参与对象包括（　　　）。
   A. 货主和承运业主　　　　　　　B. 交通运输企业
   C. 物流协助和相关单位　　　　　D. 以上全部

9. EDI 的 3 个构成要素中不包含（　　　）。
   A. 管理流程　　　　　　　　　　B. 数据标准化
   C. EDI 软件及硬件　　　　　　　D. 通信网络

10. （　　）是 EDI 技术的核心标准。

    A. EDI 网络联通标准　　　　　　　　B. EDI 联系标准

    C. EDI 处理标准　　　　　　　　　　D. EDI 语义语法标准

11. 我国的 EDI 标准主要采用（　　）。

    A. ANSI X.12　　　B. EDIFACT　　　C. UN/ECE　　　D. ISO/IEC

12. 目前 EDI 技术主要的应用领域是（　　）。

    A. 供应链管理　　　B. 企业 ERP　　　C. 交通运输　　　D. 港口物流

13. EDI 主要应用于（　　）类型的电子商务。

    A. B2C　　　　　　B. B2B　　　　　　C. C2C　　　　　　D. C2B

14. EDI 的工作流程不包括（　　）阶段。

    A. 文件的结构化和标准化处理　　　　B. 传输和交换

    C. 文件的接收和自动处理　　　　　　D. 信息应用

15. EDI 软件主要包括（　　）。

    A. 转换软件、翻译软件、通信软件　　B. 输入软件、处理软件、输出软件

    C. 系统软件、工具软件、支持软件　　D. 编辑软件、转换软件、通信软件

三、名词解释

EDI；平面文件；EDIFACT；EDI 中心；增值网（VAN）

四、简答题

1. 简述 EDI 的特点。

2. 阐述 EDI 的工作流程。

3. 说明 EDI 在物流中的应用。

4. 简述 EDI 与电子邮件系统的相同点与不同点。

5. 简述我国港口 EDI 的应用现状。

📖 **案例分析**

EDI在宁波港口物流中的应用

一、港口物流 EDI 发展的必要性

（1）与国际接轨的必然选择。宁波港口作为现代化港口，应顺应国际港口发展趋势与国际港口运作惯例，满足汕头到德阳物流线接轨的需要。20 世纪 90 年代以来，许多国家和地区纷纷应用 EDI 办理海关手续，其中一些国家甚至对不采用这种方式报关的船舶进行惩罚。由此可见，EDI 的应用已直接影响到贸易与运输的展开，要参与国际竞争，要建设现代化港口，必须加快 EDI 技术的发展。

（2）推动港口向物流中心发展的必要条件。现今，国际贸易正从货物贸易向服务贸易和信息技术及其产品贸易等领域延伸，以网络技术为基础的电子商务已成为国际贸易的重要方式。航运企业为了向货主提供方便快捷的信息服务，推动港口物流业的标准化和信息化，要利用 EDI 建立集装箱货物、航线与商务等信息服务中心及与主要港口、代理、货主及海关、银行、保险、商检部门之间的横向联系网络系统。

（3）提高港口服务效率。目前，货物运输仍是大多数港口的主要业务，但我国的港口装卸效率没有得到充分利用，如码头设施没有得到充分利用，船舶在广州到厦门物流港口非生产性停泊时间长，严重影响了港航双方的利益，这与信息流通不畅有关。采用 EDI 技术后，可建立一个包括港、航、货和有关部门的一套生产实时控制系统，港方可以通过现场传来的信息随时改变安排，船方可以及时提供各种电子文件，货方可以合理安排货物装船和疏运，加快办理各种通关手续，缩短货物在港滞留时间。

二、EDI 在宁波港口物流中的应用现状

宁波港口 EDI 中心已于 1997 年 5 月投入试运行，且成功地在宁波口岸发展用户 80 余家，将逐步实现宁波口岸船代、货代、理货、港务局、集装箱码头、内陆集疏运场站、海关、商检、卫检、动植物检、银行和保险等单位之间的电子数据交换，协议传输报文 150 余种（不包括各种回执），中心每月传输报文 40 000 余个，数据通信量计 385M（百万）B。完成船期信息查询及口岸范围内集装箱动态信息查询等的增值服务，尤其是在集装箱码头应用、码头与海关配合实施物流监控、码头与船公司配合作业方面，都取得了显著的成绩。

三、EDI 在宁波港口物流中的应用趋势

（1）进行信息处理，提供增值信息。宁波港口 EDI 中心实现源信息的传输即 23 种电子报文传输，并能从一定程度上对源信息进行归纳整理，去除冗余，并按一定的逻辑结构对信息进行重新组织。以集装箱海关放行信息查询为例，EDI 用户输入海关放行号、集装箱号、英文船名/航次/航向三者中的任意一项信息，就可查询到如下信息：放行时间、集装箱号、船舶 UN 代码、英文船名、航次、航向、海关放行号、码头/堆场。

宁波港口 EDI 中心在实现一次信息转换（EDI 源信息向 EDI 元信息转换）的基础上，利用一定的决策分析技术，对 EDI 元信息进行加工处理，从中提炼出与 EDI 源信息不同的、支持 EDI 用户进行决策使用的增值信息。

（2）实现基于因特网的 EDI。目前，宁波港口物流 EDI 的运作模式仍基于中心的概念，即通常建立一个区域性的 EDI 中心，同时建立一个 VAN 网络，用户以会员方式加入 EDI 中心，购买 EDI 中心的服务，缴纳基本费用（注册费、信息服务费、传输费、邮箱管理费）和增值服务费（报文转换费、港航信息查询、存证服务费及其他特殊服务费）。

这种基于 VAN 技术的 EDI 应用系统，入网用户需对报文格式与数据结构进行变更，以计算机可读的方式将订单、发票、提货单、海关申报单、进出口许可证等往来的信息，按照协议将标准化的文件通过网络传送。因此，需要同商业伙伴达成一致意见，然后改造现有的系统，购买（或开发）相应的转换软件，购买 VAN 服务，这对中小企业来说难以轻易实现，因此，用廉价的因特网代替昂贵的 VAN 进行电子数据交换，基于因特网的 EDI 成为新一代的 EDI。

目前，Internet EDI 主要有基于因特网的邮件系统方式、标准 IC 方式、Web-EDI 方式、XML/EDI 方式，基于目前技术、费用及安全性等原因，其中 Web-EDI 方式被认为是目前 Internet EDI 中最好的方式。Web-EDI 允许中小企业只需通过浏览器和 Internet 连接去执行 EDI 交换，Web 是 EDI 消息的接口，在典型情况下，其中一个参与者一般是较大的公司，针对每个 EDI 信息开发或购买相应的 Web 表单，将其改造成适合自己的 IC，然后把它们放在 Web 站点上，此时，表单就成为 EDI 系统的接口。另一个参与者一般为较小的公司，登录到 Web 站点上，选择并填写所需表单，将结果提交给 Web 服务器后，通过服务器端程序进行合法性

检查，把它变成通常的 EDI 消息，此后消息处理就与传统的 EDI 消息处理一样了。很明显，这种解决方案对于中小企业来说是负担得起的，只需一个浏览器和因特网连接就可完成，EDI 软件和映射的费用则花在服务器端。Web-EDI 方式对于现有企业应用只需做很小改动，就可以方便快速地扩展成为 EDI 系统应用。

根据案例回答问题。

（1）结合实际说明 EDI 技术在港口物流中的必要性。

（2）宁波港口 EDI 中心与同类 EDI 中心比较，有哪些优势和特点？

（3）Internet EDI 有哪些特点？相比于 EDI 中心模式有什么优势？

第 6 章　地理信息系统（GIS）

【本章学习方略】

本章重点内容

- GIS 的功能
- GIS 的组成原理

本章难点内容

- GIS 的空间数据的结构与组织
- GIS 的空间数据的管理

案例引入 〰〰〰〰〰〰〰〰〰〰〰〰〰〰〰〰〰〰〰〰〰

中国铁路地理信息平台

　　铁路信息化是一项长期的、综合的系统工程，为了促进铁路各类信息资源的共享和综合利用，提高铁路运营管理和服务水平。2002 年，铁科院电子所组织研发了"铁路地理信息平台"。该平台作为铁路信息化基础平台，定位于铁路空间数据管理中心、GIS 功能服务中心和地理信息发布中心，面向铁路规划设计、工程建设、运管管理及公众服务提供空间技术支撑。

　　中国铁路地理信息平台首次基于天地图平台，集成了铁路专业地理信息，建设"全国全路一张图"，实现了铁路地理信息资源的统一标准、统一管理和统一发布，能够面向全路业务系统提供标准、规范的铁路地理信息数据和服务，降低铁路地理信息的建设成本，同时确保地理信息的质量、技术的持续更新，有效推动铁路业务信息资源的整合和共享，提供创新应用价值。

〰〰〰〰〰〰〰〰〰〰〰〰〰〰〰〰〰〰〰〰〰〰〰〰〰〰〰

　　在物流活动中，货物从发货方到接收方的整个运动过程都对地理空间信息有着极大的依赖性。本章主要介绍的内容包括 GIS 概述、GIS 的结构与工作原理、GIS 的空间数据的结构与组织，以及 GIS 在物流中的应用等。

6.1　GIS 概述

GIS 概述

6.1.1　GIS 的概念

　　地理是研究地球表面的地理环境中各种自然现象和人文现象，以及它们之间相互联系的学科。"地理"一词最早见于中国的《易经》。古代的地理学主要探索与地球形状、大小有关的测量方法，或对已知的地区和国家进行描述。

地理信息是指与研究对象的空间地理分布有关的信息，它表示地球表层物体及环境固有的数量、质量、分布特征、相互联系和变化规律。地理信息处理除具备信息的一般特性外，还具备空间定位、多维结构、时序动态、信息量大等特征。

地理信息系统（Geographic Information System，GIS）是在计算机软硬件支持下，运用系统工程和信息科学方法，对地表空间数据进行采集、存储、显示、查询、操作、分析和建模，以提供对资源、环境和区域等方面规划、管理、决策和研究的人机系统。它主要提供空间信息查询和分析、可视化、制图和辅助决策等功能。

地理信息系统是地图学、计算机科学、地理学、测量学等多门学科综合的边缘交叉学科，在我国又称为资源与环境信息系统。与一般的信息系统相比，地理信息系统具有以下特征：目的专一性、处理数据多样性、强调空间分析、与其他学科密切相关等。GIS 与其他信息系统的关系如图 6-1 所示。

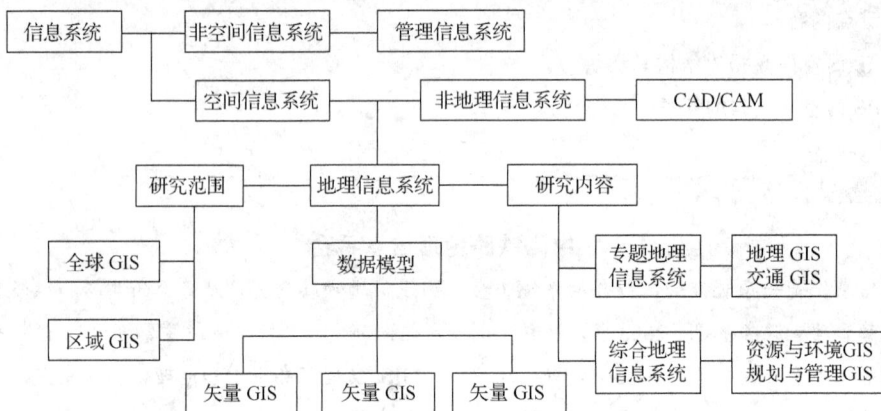

图 6-1　GIS 与其他信息系统的关系

6.1.2　GIS 的发展

国外不少人认为，19 世纪以来普遍应用的地图和专题图就是一种模拟式的地理信息系统。照此定义，我国的地理信息系统的产生可追溯到宋代的地理图碑，它刻绘了山脉、长江、黄河、长城以及全国各级行政机构，是宋代的中国地图。

GIS 从产生以来发展到今天，大致可以分为以下 4 个阶段。

（1）20 世纪 60 年代起源于北美。加拿大国家土地调查局为了处理大量的土地调查资料，于 20 世纪 60 年代开始建立加拿大地理信息系统（CGIS）。该阶段关注的主要是空间数据的地球科学处理，当时计算机硬件系统的功能还很弱，计算机存储能力很小且磁带存取速度也很慢。

（2）20 世纪 70 年代为巩固发展阶段。20 世纪 70 年代，随着第三代计算机技术的迅速发展，美国、加拿大、英国、瑞典和日本等国对地理信息系统的研究均投入了大量的人力、物力、财力，研究不同专题、不同规模、不同类型的各具特色的地理信息系统。

（3）20 世纪 80 年代为高速发展阶段。大规模和超大规模集成电路的问世，推出了第四代计算机，GIS 的应用领域迅速扩大，从资源管理、环境规划到应急反应，从商业服务区域划分到政治选举分区等，涉及许多学科与领域，许多国家制定了本国的地理信息系统发展规划。

（4）20世纪90年代后为应用普及阶段。因为计算机的软、硬件均得到飞速发展，网络已进入千家万户，所以地理信息系统成为许多机构必备的工作系统，尤其是政府决策部门在一定程度上因为受地理信息系统影响而改变了现有机构的运行方式、设置与工作计划等。

根据2020—2026年行业市场分析预测及投资方向研究报告，2018年GIS产业市场达到7 615.8亿元，是2013年的3倍左右，"十三五"期间，地理空间数据的社会价值进一步体现，GIS市场迎来快速增长，2020年市场规模已经超过1万亿元，未来几年复合增速在20%以上（见图6-2）。

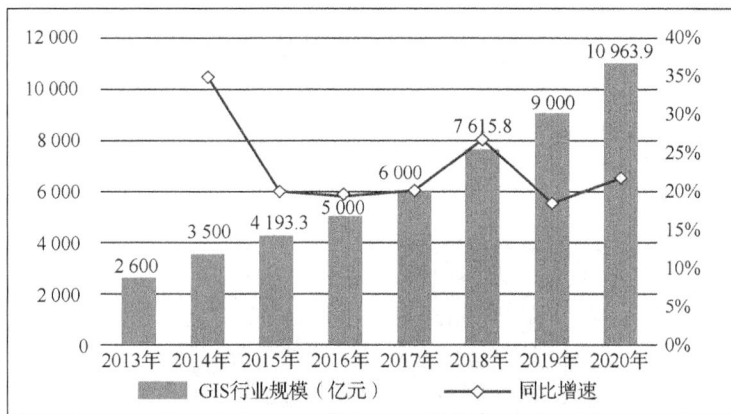

图6-2　2013—2020年GIS行业情况

近些年，各行业对GIS的要求不断发展，中国GIS手机软件和技术开发设计消费市场经营规模呈迅速增长趋势，政府机构及机关事业单位对GIS软件项目和技术开发设计服务项目的需求很大。另外，GIS销售市场也正从测绘工程、资源自然环境、城乡规划、土地规划等传统式行业向通信、电力工程、金融机构、度假旅游、数据服务等新的领域拓宽，运用范畴的扩展及其市场容量的扩张是GIS行业发展的关键驱动力。

6.1.3　GIS 的功能与分类

1. GIS 的功能

从技术和应用的角度，GIS是解决空间问题的工具、方法和技术；从功能的角度，GIS具有空间数据的获取、存储、显示、编辑、处理、分析、输出和应用等功能。

（1）数据采集和编辑。对数据进行采集和编辑是GIS最基本的功能，如对地图进行矢量化、将采集的物体点信息展现到地图上、修改以往的数据等；通过相应的数据处理、数据变换、数据重构、数据抽取等将地理信息输入GIS数据库。

（2）空间信息查询和分析。用户可以通过GIS查询和检索特定的信息，如房地产开发商找到适合开发的土地，农业人员利用GIS寻找粮食、土壤和天气之间的关系等。空间分析功能是GIS区别于其他绘图软件的一个特有功能，主要包括空间测量、几何分析、地形分析、

第6章　地理信息系统（GIS）

网络分析、空间统计分析等。

（3）制图功能。GIS 不仅可以为用户输出全要素图，而且可以根据用户需求分层输出各种专题地图，以显示不同要素和活动的位置或有关属性内容。GIS 把数据显示集成在三维动画、图像或多媒体形式中输出，使用户能在短时间内对资料数据有直观、全面的了解。

（4）辅助决策功能。辅助决策是所有信息系统的终极目标，可以用来帮助人们在低风险、低犯罪率、离人口聚集地近的地区进行新房选址等。

2. GIS 的分类

GIS 按照其内容、功能和作用，可以分为工具型和应用型两大类。

（1）工具型 GIS。工具型 GIS 也称为 GIS 工具、GIS 开发平台、GIS 外壳、GIS 基础软件等。作为 GIS 开发平台或外壳，工具型 GIS 具有 GIS 的基本功能，但没有具体的应用目标，只是供其他系统调用或用户进行二次开发的操作平台。

工具型 GIS 具有图形图像数字化、数据管理、查询检索、分析运算和制图输出等 GIS 的基本功能，通常能适应不同的硬件条件，如国外的 ARC/Info、MapInfo 软件（见图 6-3），国内的 MAPGIS、Geostar 软件等。

（a）ARC/Info　　　　　　　　（b）MapInfo

图 6-3　工具型 GIS

（2）应用型 GIS。应用型 GIS 是根据用户需求和应用目的设计的解决实际问题的 GIS，具有具体的应用目标、特定的数据、特定的规模和特定的服务对象。典型的应用型 GIS 如图 6-4 所示。通常，应用型 GIS 是在工具型 GIS 基础上开发建立起来的，可节省大量的软件开发费用，缩短系统的建立周期，提高系统的技术水平，使开发人员能把精力集中于应用模型的开发，且有利于标准化的实行。

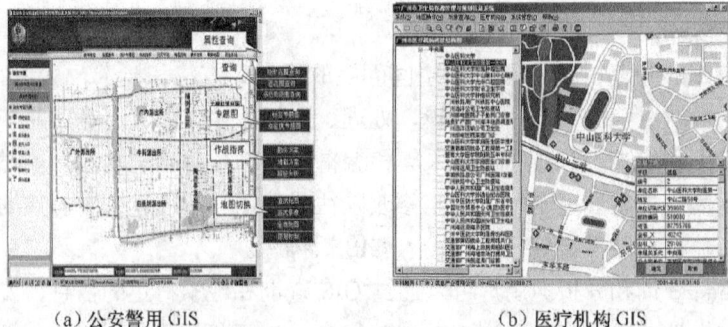

（a）公安警用 GIS　　　　　　　　（b）医疗机构 GIS

图 6-4　典型的应用型 GIS

根据应用目标的不同，应用型 GIS 可进一步划分如下。

① 专题 GIS：是以某个专业领域为其研究和分析对象的系统，如土地利用信息系统、环境保护和检测系统、城市管网系统、通信网络管理系统、配电网管理系统、城市规划系统、供水管网系统等都属于应用型专题 GIS。

② 区域 GIS：是以某个地区为其研究和分析对象的系统。其以不同的规模，如国家级、地区或省级、市级和县级等分为不同级别行政区服务的区域 GIS，或以自然区域或流域为单位的区域 GIS。

6.2　GIS 的结构与工作原理

6.2.1　GIS 的结构

GIS 首先是一个信息系统，是一个人机交互系统，主要包括硬件系统、软件系统、地理空间数据、系统用户 4 个部分，如图 6-5 所示。GIS 以计算机系统为平台，以空间数据库为管理核心，用户则决定系统的工作方式和信息表示方式。

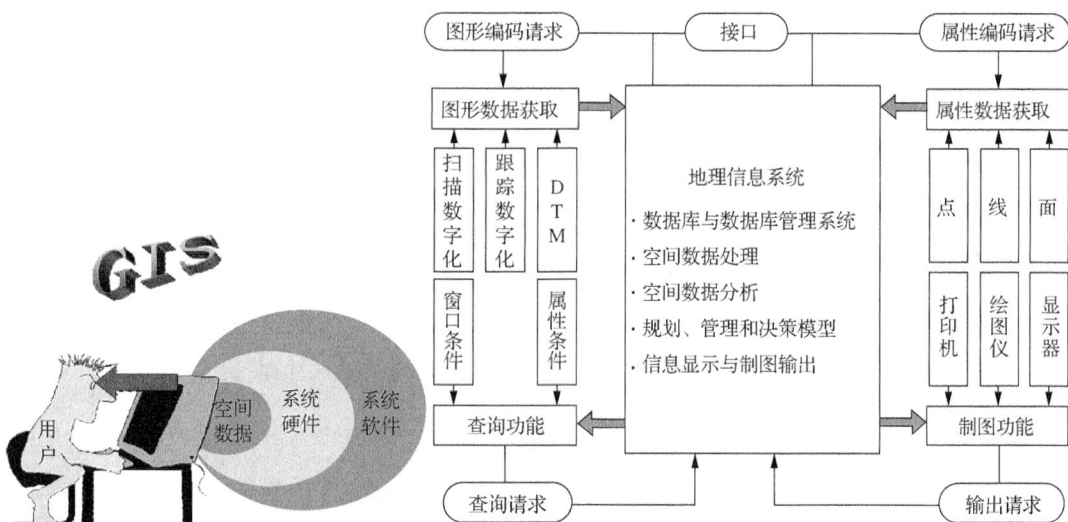

GIS 的原理与应用

图 6-5　GIS 的结构

1．硬件系统

GIS 首先具有一般信息系统的计算机硬件设备，构成计算机硬件系统的基本组件包括输入/输出设备、中央处理单元、存储器（包括主存储器、辅助存储器）等。因为其任务的复杂性和特殊性，所以硬件系统必须具有 GIS 专用设备支持，如数字化仪、扫描仪、绘图仪等图形图像的输入输出设备。另外，随着信息技术的不断发展，GIS 也越来越离不开计算机网络。GIS 的硬件系统如图 6-6 所示。

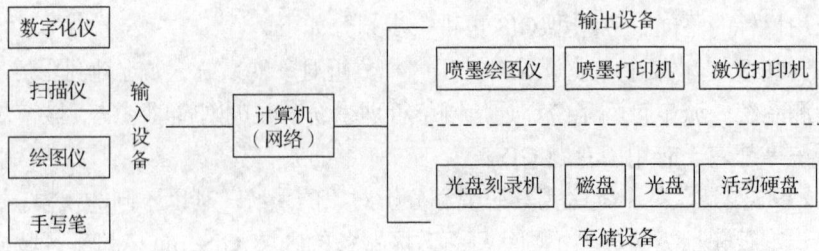

图 6-6　GIS 的硬件系统

2. 软件系统

GIS 软件方面除了具有一般信息系统的系统软件（如操作系统）、工具软件（如数据库管理系统 DBMS）和通用应用软件（如 Office 等）外，还必须拥有 GIS 的专用软件（如计算机图形软件包、CAD、图像处理软件）等。

GIS 的软件系统可以分为系统软件、基础软件、GIS 软件 3 个部分，具体内容如图 6-7 所示。

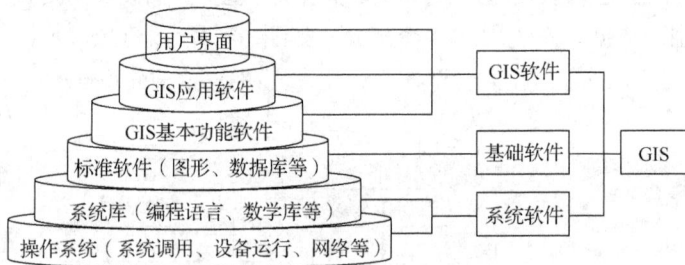

图 6-7　GIS 的软件系统

3. 地理空间数据库

地理空间数据是 GIS 的核心，也有人称它是 GIS 的"血液"。因为 GIS 的操作对象是地理空间数据，所以设计和使用 GIS 的第一步工作就是根据系统的功能，获取所需的空间数据，并创建空间数据库。

GIS 中的数据根据来源可以分为遥感、航空影像和数据以及定位测量、统计数据、数字数据、多媒体、地图等，如图 6-8 所示。

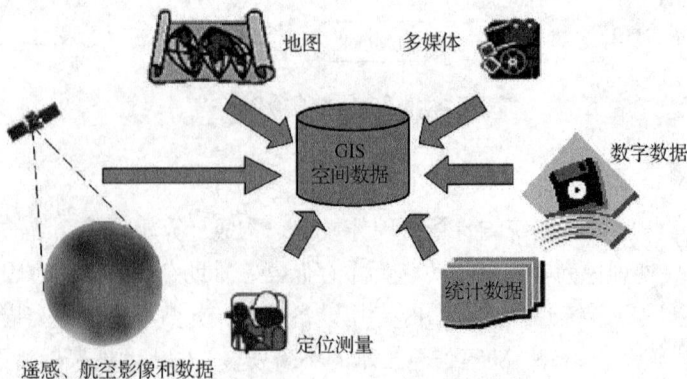

图 6-8　GIS 的空间数据

4. 系统用户

人是 GIS 中最重要的因素，GIS 仅有系统软、硬件和数据还不能构成完整的地理信息系统，还需要人进行系统组织、管理、维护，数据更新、扩充和完善，应用程序开发，操作 GIS 并灵活采用地理分析模型提取多种信息，为研究和决策服务。系统用户主要是指 GIS 的系统开发、管理和使用人员，如图 6-9 所示。

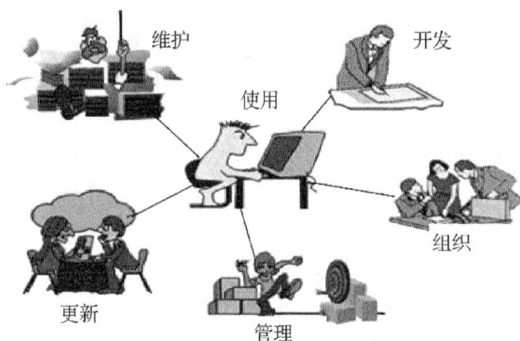

图 6-9　系统用户

6.2.2　GIS 的工作原理

GIS 是处理空间地理信息的特殊信息系统。它通过对多要素数据的操作和综合分析，方便快速地把所要的信息以图形、图像、数字等多种形式输出，以满足各应用领域和研究工作的需要。其工作原理如图 6-10 所示。

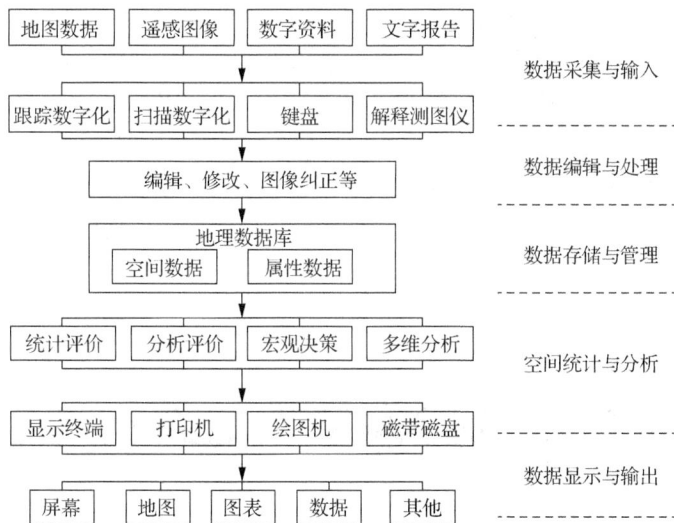

图 6-10　GIS 的工作原理

根据 GIS 的工作原理，其工作流程可以分为 5 个阶段。

（1）数据采集与输入。通过图形扫描、数字化仪、键盘输入等方式将系统外部的原始数据（图形、图像、文字等）传输给系统内部，并将这些数据从外部格式转换为便于系统处理的内部格式。例如，将各种已经存在的地图、遥感图像数字化或者通过通信或读磁盘、磁带的方式录入遥感数据和其他已存在的数据，如图 6-11 所示。

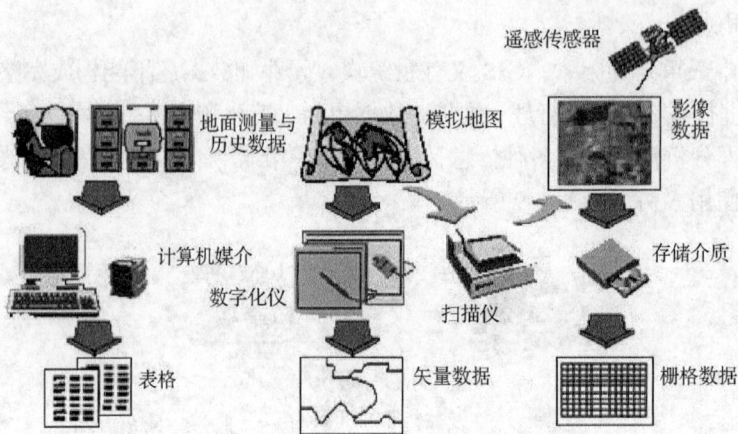

图 6-11　GIS 的数据采集

（2）数据编辑与处理。为保证采集到的原始数据在内容、逻辑、数值上的一致性和完整性，需要对数据进行编辑、格式转换、拼接等一系列处理工作。GIS 系统能提供强大的、交互式的编辑功能，包括图形编辑、数据类型变换、数据重组、数据压缩、建立属性关联等内容。

（3）数据存储与管理。为了对整理后的数据进行有效的组织和管理，要对数据进行一定的结构化、归类和分析，并建立数据库，通过数据库管理系统进行有效的管理。

（4）空间统计与分析。空间统计与空间分析是 GIS 的核心功能，它以地理事物的空间和形态特征为基础，以空间数据与属性数据的综合运算（如数据格式转换、几何量算、缓冲区建立、叠置操作、地形分析等）为特征，产生与提取空间的信息。

（5）数据显示与输出。GIS 为了给系统用户提供直观有效的信息，一般需要通过图形、表格和统计图表显示空间数据及分析结果。作为可视化工具，不论是强调空间数据的位置还是分布模式，乃至分析结果的表达，图形都是传递空间数据信息最有效的工具。

GIS 利用强大的计算机制图功能（包括地图符号的设计、配置与符号化、地图注记、图幅修饰、统计图表制作、图例与布局等）完成有效信息的输出和展示。另外，一些属性数据可以通过报表的形式在显示器、打印机、绘图仪或数据文件上输出。

6.3　GIS 的空间数据的结构与组织

6.3.1　GIS 的空间数据模型与结构

1. 数据模型

数据模型是把现实世界的信息转换并存储在计算机中的方式，对地理信息的数据表达可以采用矢量数据模型和栅格数据模型，如图 6-12 所示。一旦数据模型确定，就必须选择和该模型对应的数据结构来组织实体的数据，最后选择适用于记录该数据结构的文件模式。

物流信息技术实用教程（微课版 第3版）

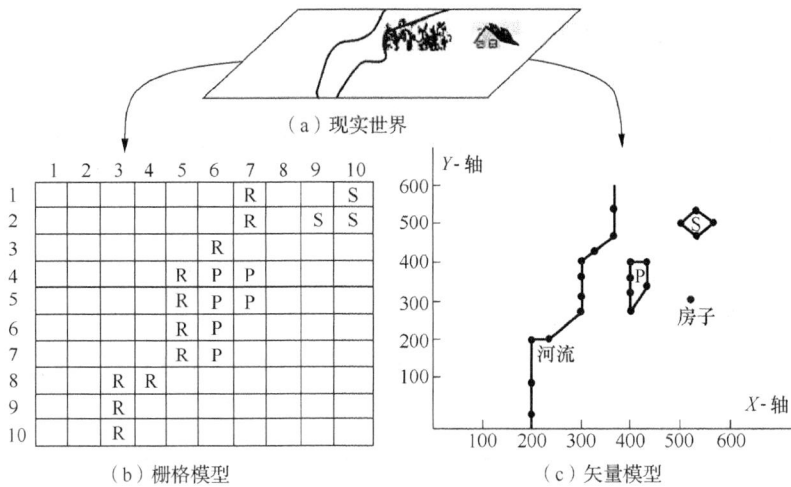

图 6-12　地理信息的栅格模型和矢量模型

在矢量模型中，现实世界的物体或状态用点、线、面表达，与它们在地图上的表示相似，每一个实体的位置用空间位置坐标定义。一条线可能表达一条道路，一个多边形可能表达一块林地等。矢量模型中的空间实体与要表达的现实世界中的空间实体具有一定的对应关系。

在栅格模型中，空间被规则地划分为栅格，地理实体的位置和状态是用它们占据的栅格行、列号来定义的。每个栅格的大小代表了定义的空间分解力。因为位置是由栅格行、列号定义的，所以地理特征的位置由距它最近的栅格记录决定。与矢量模型不同，栅格模型的最小单元与它表达的真实世界空间实体没有直接的对应关系。矢量模型与栅格模型的优缺点如表 6-1 所示。

表 6-1　矢量模型与栅格模型的优缺点

	优点	缺点
矢量模型	<ul><li>表示地理数据的精度较高</li><li>数据结构严谨、数据量小</li><li>能够完整描述拓扑关系</li><li>图形输出美观</li><li>实现图形数据的恢复、更新和综合</li></ul>	<ul><li>数据结构复杂</li><li>叠加分析与栅格图组合难</li><li>数学模拟比较困难</li><li>空间分析技术比较复杂</li></ul>
栅格模型	<ul><li>数据结构简单</li><li>空间数据的叠置和组合方便</li><li>便于实现各种空间分析</li><li>数学模拟方便</li><li>技术开发费用低</li></ul>	<ul><li>数据量大</li><li>降低分辨率，信息损失</li><li>地图输出不够精美</li><li>难以建立网络连接关系</li><li>投影转换比较费时</li></ul>

2. 数据结构的转换

数据结构一般分为基于矢量模型的数据结构和基于栅格模型的数据结构。GIS 的开发者和使用者都积极研究这两类数据结构的相互转换技术和程序。

（1）从矢量到栅格的转换（栅格化）。将点、线、面实体转化为规则单元的过程叫栅格化。矢量到栅格的转换是简单的，有很多著名的程序。

（2）从栅格到矢量的转换（矢量化）。将栅格单元转换为几何图形的过程，通常称为矢量化。栅格到矢量的转换的具体算法要复杂得多。

6.3.2 GIS 的空间数据的组织

1. 图幅数据组织

GIS 中将某一问题域或某一项 GIS 任务称为一个 GIS 工程。因为 GIS 工程涉及范围广（如全市、全省、全国甚至全世界），在管理空间数据时必须进行分幅管理（同传统地图分幅）。

图幅一般对应一块区域，常见的分幅方式有标准分幅和区域分幅。例如，研究县域的土地利用现状图就会有乡镇分幅和 1:10 000 分幅两种形式。根据需要，往往将一幅或相邻几幅图当作一个工作单元，称为工作区（Workspace）。图幅数据的组织结构如图 6-13 所示。

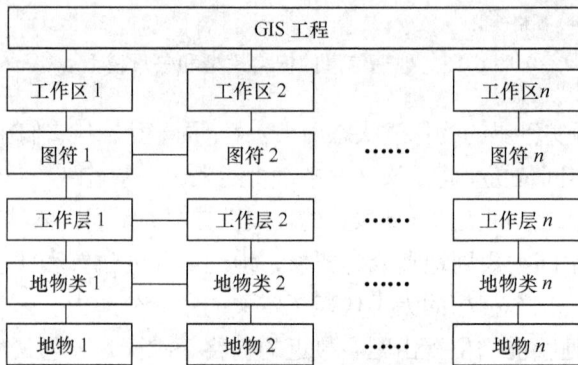

图 6-13 图幅数据的组织结构

工作层被定义为空间数据处理的一个工作单元，工作区由若干工作层组成。道路、水系、居民地等可看作工作层，在此基础上构建了工作区。在工作区中，除了包含相应图幅的各层空间数据之外，还包含对数据库的连接与操作。用户可以随时将当前工作环境以某一工作区版本的方式存储下来。在下次打开该工作区时，GIS 系统根据该工作区的组成，调出属于它的工作层，就可以直接恢复进入原有工作状态。

2. 属性文件的组织

属性数据由关系数据库管理系统管理，但它的文件组织方式也要服从上述工作层、工作区和图库的要求，以便于图形文件协调工作，共同组成工作区、工作层，并进行跨图幅操作。

在不同的商业化软件中，属性文件组织方式各不相同，主要的 3 种方式如下。

（1）与工作层对应的组织方式。一个工作区对应一个属性文件，属性文件建立在工作区目录下。

（2）与地物类对应的组织方式。一个地物类文件对应一个属性表，在这种方式中，可以把这些属性文件放在工程（项目）目录下集中管理，以便进行属性查询。

（3）混合方式。因为上述两种方式都存在一定缺陷，有时需要将两者结合起来。如 GeoStar 的属性文件组织与管理方式吸收了前两者的优点。在 GeoStar 中，既可以对每一个地物类设计属性表，也可以对属性项相同或相近的多个地物类设计一个公用的属性表。

6.4 GIS 在物流中的应用

近年来，随着"智慧物流"概念的火爆，以"物联化""互联化""智能化"为核心的智慧物流信息技术和应用体系开始树立。GIS 自然就成为推动和实现物流信息化的关键技术，它是智慧物流物联网体系的重要枢纽、互联化的必要信息平台、智能化的分析要件。GPS 在物流领域的应用包括辅助物流分析、建立配送中心、运输车辆管理、提供公共信息平台等。

6.4.1 GIS 在物流分析中的应用

GPS 在物流领域的应用可以实时监控车辆等移动目标的位置，根据道路交通状况向移动目标发出实时调度指令。而 GIS、GPS 和无线通信技术的有效结合，再辅以车辆路线模型、最短路径模型、网络物流模型、分配集合模型和设施定位模型等，能够建立功能强大的物流信息系统，使物流变得实时且成本最优。

（1）车辆路线模型。用于解决一个起始点、多个终点的货物运输中如何降低物流作业费用并保证服务质量的问题。其包括决定使用多少运输工具、每部运输工具的行驶路线是怎样的等。

（2）最短路径模型。在一张网络图（如公路网）上，自己定义出发点和目标点，最短路径算法会计算出从出发点到目标点的最短路径怎么走。最短路径算法上的模型是基于图数据结构的搜索，生成路径。

（3）网络物流模型。用于解决寻求最有效的分配货物路径问题，也就是物流网点布局问题。例如，将货物从 N 个仓库送到 M 个商店，每个商店都有固定的需求量，因此需要确定由哪个仓库提货送给哪个商店，所发生的运输费用最小。

（4）分配集合模型。可以根据各个要素的相似点把同一层上的所有或部分要素分为几个组，用以解决确定服务范围及销售市场范围等问题。如某一公司要设立 X 个分销点，要求这些分销点覆盖某一地区，而且使每个分销点的顾客数目大致相等。

（5）设施定位模型。工厂、仓库、零售商以及其他物理设施的数量和位置是厂商们面临的主要战略挑战之一。大部分设施选址问题都要做两个决策：选哪些地方、哪些客户被分配到哪些设施。设施选址问题也称为地址分配问题。

6.4.2 GIS 在配送中心中的应用

物流配送是供应链中极为重要的一环。因为现代配送具有多频次、小批量、多品种、高效率的特点，设计科学有效的物流配送系统，加快物流信息的反应速度并尽量减少配送成本就成为非常实际的问题。GIS 在物流配送中心的作用有以下几点。

（1）配送区域划分：随着经济的发展，物流配送呈现跨地区、跨国家的趋势，但大多数情况下都是经过配送中心及配送点转移到消费者手中。企业可以利用 GIS 强大的空间网络分析功能，使配送区域分布趋于合理。

（2）客户定位。使用 GIS 对某个城市或地区按管理的要求建立电子地图，准确地反映出街道、道路等情况，因为地理地图已具有了地理坐标，通过对地理坐标的描述，可以在地图上对新客户进行地理位置定位或者修改老客户的地理位置，从而使企业能精确地确定配送点和客户的位置。

（3）物流中心选址。在物流系统中，仓库和运输路线共同组成了物流网络，仓库处于网络的节点上，节点决定着线路，运用 GIS 很容易解决如何根据供求的实际需要并结合经济效益等原则，在既定区域内设立仓库的数量、每个仓库的位置、每个仓库的规模，以及仓库之间的物流关系等问题。

（4）物流配送的动态监测。可以将纸面上的表格和图形通过 GIS 转化为空间网络图，使物流信息更加形象化和直观化。借助于物流配送的动态空间网络图，可以实时监测物流配送的动态、发现影响物流配送的症结，从而使整个配送过程货畅其流、物尽其用。

（5）信息查询。对配送范围内的主要建筑、运输车辆、客户等进行查询，查询资料可以以文字、语言及图像的形式显示，并在电子地图上显示其位置。

6.4.3 GIS 在运输管理中的应用

GIS 能在运输路线优化和车辆调度方面解决大量信息的查询、分析与处理问题，并在运输管理决策层面提供分析问题、建立模型、模拟决策过程的环境。

（1）实时监控。经过 GSM 网络的数字通道，将信号输送到车辆监控中心，监控中心通过差分技术换算位置信息，然后通过 GIS 将位置信号用地图语言显示出来，货主、物流企业可以随时了解车辆的运行状况、任务执行和安排情况。

（2）定位跟踪。在主控中心的电子地图上选定跟踪车辆，将其运行位置保存在地图画面上，精确定位车辆的具体位置、行驶方向、瞬间时速，形成直观的运行轨迹。利用该功能可对车辆和货物进行实时定位、跟踪，满足掌握车辆基本信息、对车辆进行远程管理的需要。

（3）指挥调度。监控中心借助 GIS 可以根据车辆信息、位置、道路交通状况向车辆发出实时调度指令、实施车载配货等，用系统的观念运作企业业务，达到充分调度货物及车辆的目的，降低空载率，提高车辆运作效率。

（4）规划车辆路径。目前主流的 GIS 应用开发平台大都集成了路径分析模块，运输企业可以根据送货车辆的装载量、客户分布、配送订单、送货线路交通状况等因素设定计算条件；利用该模块的功能，结合真实环境中采集到的空间数据，分析客、货流量的变化情况，对运输线路进行优化处理。

（5）信息查询。货物发出以后，受控车辆的所有移动信息均被存储在控制中心计算机中有序存档、方便查询，客户、接货方可以通过网络实时查询车辆运输途中的运行情况和所处的位置，了解货物在途中是否安全，是否能快速、有效地到达。

6.4.4 GIS 在物流公共信息平台中的应用

物流集成化发展的横向集成最终落实在物流公共信息平台上。该平台通过对各个区域内物流相关信息的采集、车辆运输的全程监控、货物的配送过程跟踪等，为生产、销售及物流企业等信息系统提供基础物流信息，满足企业信息系统对物流公用信息的需求，支撑企业信息系统各种功能的实现。同时，共享物流信息，可支撑政府部门行业管理与市场规范化管理方面协同工作机制的建立。

在物流公共信息平台采用 GPS/GIS 技术，就是利用 GPS 的定位功能、GIS 的可视化环境对物流配送进行管理，使错综复杂的车辆线路、物流配送、网络管理调度和需求点的布局等与空间位置有关的问题在显示器上直观地显示出来；同时，借助 GIS 的强大空间查询与分析功能，进行空间信息再加工，为空间辅助决策打好基础。物流公共信息平台的体系结构如图 6-14 所示。

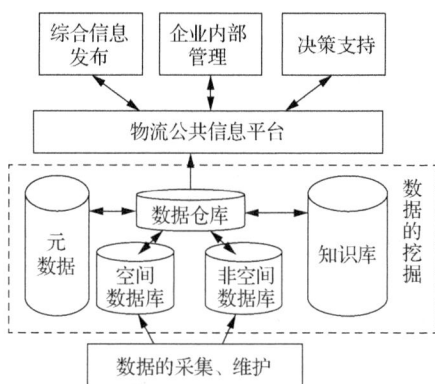

图 6-14　物流公共信息平台的体系结构

基于 GIS 的物流公共信息平台可以实现：合理配置物流企业的资源；物流配送车辆、货物实时跟踪；物流配送车辆路线优化；物流信息共享；加强物流企业间的联系；开展网上交易等功能。这些功能是第三方物流的信息基础，是第四方物流的核心内容。

综合实训：访问"天地图"国家地理信息公共服务平台

【实训目的】

"天地图"是国家测绘地理信息局建设的地理信息公共服务平台，集成了来自国家、省、市（县）各级测绘地理信息部门，以及相关政府部门、企事业单位、社会团体、公众的地理信息公共服务资源，向各类用户提供权威、标准、统一的在线地理信息综合服务。它是"数字中国"的重要组成部分，是国家地理信息公共服务平台的公众版。

登录"天地图"网站了解国家地理信息公共服务平台的功能、应用以及在线地图的特点，进一步了解我国 GIS 的应用现状。

【实训内容】

（1）了解我国地理信息公共服务平台的发展现状。

（2）对平台提供的地图服务、开发资源、典型案例等进行阅读和分析。

（3）了解"天地图"在线地图的特点。

【实训方法】

（1）登录"天地图"网站。

（2）在网上搜索、查找"天地图"相关资料。

【实训要求】

完成实训报告，主要包括我国 GIS 应用的发展过程、国家地理信息公共服务平台的功能与应用、"天地图"在线地图的特点等，共 3 000 字左右。

课后习题

一、填空题

1. 计算机描述空间实体的两种最基本的方式是栅格数据结构和_____。

2. 世界上第一个地理信息系统产生于_____年，加拿大地理信息系统（CGIS）用于自然资源管理和规划。

3. GIS是一个综合的系统，它主要由硬件、软件、_____、人员等部分组成。

4. 矢量数据结构、栅格数据结构可以互相转换，矢量结构到栅格结构的转换称为栅格化，栅格结构到矢量结构的转换称为矢量化。其中_____比较简单，而_____相对复杂。

5. GIS在物流分析中，一般通过建立车辆路线模型、_____、网络物流模型、分配集合模型和设施定位模型等，可建立功能强大的物流信息系统，使物流变得实时而且成本最优。

6. GIS是地图学、_____、地理学、测量学等多门学科综合的边缘交叉学科。

7. GIS具有_____数据的获取、存储、显示、编辑、处理、分析、输出和应用等功能。

8. GIS按照其内容、功能和作用，可以分为_____和应用型两大类。

9. 应用型GIS是根据用户需求和应用目的设计的解决实际问题的GIS，具有具体的应用目标、特定的数据、特定的规模和特定的服务对象，它可以进一步分为_____型和区域型两类。

10. 空间数据从栅格单元转换到几何图形的过程，通常称为_____。

二、选择题

1. GIS 数据库中不仅包含丰富的（　　　　），还包含与此有关的其他信息，如人口分布、环境污染、区域经济情况、交通情况等。

    A. 时间信息   B. 物流信息   C. 地理信息   D. 经济信息

2. GIS是一门综合性的技术，也是一种对（　　　　）进行采集、存储、更新、分析、输出等处理的工具。

    A. 时间数据   B. 物流数据   C. 图像数据   D. 空间数据

3. 电子地图的生成一般要经过的 3 个步骤是（　　　　）。

    A. 数据采集、数据处理和符号化   B. 数据采集、空间分析和符号化

    C. 数据采集、数据处理和空间分析   D. 地图数字化、地图编辑和地图分析

4. 常用的描述地理信息的载体是（　　　　）。

    A. 地图   B. 空间数据   C. 时间数据   D. 空间位置

5. （　　　　）不是 GIS 的基本功能。

    A. 可视化功能   B. 制图功能   C. 信息通信功能   D. 空间信息查询

6. GIS 的核心组成部分是（　　　　）。

    A. 计算机软硬件   B. 地理空间数据   C. 人员   D. 方法

7. （　　　　）GIS 也称地理信息系统开发平台和外壳。

    A. 工具型   B. 应用型   C. 可视型   D. 综合型

8. GIS 有别于其他信息系统的本质特征是（　　　　）。

    A. 数据库的建立   B. 栅格数据模型

    C. 数据模型的应用   D. 空间查询与分析

9. GIS 能够解决在发生洪水、战争、核事故等重大自然或人为灾害时，如何安排最佳的人员撤离路线，并配备相应的运输和保障设施的问题，这是 GIS 在（　　）领域的应用。

    A. 资源管理　　　　B. 应急响应　　　　C. 城市规划　　　　D. 生态环境管理

10. 以下属于国外著名 GIS 软件的是（　　）。

    A. 中地软件　　　　B. MapInfo 软件　　　C. 灵图软件　　　D. Geostar 软件

11. （　　）国家土地调查局为了处理大量的土地调查资料，于 20 世纪 60 年代开始建立 CGIS。

    A. 美国　　　　　　B. 加拿大　　　　　C. 日本　　　　　D. 中国

12. 以下属于应用型 GIS 的是（　　）。

    A. ARC/Info　　　　B. MapInfo　　　　C. MAPGIS　　　　D. 公安警用 GIS

三、名词解释

地理信息；栅格数据模型；矢量化；工具型地理信息系统

四、简答题

1. GIS 与其他信息系统有哪些不同？

2. 矢量数据模型与栅格数据模型有什么区别？

3. GIS 的基本功能有哪些？

4. 典型的国内外 GIS 软件有哪些？

5. 我们常用的百度地图、谷歌地图、360 地图等电子地图是 GIS 吗？为什么？

6. 查询资料说明我国 GIS 的发展和建设情况。

案例分析

外媒称GIS成抗疫好帮手

GIS 在以往的紧急情况中已经被证明是有效的，并且被国际组织、军队、政府和非政府组织用来应对由新冠病毒引发的危机。GIS 能帮助我们了解感染风险最高的人员在哪里，以管理社会服务或确定最佳路线。

2019 年新冠肺炎疫情爆发以来，GIS 可以帮助"锁定"确诊病例、疑似病例、死亡病例和已康复病例；了解病毒如何传播；分析社会群体在防疫上面临的困难（年龄或慢性疾病等），以使感染风险最高的群体和地区提高警惕性；准确掌握人力和物力资源状况，以更有效地应对疾病大流行；充分利用有助于快速交流和了解情况的交互式地图。

专门从事这种系统研发的美国跨国企业环境系统研究所公司（ESRI）已将其技术无偿转让给西班牙许多需要改善危机管理能力的公共和私人机构，并让其员工为需要使用这种工具的组织和企业提供咨询服务。因为很多机构还不具备使用该工具的必要知识，或者在危机时期感到不知所措。

该公司（西班牙）总经理安赫莱丝·比利亚埃斯库萨将当前的情况描述为"例外"，并承认很难找到与此次疫情相似的参照基础。但她强调了 GIS 在以往危机（如在应对寨卡病毒和埃博拉病毒暴发的过程）中显示出的可用性和有效性。

该公司的 GIS 被世界各地不计其数的应急机构广泛使用，比利亚埃斯库萨告诉埃菲社记者，世界卫生组织的指挥机构正在使用这些工具，意大利民事保护部门也正在用它来监控大流行的发展，在西班牙，许多政府部门、自治区、城市、军方紧急部队、国家警察等组织机构每天都在使用该技术来调动和部署人员，对他们进行实时地理定位，并使其与指挥中心保持联系。这大大提高了响应行动的效率。

世界各地的一些城市已经向这家公司寻求帮助，以找出感染风险最高的群体和地区，以便采取预防措施，或者定位老年人和残疾人，进而改善为他们提供的社会服务。

根据案例回答问题。

（1）根据 GIS 的功能和特点，分析案例中的 GIS 是如何发挥其重要作用的。

（2）查找资料分析 GIS 在其他应急反应中的重要作用。

第7章 全球卫星定位系统（GPS）

【本章学习方略】

本章重点内容

- GPS 的功能、特点
- GPS 的组成
- GPS 在物流系统中的作用

本章难点内容

- GPS 的定位原理
- 北斗卫星导航系统与 GPS 的区别

案例引入

如果美国掐断GPS信号，全球哪些国家不受影响？

随着科学技术的发展，在此前很长一段时间里，GPS 作为一种由美国开发的卫星导航系统，成为我们生活中不可或缺的东西。无论我们去哪里，都只能通过导航系统找到一个固定的目标。有了 GPS 导航系统，我们就不用再担心会迷路了。如果美国有一天忽然把 GPS 信号掐断了，世界上哪些国家会不受影响呢？

我们先看当年海湾战争时候，伊拉克的 GPS 信号直接被美国切断了，导致伊拉克无法发射导弹，而美国则使用远程攻击对伊拉克实施单边屠杀。所以这场战争的最终结果是，美军仅造成 148 人死亡，伊拉克却伤亡惨重，差不多有两万五千人阵亡。

美国在这场战争中的压倒性胜利使所有国家开始认识到信息战的重要性，美国的 GPS 卫星定位系统正式受到各国的关注。到目前为止，GPS 还是人们生活中不可或缺的定位工具。而且极为重要的一点是，所有国家的军事都离不开卫星定位信号，无论是发射导弹，还是无人机作战，等等。

所以，要是美国真的把 GPS 关闭了，哪些国家不会受到影响呢？有专家说，全球只有两个国家不受影响：俄罗斯和中国。

随着信息技术与现代物流的飞速发展，物流基础设施与装备已经有了较大的改善，但营运水平不高的物流企业仍然存在产品脱销、订单流失、货损、漏货等现象。而 GPS 的应用一方面会提升物流企业的运作水平和车辆监控的能力，从而提高其自身的竞争力；另一方面也会给客户产品的运送提供保障，降低事故出现的概率。

本章主要介绍 GPS 概述、GPS 的组成与工作原理、北斗卫星导航系统及 GPS 在物流中的应用等内容。

7.1 GPS 概述

7.1.1 GPS 的概念与发展

1. GPS 的概念

全球定位系统（Global Positioning System，GPS）是利用人造地球卫星，在全球范围内进行实时定位、导航的系统。GPS 技术具有全天候、高精度和自动测量的特点。作为先进的测量手段和新的生产力，GPS 已经融入了国民经济建设、国防建设和社会发展的各个应用领域。

2. GPS 的发展过程

（1）开山之作"子午仪"卫星导航系统。GPS 的上一代产品是美国海军于 1964 年研制的"子午仪"卫星导航系统，它属于低轨道卫星。GPS 最先起源于 1958 年美国海军卫星导航系统（NNSS），因为该系统中的所有导航卫星都经过地球极点，因此该系统又被称为"子午仪卫星导航系统"（见图 7-1）。GPS 主要用于为核潜艇和水面舰艇导航，兼有大地测量功能。

图 7-1 "子午仪"卫星与"北极星"导弹

（2）方案论证和初步设计。1973 年，为了彻底解决原导航系统中的一些缺陷，美国国防部成立了一个专门机构，开始对 GPS 全球定位方案进行论证。对 GPS 方案的论证历经了 1973 年、1978 年以及 1990 年的 3 次修改、论证，并在修改和论证期间进行了大量的实际工作，如发射实验卫星、开发 GPS 信号应用和发射工作卫星。1973—1979 年，该机构共发射了 4 颗试验卫星，研制了地面接收机及建立了地面跟踪网。

（3）全面研制和试验阶段。1979—1984 年，该机构又陆续发射了 7 颗试验卫星，使得卫星总数达到 11 颗，完成了它们的历史使命，并研制了各种用途的接收机。实验表明，GPS 定位精度远远超过设计标准。

（4）实用组网阶段。1989 年 2 月 4 日，第一颗 GPS 工作卫星发射成功，表明 GPS 进入工程建设阶段。1993 年底，实用的 GPS 网即（21+3）GPS 星座已经建成。

（5）现代化阶段。现有部分全球定位系统卫星超期服役、系统老化，急需更新换代。

按照 1999 年提出的 GPS 现代化计划，美国将通过对 GPS 卫星平台、卫星载荷和导航信号、地面设施、接收机等各个方面的技术改进，以便 GPS 为美军赢得战争胜利提供更强有力的支持，并试图保持 GPS 在全球民用卫星导航领域的主导地位。

7.1.2　GPS 的功能与特点

1．GPS 的功能

（1）快速定位：GPS 定位的基本原理是根据高速运动的卫星瞬间位置作为已知起算数据，采用空间距离后方交会的方法，确定待测点的位置。

（2）准确测量：主要用于测量时间、速度及大地测绘，如水下地形测量、地壳形变测量、大坝和大型建筑物变形监测及浮动车数据。

（3）同步授时：GPS 时是 GPS 建立的专用时间系统，它由 GPS 主控站里的一组高精度原子钟控制。

2．GPS 的特点

（1）定位精度高：50km 以内可达 6～10m；100～500km 可达 7～10m；1 000km 可达 9～10m。

（2）观测时间短：20km 以内相对静态定位，仅需 15～20 分钟；快速静态相对定位测量时，当每个流动站与基准站相距在 15km 以内时，流动站观测时间只需 1～2 分钟，然后可随时定位，每站观测只需几秒。

（3）测站间无须通视：GPS 测量只要求测站上空开阔，不要求测站之间互相通视，因而不再需要建造觇标。

（4）提供三维坐标：GPS 测量在精确测定观测站平面位置的同时，可以精确测定观测站的大地高程。

（5）操作简便：GPS 测量的自动化程度很高，在观测中，测量员只需安置仪器、连接电缆线、量取天线高程、监视仪器的工作状态。

（6）全球全天候作业：GPS 观测工作可以在任何地点、任何时间连续地进行，一般也不受天气状况的影响，功能多、应用广。

7.1.3　其他卫星定位系统

自从 GPS 取得成功后，美国获得了巨大的商业和军事利益，提高了国际竞争力。这种情况让其他国家感到十分不满，首先是自身的经济利益受到了损失；其次是军方过分依赖 GPS 会导致作战效能降低，因为战争时期美国很可能对 GPS 信号进行加密，只对自己的军队予以开放。而且，GPS 信号抗干扰性能也不强。伊拉克战争期间，GPS 就受到过廉价干扰设备的进攻，导致部分设备失灵。

针对这种情况，主要军事和经济强国除了研究攻击 GPS 卫星的方法外，还积极建立自己的导航系统。其中比较成熟而且投入使用的有欧洲联合的"伽利略"系统、俄罗斯的"格洛纳斯 GLONASS）"系统，以及中国目前正在完善的北斗卫星系统。

1．欧洲的"伽利略"

欧洲于 1999 年初正式推出"伽利略"导航卫星系统计划，由欧洲共同体联合研制开发，原理和 GPS 基本相同。该方案由 21 颗以上中高度圆轨道核心星座组成，另加 3 颗覆盖欧洲的地球静止轨道卫星，辅以 GPS 和本地差分增强系统，首先满足了欧洲需求，位置精度达几米。该方案在 2001 年 4 月 5 日欧盟交通部长会议上获得批准，确定 30 颗卫星总投资为 35 亿欧元。

因投资规模从最开始预计的 10 亿欧元飙升到 100 亿欧元，许多欧盟成员不愿出钱从而导致项目一拖再拖。历经 17 年来的数次预算增加和因卫星发射失败造成的技术延误后，欧洲伽利略卫星导航系统于 2016 年末终于上线投入运行，向智能手机和汽车内接收装置发出第一批卫星信号。

2. 俄罗斯的"格洛纳斯"

俄罗斯全球导航卫星系统（Global Navigation Satellite System，GLONASS）由苏联从 20 世纪 80 年代初开始建设，与美国 GPS 类似，由 24 颗卫星组成，均匀分布在 3 个近圆形的轨道平面上，每个轨道面 8 颗卫星，轨道高度 19 100km，运行周期为 11 小时 15 分钟，轨道倾角为 64.8°。

与美国的 GPS 不同的是，GLONASS 采用频分多址（FDMA）方式，而 GPS 是码分多址（CDMA），根据调制码来区分卫星。俄罗斯对 GLONASS 采用了军民合用、不加密的开放政策。GLONASS 单点定位精度水平方向为 16m，垂直方向为 25m。

3. 中国的北斗卫星导航系统

我国也看好卫星导航的军事和经济两方面的应用前景，为了不受制于人也发展了北斗卫星导航系统。和 GPS、"伽利略"不同，北斗采取试验、区域到全球导航的三步走战略（详细内容见 7.3 节）。

7.2　GPS 的组成与工作原理

7.2.1　GPS 的组成

GPS 包括三大组成部分：空间星座部分——GPS 卫星星座；地面控制部分——地面监控系统；用户设备部分——GPS 信号接收机。具体如图 7-2 所示。

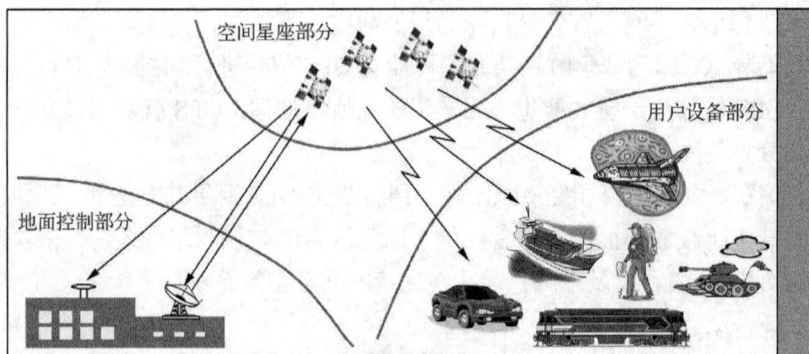

图 7-2　GPS 的组成

1. 空间星座部分

GPS 的空间星座部分主要是卫星系统，由 21 颗工作卫星和 3 颗在轨备用卫星组成（计作 "21+3"）。24 颗卫星均匀分布在 6 个轨道平面内，轨道平面的倾角为 55°，卫星的平均高度为 20 200km，运行周期为 11 小时 58 分钟。

卫星用 L 波段的两个无线电载波向广大用户连续不断地发送导航定位信号，导航定位信号中含有卫星的位置信息，使卫星成为一个动态的已知点。在地球的任何地点、任何时刻，在高度角 15° 以上，平均可同时观测到 6 颗卫星，最多可达到 9 颗。GPS 卫星产生两组电码：一组称为 C/A 码（Coarse/Acquisition Code 11 023MHz），另一组称为 P 码（Procise Code 10 123MHz）。

2. 地面控制部分

对于导航定位来说，GPS 卫星是一个动态已知点。卫星的位置是依据卫星发射的星历（描述卫星运动及其轨道的参数）计算得到的。每颗 GPS 卫星播发的星历是由地面监控系统提供的。卫星上的各种设备是否正常工作以及卫星是否一直沿着预定轨道运行都要由地面设备进行监测和控制。地面监控系统的另一重要作用是保持各颗卫星处于同一时间标准（GPS 时间系统）。这就需要地面站监测各颗卫星的时间求出钟差，然后由地面注入站发给卫星，卫星再由导航电文发给用户设备。

GPS 的地面监控系统包括 5 个监测站、1 个主控站和 3 个注入站。

（1）5 个监测站。监测站是无人值守的数据采集中心，其位置经精密测定，主要设备包括 1 台双频接收机、1 台高精度原子钟、1 台电子计算机和若干台环境数据传感器等。监测站连续接收 GPS 卫星信号，不断积累测距数据，并将这些测距数据以及气象数据、卫星状态数据等发送到主控站。

（2）1 个主控站。主控站拥有以大型电子计算机为主体的数据收集、计算和传播设备，它是完成数据收集、信息处理、时钟协调、卫星姿态控制等工作的 GPS 的核心。主控站从各监测站收集跟踪数据，计算出卫星的轨道和时钟参数，然后将结果送到 3 个地面注入站。

（3）3 个注入站。注入站是无人值守的工作站，设有 3.66m 的抛物面天线、1 台 C 波段发射机和一台电子计算机。地面注入站在每颗卫星运行至上空时，把这些导航数据及主控站指令注入卫星。这种注入对每颗 GPS 卫星每天一次，并在卫星离开注入站作用范围之前进行最后的注入。如果某地面站发生故障，那么在卫星中预存的导航信息还可用一段时间，但导航精度会逐渐降低。

3. 用户设备部分

GPS 用户设备由 GPS 接收机、数据处理软件、终端设备（如计算机）等组成。GPS 接收机可捕获到按一定卫星高度截止角所选择的待测卫星的信号，跟踪卫星的运行，并对信号进行交换、放大和处理，再通过计算机和相应软件，经基线解算、网平差，求出 GPS 接收机中心（测站点）的三维坐标。常见的 GPS 接收机如图 7-3 所示。目前各种类型的接收机体积越来越小、重量越来越轻，便于野外观测使用。GPS 接收机的分类如表 7-1 所示。

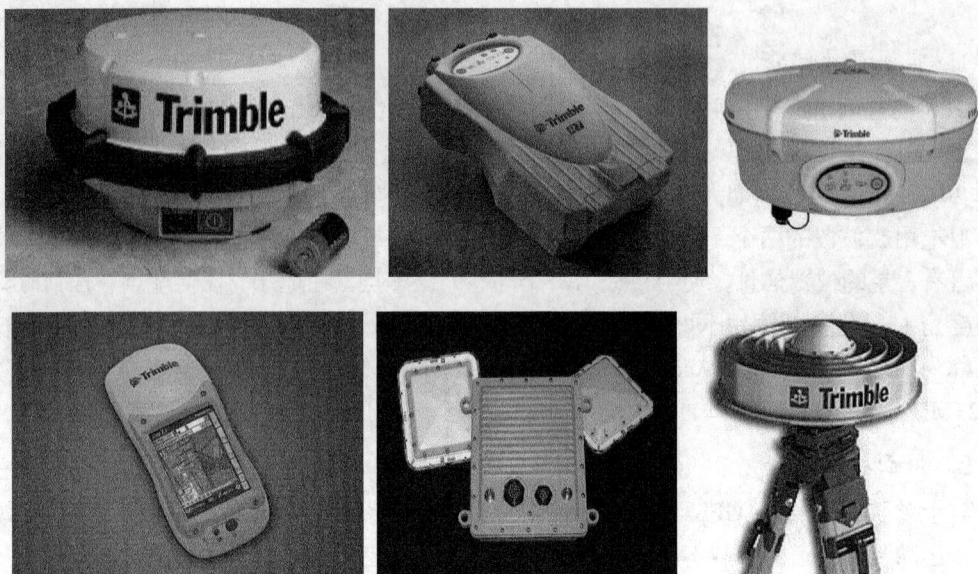

图 7-3　常见的 GPS 接收机

表 7-1　GPS 接收机的分类

分类标准	分类
接收机的用途	• 导航型接收机：主要用于运动载体的导航，它可以实时给出载体的位置和速度；可细分为车载型（用于车辆导航定位）、航海型（船舶导航定位）、航空型（飞机导航定位）和星载型（卫星导航定位） • 测地型接收机：主要用于精密大地测量和精密工程测量 • 授时型接收机：主要利用 GPS 卫星提供的高精度时间标准进行授时，常用于天文台及无线电通信中的时间同步
接收机的载波频率	• 单频接收机：只能接收 L1 载波信号 • 双频接收机：可以同时接收 L1、L2 载波信号
接收机的通道数	GPS 接收机能同时接收多颗 GPS 卫星的信号，为了分离接收到的不同卫星信号，以实现对卫星信号的跟踪、处理和测量，具有这样功能的器件称为天线信号通道。根据接收机所具有的通道种类可分为多信道接收机、序贯通道接收机、多路多用通道接收机
接收机的工作原理	• 码相关型接收机：利用码相关技术得到伪距观测值 • 平方型接收机：利用载波信号的平方技术去掉调制信号，恢复完整的载波信号；通过相位计测定接收机内产生的载波信号与接收到的载波信号之间的相位差，测定伪距观测值 • 混合型接收机：综合上述两种接收机的优点，既可以得到码相位伪距，也可以得到载波相位观测值 • 干涉型接收机：采用干涉测量方法，测定两个测站间的距离

7.2.2　GPS 的工作原理

1．接收机同时至少观测到 4 颗卫星

在 20 000km 高空的 GPS 卫星，当地球对恒星来说自转一周时，它们绕地球运行两周，即绕地球一周的时间为 12 恒星时。这样，对于地面观测者来说，每天将提前 4 分钟见到同一颗 GPS 卫星。位于地平线以上的卫星颗数随着时间和地点的不同而不同，最少可见到 4 颗，最多可见到 11 颗。在用 GPS 信号导航定位时，为了结算测站的三维坐标，必须观测 4 颗 GPS 卫星，被称为定位星座。

这 4 颗卫星在观测过程中的几何位置分布对定位精度有一定的影响。对于某地某时，甚至不能测得精确的点位坐标，这种具有位置误差的时间段叫作"间隙段"。但间隙段是很短暂的，并不影响全球绝大多数地方的全天候、高精度、连续实时的导航定位测量。

2. 确定卫星的准确位置

首先，深思熟虑、优化设计卫星运行轨道；其次，由监测站通过各种手段，连续不断地监测卫星的运行状态，适时发送控制指令，使卫星保持在正确的运行轨道。将正确的运行轨迹编成星历，注入卫星，且经由卫星发送给 GPS 接收机。正确接收每个卫星的星历，就可知道卫星的准确位置。

3. 确定接收机到卫星的距离

因为电波传播的速度是 300 000km/s，所以只要知道卫星信号传到接收机的时间，就能求得距离。因而，问题就归结为测定信号传播时间。要准确测定信号传播时间，就要解决两方面的问题：一个是时间基准问题；另一个是测量方法问题。

（1）时间基准问题。GPS 系统在每颗卫星上装置有十分精密的原子钟，并由监测站经常进行校准。卫星发送导航信息，同时也发送精确时间信息。GPS 接收机接收此信息，使与自身的时钟同步，就可获得准确的时间。所以，GPS 接收机除了能准确定位之外，还可产生精确的时间信息。

（2）测定卫星信号传输时间的方法。GPS 接收机中的时钟不可能像在卫星上那样设置昂贵的原子钟，所以，就利用测定第 4 颗卫星来校准 GPS 接收机的时钟。前面提到，每测量 3 颗卫星可以定位一个点。利用第 4 颗卫星和前面 3 颗卫星的组合，可以测得另一些点。在理想情况下，所有测得的点都应该重合。但实际上并不完全重合。利用这一点，反过来可以校准 GPS 接收机的时钟。测定距离时选用卫星的相互几何位置，对测定的误差也不同。为了精确定位，可以多测一些卫星，选取几何位置相距较远的卫星组合，这样测得的误差要小一些。

4. 准确定位

假定卫星的位置可以确定，又能准确测定接收机所在地点 A 至卫星之间的距离，那么 A 点一定是位于以卫星为中心所测得距离为半径的圆球上。通过测得点 A 至另一卫星的距离，A 点一定处在前后两个圆球相交的圆环上。通过测得与第三个卫星的距离，就可以确定 A 点只能是在 3 个圆球相交的两个点上。根据一些地理知识，可以很容易排除其中一个不合理的位置。当然，也可以再测量 A 点至另一颗卫星的距离，进行精确定位。

假设 t 时刻在地面待测点上的 GPS 接收机，可以测定 GPS 信号到达接收机的时间为Δt，再加上接收机所接收到的卫星星历等其他数据，可以建立图 7-4 所示的 4 个方程式。

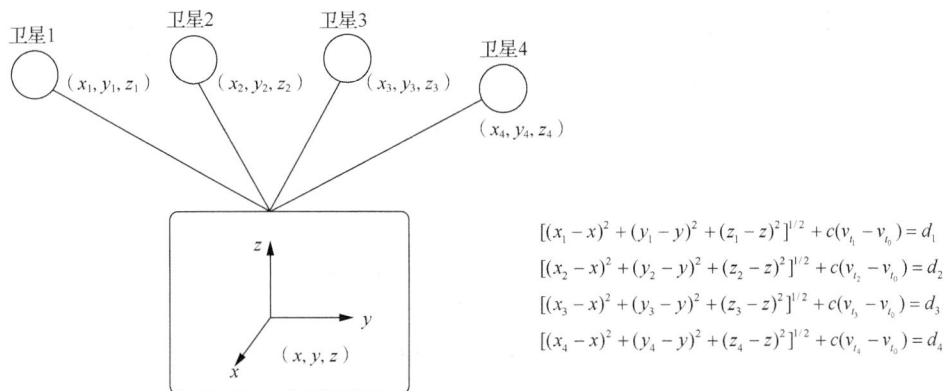

$$[(x_1 - x)^2 + (y_1 - y)^2 + (z_1 - z)^2]^{1/2} + c(v_{t_1} - v_{t_0}) = d_1$$
$$[(x_2 - x)^2 + (y_2 - y)^2 + (z_2 - z)^2]^{1/2} + c(v_{t_2} - v_{t_0}) = d_2$$
$$[(x_3 - x)^2 + (y_3 - y)^2 + (z_3 - z)^2]^{1/2} + c(v_{t_3} - v_{t_0}) = d_3$$
$$[(x_4 - x)^2 + (y_4 - y)^2 + (z_4 - z)^2]^{1/2} + c(v_{t_4} - v_{t_0}) = d_4$$

图 7-4　GPS 的工作原理

上述 4 个方程式中，待测点坐标 x、y、z 和 v_{t_0} 为未知参数，其中 $d_i = c\Delta t_i$（$i = 1$, 2, 3, 4）。

d_i（$i = 1$, 2, 3, 4）分别为卫星 1、卫星 2、卫星 3、卫星 4 到接收机之间的距离。

Δt_i（$i = 1$, 2, 3, 4）分别为卫星 1、卫星 2、卫星 3、卫星 4 的信号到达接收机所经历的时间。

c 为 GPS 信号的传播速度（光速）。

4 个方程式中各个参数的含义如下。

x、y、z 为待测点坐标的空间直角坐标。

x_i、y_i、z_i（$i = 1$, 2, 3, 4）分别为卫星 1、卫星 2、卫星 3、卫星 4 在 t 时刻的空间直角坐标，可由卫星导航电文求得。

v_{t_i}（$i = 1$, 2, 3, 4）分别为卫星 1、卫星 2、卫星 3、卫星 4 的卫星钟的钟差，由卫星星历提供。

v_{t_0} 为接收机的钟差。

由以上 4 个方程式可解算出待测点的坐标 x、y、z 和接收机的钟差 v_{t_0}。

事实上，接收机往往可以锁住 4 颗以上的卫星，并按卫星的星座分布分成若干组，每组 4 颗，然后通过算法挑选出误差最小的一组用作定位，从而提高精度。

5. 同步授时

GPS 卫星的空间坐标可通过 GPS 卫星导航电文中的广播星历获知，接收机的坐标则可通过大地测量获得，从而通过 GPS 卫星坐标与接收机的坐标计算出星机的"真实距离"。

信号传输速度引起的测量误差可按统计模型，利用导航电文中的卫星星历数据推算出卫星发射电文时所处的位置。通过测量值与推算值可计算出接收机时钟与 GPS 时钟的钟差，高级的双频 GPS 接收机还可通过双频段测量的方式，更为精确地修正电离层误差。因此，人们可以通过调整钟差实现与 GPS 卫星钟的同步。

7.3　北斗卫星导航系统

北斗卫星导航系统

7.3.1　我国卫星导航系统的发展

20 世纪 80 年代初，中国开始积极探索适合自身国情的卫星导航系统。2000 年，初步建成北斗卫星导航试验系统，这标志着中国成为继美国、俄罗斯之后世界上第 3 个拥有自主卫星导航系统的国家。目前，中国正在稳步推进北斗卫星导航系统的建设，截至 2016 年 6 月 12 日，已成功发射了 23 颗北斗导航卫星。

北斗卫星导航系统的建设与发展，将满足国家安全、经济建设、科技发展和社会进步等方面的需求，维护国家权益、增强综合国力。北斗卫星导航系统将致力于为全球用户提供稳定、可靠、优质的卫星导航服务，并与世界其他卫星导航系统携手，共同推动全球卫星导航事业的发展，促进人类文明和社会发展，服务全球、造福人类。

按照"质量、安全、应用、效益"的总要求，坚持"自主、开放、兼容、渐进"的发展

物流信息技术实用教程（微课版　第3版）

原则，遵循"先区域、后全球"的总体思路，北斗卫星导航系统正在按照"三步走"的发展战略稳步推进。其发展步骤如下。

1. "北斗一代"卫星导航试验系统

1994 年，中国启动北斗卫星导航试验系统建设；2000 年，相继发射 2 颗北斗导航试验卫星，初步建成北斗卫星导航试验系统，成为世界上第 3 个拥有自主卫星导航系统的国家；2003 年，发射第 3 颗北斗导航试验卫星，进一步增强了北斗卫星导航试验系统的性能。

北斗导航一代系统主要为我国及周边地区的中、低动态用户提供定位、短报文通信和授时服务，多年来已经应用于水利、渔业、交通、救援及特种领域等。因为北斗一代是试验系统，所以其应用能力和范围受到很大局限。

2. "北斗二代"卫星导航区域系统

2004 年，中国启动"北斗二代"卫星导航系统工程建设；2007 年，发射第 1 颗中圆地球轨道卫星（COMPASS-M1）；2012 年，系统由 16 颗左右的卫星构成，具备覆盖亚太地区的服务能力，具有定位、导航、授时以及短报文通信功能。

3. "北斗三代"全球导航系统

根据系统建设总体规划，2020 年，建成覆盖全球的北斗卫星导航系统。北斗卫星导航系统是一个由 35 颗卫星、地面段和各类用户终端构成的大型航天系统，其技术复杂、规模庞大，其建设应用将实现我国航天从单星研制向组批生产，从保单星成功向组网成功，从以卫星为核心向以系统为核心，从面向行业用户向大众用户的历史性转型，开启我国航天事业的新征程，并将为维护我国国家安全，推动经济社会、科技文化全面发展提供重要保障。

2020 年 7 月 31 日上午，北斗三号全球卫星导航系统建成暨开通仪式在北京举行。中共中央总书记、国家主席、中央军委主席习近平出席仪式，宣布北斗三号全球卫星导航系统正式开通。从此，我国开启了北斗全面应用和走向全球的新时代。

7.3.2 北斗卫星导航系统简介

1. 北斗卫星导航系统的组成

北斗卫星导航系统是中国自主建设、独立运行，并与世界其他卫星导航系统兼容共用的全球卫星导航系统。其图标如图 7-5 所示。

北斗卫星导航系统由空间星座、地面控制和用户终端三大部分组成。

（1）空间星座：按照系统发展规划，空间星座将由 5 颗地球静止轨道卫星和 30 颗非地球静止轨道卫星组成。

图 7-5　北斗卫星导航系统的图标

（2）地面控制：地面控制由若干主控站、注入站和监测站组成。

（3）用户终端：用户终端由各类北斗用户终端，以及与其他卫星导航系统兼容的终端组成，能够满足不同领域和行业的应用需求。

2. "双星定位"的工作原理

"北斗一代"是主动式双向测距二维导航，地面中心控制系统解算，供用户三维定位数据，由于只采用两颗卫星进行目标定位，故被称为"双星定位"。GPS 是被动式伪码单向测距三维导航，由用户设备独立解算自己的三维定位数据。

"双星定位"的基本工作原理是：以 2 颗在轨卫星的已知坐标为圆心，各以测定的卫星至用户终端的距离为半径，形成 2 个球面，用户终端将位于这 2 个球面交线的圆弧上；地面中心站配有电子高程地图，提供一个以地心为球心，以球心至地球表面高度为半径的非均匀球面；用数学方法求解圆弧与地球表面的交点，即可获得用户的位置。

"双星定位"的原理主要是基于当时技术和资金方面的限制，功能不能达到理想化的要求。当然，随着国力的增强、卫星数量的增加以及技术的提高，北斗二代具有主动定位和被动定位两者的优点，既可以实现准确定位、精密授时，又具有短报文通信的功能，是目前最先进的卫星定位系统。

3. 功能与特性

北斗卫星导航系统时间基准采用北斗时（BDT），它是一个连续的时间系统，秒长取国际单位制 SI 秒，起始历元为 2006 年 1 月 1 日 00:00 协调世界时（UTC）。北斗时与协调世界时的偏差保持在 100ns 以内。

北斗卫星导航系统建成后，将为全球用户提供卫星定位、导航和授时服务，并为我国及周边地区用户提供定位精度为 1m 的广域差分服务和 120 个汉字/次的短报文通信服务。

北斗卫星定位系统的主要功能为定位、测速、单双向授时、短报文通信。其主要技术参数如下。

（1）服务区域：全球。

（2）定位精度：优于 10m。

（3）测速精度：优于 0.2m/s。

（4）授时精度：20ns。

（5）短报文通信：一次可传输多达 120 个汉字的信息。

（6）精密授时：精度达 10ns。

（7）系统容量：每小时 540 000 户。

7.3.3　北斗卫星导航系统与 GPS 的对比

1. 组成卫星

北斗卫星导航系统空间段由 5 颗静止轨道卫星和 30 颗非静止轨道卫星组成，"北斗二代"系统覆盖亚太地区，"北斗三代"2021 年 7 月建成并开通了全球服务，共由 30 颗卫星组成。

GPS 最初是由 24 颗卫星组成（21 颗工作卫星、3 颗备用卫星）的，它位于距地表 20 200km 的上空，运行周期为 12h。卫星均匀分布在 6 个轨道面上（每个轨道面 4 颗），轨道倾角为 55°。目前也有 30 多颗卫星。卫星的分布使得在全球任何地方、任何时间都可观测到 4 颗以上的卫星，并能在卫星中预存导航信息。

2. 覆盖范围

北斗一代卫星导航系统是覆盖中国本土的区域导航系统，覆盖范围东经约 70°～140°，北纬 5°～55°，北斗二代卫星导航系统实现对东南亚实现全覆盖，北斗三代卫星导航系统已

物流信息技术实用教程（微课版 第3版）

经覆盖全球。

GPS 是覆盖全球的全天候导航系统，能够确保在地球上任何地点、任何时间可同时观测到 6～9 颗卫星（实际上最多能观测到 11 颗）。

3. 定位精度

目前，北斗卫星导航系统民用服务精度已达 10m，而最新一代导航芯片定位精度可达 2.5m，海上北斗增强系统的精度更是已提升至 3cm 级别；但在卫星数较少、卫星分布较差的区域，定位精度较差或无法定位。

GPS 已经实现单机导航精度约为 10m，综合定位的话，精度可达厘米级和毫米级，但民用领域开放的精度约为 10m。

4. 主要功能

北斗快速定位，为服务区域内的用户提供全天候、实时定位服务，定位精度与 GPS 相当；短报文通信一次可传送多达 120 个汉字的信息；精密授时，精度达 20ns。

GPS 全方位、全天候、全时段、高精度的卫星导航系统，为全球用户提供低成本、高精度的三维位置、速度和精确定时等导航信息。

5. 优缺点

北斗具有 GPS 没有的通信和目标定位，GPS 目前只能告诉使用者"我"在哪里，而北斗系统不但能告诉使用者"我"在哪里，还能告诉使用者"我的朋友"在哪里。但缺点是北斗还处于发展阶段，主要应用于军用，民用推广还没做到全面普及；而且芯片造价较高。在中高纬度地区，由于北斗可见卫星数较少，卫星分布较差，因而定位精度相对较差或无法定位。

GPS 的优点是技术成熟、定位准确、全球覆盖、用户容量无限；缺点是规模太大，造价太高，只能用作导航而无法实现通信功能。

7.4 GPS 在物流中的应用

7.4.1 GPS 在交通运输中的应用

（1）航空运输。GPS 在航空运输中的应用可谓无孔不入，在不同的航路段及不同的应用场合，对航空导航系统的精度、完善性、可用性、服务连续性的要求不尽相同，但都要保证飞机飞行安全和有效利用空域，其主要体现在航路导航、进场着陆、场面监视和管理、航路监视等方面。

（2）陆路运输。出租车、租车服务、物流配送等行业利用 GPS 技术对车辆进行跟踪、调度管理，合理分布车辆，以最快的速度响应用户的乘车送货请求，降低能源消耗、节省运行成本，其主要体现在车辆自主定位、车辆防盗报警、车辆导航、道路工程规划等方面。

（3）船舶远洋。在船舶远洋应用方面，主要体现在船舶数据采集、船舶动态监控、动态信息发布、航运管理等方面。

7.4.2 基于 3G 的物流配送系统

为缩短物流完成周期，提高配送速度，并胜任小批量、多品种的配送任务，以适应当前经济发展的要求，迫切需要实现对车辆等物流配送工具的即时监控、监测和调度。要实现该目标，需要企业随时获得配送车辆的位置信息，并让信息以直观的形式予以表达。为此，企业可以采用 GPS 作为信息采集手段，GIS 作为信息表达手段，GSM 作为通信手段建立综合性、可视化的物流配送信息系统，以提高物流配送的质量和效率。

1. 基于 GPS/GIS/GSM（3G）的物流配送车辆监控系统模型

物流配送直接与消费者相连，是货物从物流节点送达收货人的过程，是物流中的一个重要环节。过程不透明、成本高、效率低是我国物流业滞后于发达国家的主要问题。GPS/GIS/GSM（可称为物流中的 3G 技术）在物流配送中的应用，能够在提高配送过程可视化、缩短空驶距离、提高运输效率、降低配送成本、保障货物安全等方面发挥积极作用。

物流配送中心根据配送订单，确认配送货品与配送地点，集中物流；由自动配送系统根据区域交通、配送点的行业类型、配送商品特点决定配送实施方案；仓库管理系统即根据配送调度计划分拣、包装货品等待装运；运输管理系统接受并处理 GPS、GPRS 返回的车辆定位信息，调度人员利用 GIS 平台对接收的数据进行分析和查询，实时完成对目标信息的搜集和调度指挥。

物流配送车辆监控系统由物流监控中心、车载移动终端（车载台）的 GSM 通信系统和无线通信网络 3 部分组成，其系统结构如图 7-6 所示。

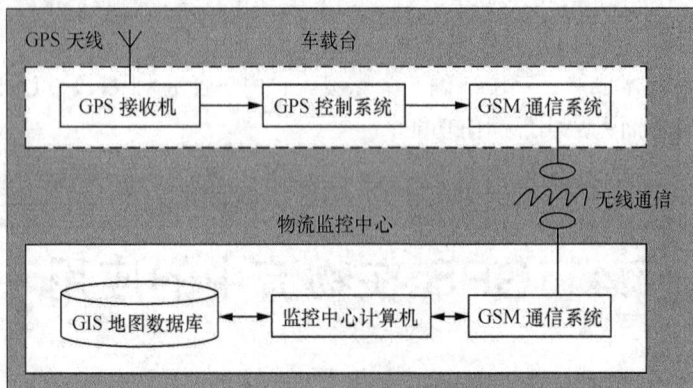

图 7-6　物流配送车辆监控系统结构

2. 物流配送车辆监控系统功能

（1）配送线路优化。选择订单日期和配送区域后，自动完成订单数据的抽取，根据送货车辆的装载量、客户分布、配送订单明细、送货线路交通状况、司机对送货区域的熟悉程度等因素设定计算条件，系统进行送货线路的自动优化处理，形成最佳送货路线，保证送货成本及送货效率最佳。

（2）综合地图查询。能够基于电子地图实现客户分布模糊查询、行政区域查询和任意区域查询，查询结果实时在地图上标注出来；可使用图形操作工具如放大、缩小、漫游、测距等，来查看每一客户的详细情况。

物流信息技术实用教程（微课版 第3版）

（3）地图数据远程维护。可提供基于地图方式的业务地图数据维护功能，还可以根据采集的新道路信息及时更新地图；具有对客户点的增、删、改，对路段和客户数据的综合初始化，对地图图层的维护操作，对地图服务器系统的运行故障修复和负载均衡等功能。

（4）业务分析。对选定区域、选定时间段的订单访销区域分布的复合条件查询；在选定时间段内的各种货物的销量统计、地理情况及货物访销区域分布查询；配送车组送货区域地图分布查询。

（5）车辆跟踪监控。通过对送货车辆的导航跟踪，提高车辆运输效率，降低车辆管理费用，抵抗风险。

（6）车辆信息维护。根据车组和配送人员的变动，可及时在这一模块中进行车辆、司机、送货员信息的维护操作，包括添加车辆和编辑现有车辆信息。

基于 GPS 的物流配送系统应用后，相关企业通过互联网实现信息共享、三方应用，车辆使用方、运输公司、接货方对物流中的车货位置及运行情况等都能了如指掌，透明准确。利用三方协调好商务关系，使各个物流参与方获得最佳的物流配送方案，取得最大的经济效益。

7.4.3　GPS 在其他领域的应用

（1）GPS 在测量中的应用。GPS 定位技术以精度高、速度快、费用省、操作简便等优良特性被广泛应用于大地控制测量中，包括全球性大地控制网、工程测量控制网、航空摄影测量、运动和检测等方面的应用。

（2）GPS 在军事中的应用。在信息化时代，GPS 已成为陆、海、空三军高技术战争的重要支持系统。它极大地提高了军事的指挥控制、多军兵种协同作战和快速反应能力，大幅度提高了武器装备的打击精度和效能（见图 7-7）。

美国海军核潜艇　　　　　配备GPS的士兵　　　　GPS导航的舰载飞弹

图 7-7　GPS 在军事中的应用

（3）GPS 在紧急救援、农业生产、旅游探险中的应用。随着 GPS 技术的发展以及我国北斗卫星导航系统的完善，GPS 技术在越来越多的领域发挥着极其重要的作用。例如，现代物流、紧急救援、精细农业、遥感、卫星定轨、资源勘探、个人旅游及野外探险、电力、广播、电视、通信等网络的时间同步、时间传递等。

综合实训：GPS 导航仪的使用

【实训目的】

了解 GPS 的功能、特点以及应用领域；熟悉导航定位型 GPS 接收机；学习使用接收机进行定位导航。

【实训内容】

（1）阅读了解导航仪的功能和操作方法。

（2）初始化设置。

（3）定点测量并记录（参考所附平面及卫星坐标）。

（4）设置并记录导航路径。

【实训方法】

（1）访问网上 GPS。

（2）利用手机（或专用 GPS 接收机）导航功能。

（3）参考网站：中国 GPS 网、"北斗"网、51GPS 世界网等。

【实训要求】

说明 GPS 导航仪的功能和原理，了解 GPS 与 GIS 在导航中的相关关系和作用。自主设定至少 5 个常用的地点进行定位并记录，对导航路径进行个性化设置。提交实验报告。

课后习题

一、填空题

1. GPS 是指利用导航卫星进行测时和测距，能够计算出地球上任何地方的用户所处的方位的一种卫星导航系统。GPS 系统主要包括三大组成部分：空间部分、地面监控部分和_____部分。

2. GPS 的上一代产品是美国海军于 1964 年研制的_____导航卫星，属于低轨道卫星。

3. GPS 的空间部分主要是卫星系统，包括_____颗卫星均匀分布在 6 个轨道平面内，轨道平面的倾角为 55°，卫星的平均高度为 20 200 km，运行周期为 11 小时 58 分钟。

4. GPS 的地面监控系统包括_____个主控站、_____个注入站和_____个监测站。

5. 根据用途，GPS 接收机可以分为导航型接收机、测地型接收机、_____型接收机。

6. 20 世纪 80 年代初，中国开始积极探索适合自身国情的卫星导航系统。2000 年，初步建成北斗卫星导航试验系统，这标志着中国成为继_____之后世界上第 3 个拥有_____的国家。

7. 美国 GPS 的三大功能包括定位、测量和_____。

8. 于 2003 年建成的北斗一号试验卫星导航系统采用的是_____定位原理。

9. 我国自主研发的北斗卫星导航系统最主要的特征在于_____。

10. _____日上午，北斗三号全球卫星导航系统建成暨开通仪式在北京举行。中共中央总书记、国家主席、中央军委主席习近平出席仪式，宣布北斗三号全球卫星导航系统正式开通。

二、选择题

1. GPS 地面监控部门主要负责（　　　）。

　A. 卫星星历的计算和卫星的运行　　　　B. 卫星星历的计算和卫星的监控

　C. 卫星的监控和卫星的运行　　　　　　D. 卫星的管理和卫星的测试

2. 因为 GPS 卫星共有 24 颗，较多且分布合理，所以在地球上的任何地点均可连续同步观测到至少（　　）颗卫星，从而保障了全球、全天候连续实时导航与定位的需要。

  A. 1   B. 2   C. 4   D. 8

3. GPS 用户并不需要给卫星发射任何信号，卫星也不必理会 GPS 用户的存在，故系统中用户数量（　　）。

  A. 受到限制   B. 没有限制

  C. 在某些领域受到限制   D. 仅在物流领域不受限制

4. GPS 卫星一般都配有（　　），其测时精度很高，误差可忽略。

  A. 原子   B. 数字钟   C. 晶体钟   D. 光学钟

5. GPS 系统中的车载台由 GPS 接收机、GPS 控制系统、GSM 通信系统组成，其中可实现自主定位的部分是（　　）。

  A. GPS 接收机 B. GPS 控制系统 C. GSM 通信系统 D. 计算机系统

6. 定位技术是基于测量信号从移动台发送出去并到达消息测量单元（　　）的时间来定位的。

  A. 抵达的速度 B. 抵达的坐标 C. 抵达的距离 D. 抵达的时间

7. GPS 地面监控跟踪站又被称为主控站、监测站和注入站，其中主控站有（　　）个。

  A. 1   B. 2   C. 3   D. 4

8. GPS 在物流中普及应用后，通过互联网实现信息共享，可以使（　　）对物流中的车货位置及运行情况等都能了如指掌，透明准确。

  A. 发货方   B. 运输方   C. 接货方   D. 以上三方

9. 无论何种 GPS 接收机，它的结构均基本一致，分为（　　）两部分。

  A. 天线单元和地线单元   B. 运算单元和接收单元

  C. 天线单元和接收单元   D. 接收单元和输出单元

10. GPS 可以对（　　）进行动态空间信息获取，空间信息反馈快速、精度均匀，不受天气和时间的限制。

  A. 地面对象 B. 水下对象 C. 空中对象 D. 陆海空所有对象

11. 手机独立定位技术是通过在手机内部加 GPS 接收机模块，并将普通手机天线换成（　　）。

  A. GSM 天线   B. GPS 天线

  C. 能够接收 GPS 信号的多用途天线 D. 数字天线

12. 与美国的 GPS、俄罗斯的 GLONASS 相比，我国自主研发的北斗卫星导航系统最大的优点在于（　　）。

  A. 覆盖范围更广 B. 增加了通信功能 C. 定位精度更高 D. 增加了授时功能

三、名词解释

GPS；子午仪；格洛纳斯；协调世界时（UTC）；物流 3G 技术

四、简答题

1. GPS 的特点和功能有哪些？

2. 国际上的全球卫星定位系统有哪些？各有什么特点？

3. 简述 GPS 的定位原理。

4. 说明车辆 GPS 定位系统的组成和工作原理。

5. 我国的北斗卫星导航系统与美国的 GPS 相比有什么优点和缺点？

6. 查找资料说明我国北斗三号的建设和应用现状。

案例分析

北斗助力打造水上智慧交通运管体系

2020 年 9 月，为加快数字航道建设，长江岳阳航道管理部门积极推广北斗等新科技的应用，打造了以"北斗定位数字管理系统"为代表的水上智慧交通运管体系。

北斗为航标船管理提供技术保障

长江干线湖南段共设置了数百座航标船，这些航标船上均配备安装了北斗定位装置。依托北斗系统高精度定位及授时功能，管理人员只需在北斗定位数字管理系统平台调取船舶标志，就能清晰地看到运行轨迹、地理位置等信息，北斗系统为维护航道安全和水上活动提供了可靠的技术保障。

北斗为航道行船安全保驾护航

在长江与洞庭湖交汇的三江口，往来船舶日均超过两百艘，航标船则是过往船舶航行的重要参照物。为保障航行安全，岳阳航道管理部门通过北斗定位数字管理系统每天实时监测航标船的位置及动态信息，借助北斗系统高精度定位功能，一旦发现航标船位置偏移，该管理系统将会自动报警。

北斗为优化航标配布提供科学参考

航道处工作人员表示，安装了北斗终端的社会船舶也可接入航道处的北斗定位数字管理系统，他们可以通过社会船舶的航行轨迹判断船舶航行习惯，进而科学地优化航标配布。

北斗系统可助力优化航标配布

目前，岳阳市不断深化推广北斗系统应用，进一步提升有关部门的服务及科学化管理水平。据了解，各类北斗终端已在洞庭湖生态环境监测、交通运输、船舶管理等多个领域得到广泛应用。

根据案例回答问题。

（1）分析北斗系统在岳阳长江航道管理中发挥的作用。

（2）试想如果案例中采用美国的 GPS，在功能和发展上会有哪些不同。

第8章 物流信息系统

【本章学习方略】

本章重点内容

- 管理信息系统的概念
- 信息系统的开发过程

本章难点内容

- 信息系统的开发方法
- 物流中的人工智能技术

~~~ 案例引入 ~~~

ERP重灾区：损失惨重的失败案例！

众所周知，企业资源规划（ERP）项目要搞好很难。虽然大家都想要最新的技术，但是技术并非主要问题；无论企业组织选择 Oracle、SAP、Infor 还是 IFS，它们都面临着困境。

预算严重超支

美国空军的战斗支援系统耗资 10 亿美元。基于 Oracle 的远征战斗支援系统（ECSS）于 2005 年首次投入使用，但到 2012 年还是没有提供任何重大成效。美国空军估计该项目将需要另花费 11 亿美元才能获得最初设想的四分之一成效之后，决定立即止损。

利德尔（Lidl）：哪里的优质 ERP 软件较便宜

利德尔项目最初被认为是 SAP 内存系统 S/4Hana 的早期实现，旨在取代其内部的老式商品管理系统，该公司打算将软件推广到 10 000 家商店和 140 多个物流中心。德国廉价超市利德尔在斥资 5 亿欧元之后于 2018 年 7 月取消了 SAP 项目。

MillerCoors 因 SAP 项目问题而上法庭

2017 年，MillerCoors 对总部位于印度的 IT 服务公司 HCL Technologies 就它上线的 SAP ERP 系统提起了 1 亿美元的违约诉讼。MillerCoors 认为 HCL 无法为该项目配备足够的人员，也无法保持项目进度。而 HCL 提出反诉，声称 MillerCoors 试图使其成为这家啤酒商自身失败的"替罪羊"。虽然此案最终得以友好解决，但表明了企业软件项目固有的一些棘手挑战。

ERP 上线后，露华浓遭到服务停运

向纽约美国地方法院提交的文件显示，2019 年提起的一起集体诉讼声称，美容产品制造商露华浓（Revlon）因 SAP ERP 实施方面的问题而未能如约交付净销售额大约高达"6 400 万美元"的产品。法院文件称，这方面的困难影响了露华浓生产某些产品，并将产品交付给某些美国零售商的能力。随后又出现了三起投资者诉讼。

随着信息技术的飞速发展，物流业务越来越离不开物流信息技术的应用，现代物流、绿色物流、智慧物流等的发展均以信息技术的应用为基础条件。信息技术的应用以物流信息系统为核心，将技术与业务联系起来，发挥信息技术的优势，从而提高物流业务的效率和质量。本章在理解管理信息系统的概念、结构、功能的基础之上，重点介绍了典型物流信息系统（POS、EOS、WMS、TMS 等）的结构、特点及应用情况。

8.1　物流信息系统概述

管理信息系统
概述

8.1.1　物流信息系统的相关概念

1. 信息系统

信息系统是由计算机硬件、网络和通信设备、计算机软件、信息资源、信息用户和规章制度组成的，以处理信息流为目的的人机一体化系统。其目的是及时、正确地收集、加工、存储、传递和提供信息，实现组织中各项活动的管理、调节和控制。信息系统的工作过程是信息管理者将信息源产生的信息通过网络传输到信息处理器，由其中的信息存储器（数据库）组织和保存，经过信息处理器（应用软件）处理加工后输出给信息用户（见图 8-1）。

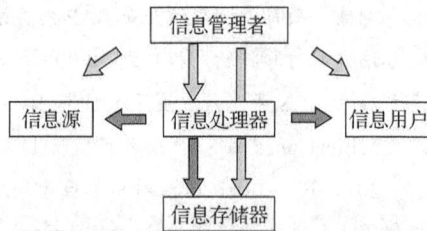

图 8-1　信息系统的工作过程

2. 管理信息系统

管理信息系统 MIS 是一个以人为主导，利用计算机硬件、软件、网络通信设备及其他办公设备，进行信息收集、传输、加工、存储、更新和维护，以企业战略竞优、提高效益和效率为目的，支持企业高层决策、中层控制、基层运作的集成化的人机系统。管理信息系统是信息系统的主要分支。

管理信息系统是一个交叉性、综合性的学科，是基于计算机科学与技术、通信技术、网络技术、应用数学、管理理论、决策理论、运筹学的一门综合性、边缘性、系统性的科学（见图 8-2）。因此，有人描述管理信息系统的三要素是：系统的观点、数学的方法和计算机的应用。

3. 物流信息系统

物流信息系统（Logistics Information System，LIS）也称物流管理信息系统，是由人员、计算机硬件、软件、网络通信

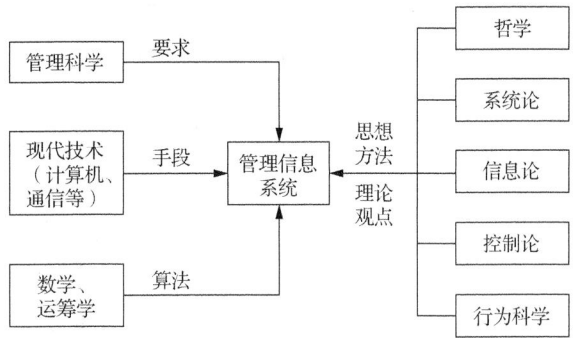

图 8-2　管理信息系统与其他学科的关系

设备及其他办公设备组成的人机交互系统。它的主要功能是进行物流信息的收集、存储、传输、加工整理、维护和输出，为物流管理者及其他组织管理人员提供战略、战术及运作决策支持，提高物流运作效率与效益。

物流信息系统实现从物流决策、业务流程、客户服务的全程信息化，对物流进行科学管理。重视物流信息系统和物流管理的互动，既要根据自己的物流管理流程来选择适合的物流信息系统，也要通过物流信息系统来优化和再造自己的物流管理流程。

20 世纪 90 年代以后，物流一体化理念和供应链思想越来越受到管理者的重视。企业不再仅关心企业本身，还关心所处的供应链上各个企业的情况，最主要的趋势是如何加强它们之间的物流协作和控制。这时，单靠一个企业内部的物流信息系统是不够的，因而出现了很多其他的信息系统，如与供应商协作的企业外联网或供应链管理（SCM）系统、与销售链上协作的配送资源计划（DRP）系统、电子订货系统（EOS）、客户关系管理（CRM）系统、电子商务系统等。物流一体化信息系统的组成如图 8-3 所示，上半部分为企业内部信息系统，下半部分为企业外部环境信息系统，通过网络连接为一个整体。

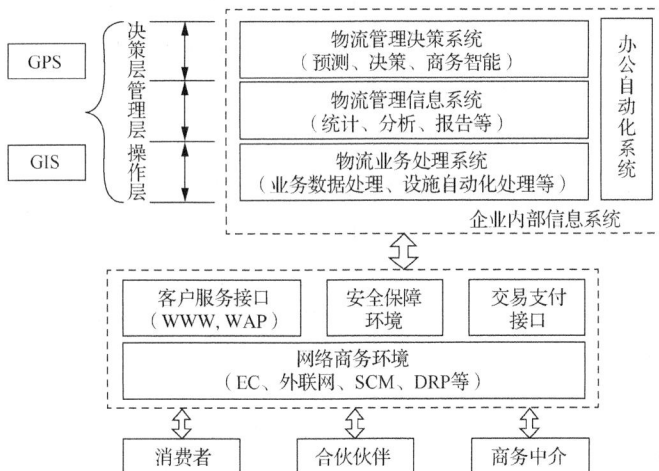

图 8-3　物流一体化信息系统的组成

8.1.2　管理信息系统的结构

1. MIS 的层次结构

MIS 是为管理活动服务的，MIS 的功能层次也与管理活动的层次相对应，如图 8-4 所示。

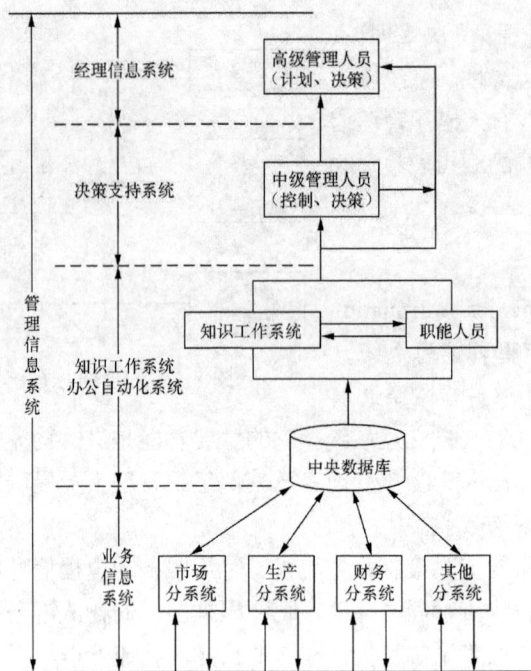

图 8-4　MIS 的层次结构

（1）业务信息系统（TPS）。通过跟踪组织的基本活动来支持操作管理人员，主要目标是采集业务活动中产生的原始数据，将其输入中央数据库。

（2）知识工作系统（KWS）。用于促进新知识的产生，确保新的专业技术知识能够真正被运用到企业运作中。例如，办公自动化系统（OA）可以是其中的组成部分。

（3）决策支持系统（DSS）。是一种以计算机为工具，应用决策科学及有关学科的理论与方法，以人机交互方式辅助决策者解决半结构化和非结构化决策问题的信息系统。

（4）经理信息系统（EIS）。也称为主管信息系统，是服务于组织的高层经理的一类特殊信息系统，可以算作高层的 DSS。

2．MIS 软件的结构

MIS 可以分为人员、硬件、软件三大部分。人员主要包括系统开发人员、系统维护人员、系统操作人员和系统的用户；硬件主要包括计算机设备、计算机网络和相应的输入/输出设备；软件主要包括计算机系统软件（如操作系统）、系统工具软件（如数据库管理系统、开发语言）和应用软件。以下主要介绍 MIS 软件的组成。MIS 软件主要分为业务应用软件、公用程序和公用数据文件 3 部分，如图 8-5 所示。

3．MIS 的运行模式

（1）单机模式。20 世纪 80 年代以前，计算机用于管理活动主要基于一台计算机，数据和程序都保存在计算机硬盘中。

（2）客户机/服务器（C/S）模式。20 世纪 80 年代，企业局域网开始普及，MIS 系统越来越多地被应用于局域网环境。C/S 模式是一种两层结构的系统：第一层在客户机上安装了客户机应用程序；第二层在服务器上安装了服务器管理程序。在 C/S 模式（见图 8-6）的工作过程中，客户机程序发出请求，服务器程序接收并处理客户机程序提出的请求，然后返回结果。

物流信息技术实用教程（微课版　第3版）

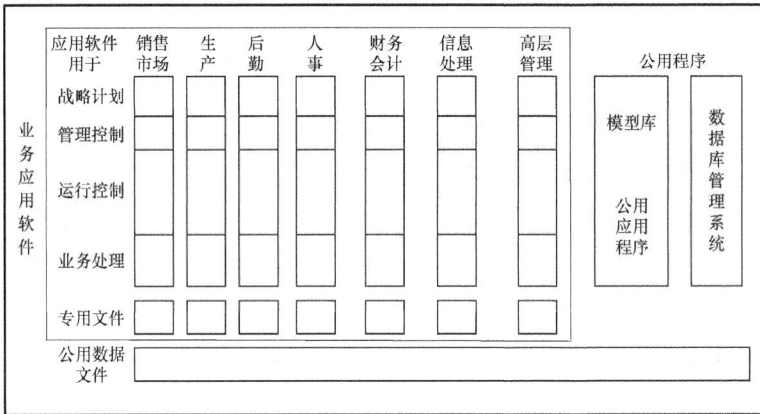

图 8-5　MIS 软件的结构

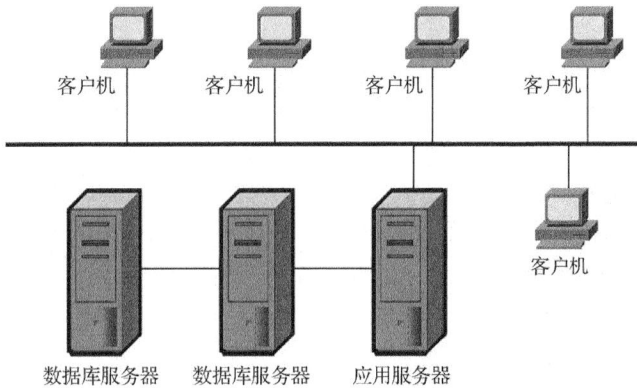

图 8-6　C/S 模式

（3）浏览器/服务器（B/S）模式（见图 8-7）。20 世纪 90 年代后，随着 Internet 的发展与普及，MIS 利用互联网环境运行成为主流。B/S 模式是一种从传统的两层 C/S 模式发展起来的新的网络结构模式，其本质是 3 层结构的 C/S 模式。在用户的计算机上安装浏览器软件，在服务器上存放数据且安装服务应用程序，服务器有 WWW 服务器和文件服务器等。用户通过浏览器发送数据请求到 Web 服务器，Web 服务器将相应的数据请求提交给数据库服务器，数据库服务器经过处理后将数据返回 Web 服务器，最后将结果返回到用户的浏览器。

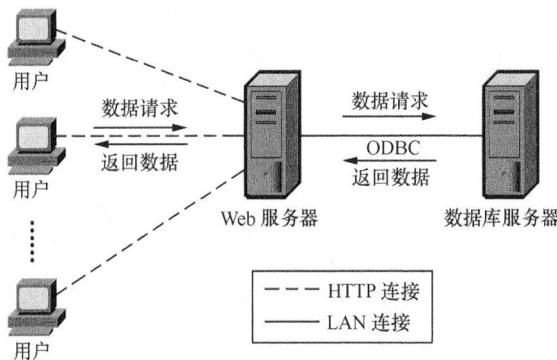

图 8-7　B/S 模式

8.2 信息系统开发过程

8.2.1 信息系统开发的阶段论

信息系统在组织中的作用已被广泛认可。但是，信息系统的开发与组织是一个系统工程，涉及软件公司和用户企业两方，因而必须严格按照开发过程来完成。

信息系统有从产生到消亡的过程。从提出要求、规划、设计、投入运行到最后淘汰的过程称为信息系统生命周期。该周期大致可以分为 3 个阶段：系统规划、系统开发、系统运行。它包括 5 个过程：系统规划、系统分析、系统设计、系统实施、系统运行与维护。各阶段的主要工作如图 8-8 所示。

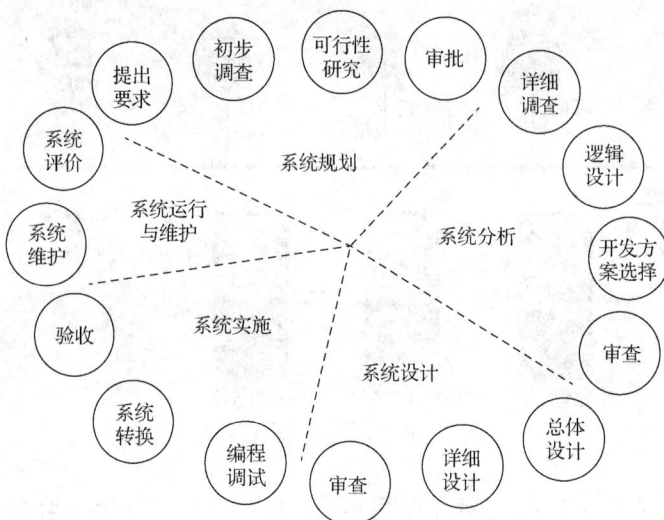

图 8-8 信息系统的开发过程

1. 系统规划

信息系统规划是将组织目标、支持组织目标必需的信息、提供这些必需信息的信息系统，以及这些信息系统的实施等诸要素加以集成，提出信息系统方案。它是信息系统的远景开发计划。

系统规划阶段的任务是在对原系统进行初步调查的基础上，提出开发新系统的要求。根据需要和可能，给出新系统的总体方案，并对这些方案进行可行性分析，产生系统开发计划和可行性研究报告两份文档。信息系统战略规划的方法如图 8-9 所示。

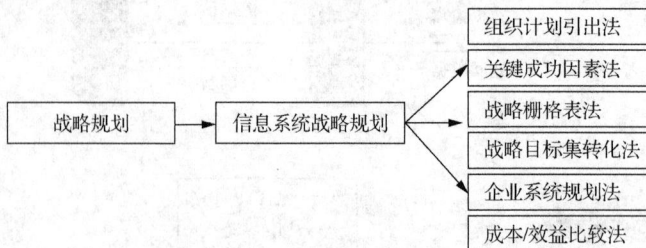

图 8-9 信息系统战略规划的方法

2. 系统分析

系统分析是在系统规划的基础上，进行全面调查分析，从而提出新系统的逻辑模型。系统分析阶段的任务是根据系统开发计划确定的范围，对现行系统进行详细调查，描述现行系统的业务流程，指出现行系统的局限性和不足之处，确定新系统的基本目标和逻辑模型。这个阶段又称为逻辑设计阶段。

系统分析阶段的主要工具包括组织结构图、业务流程图、数据流程图、数据字典、决策树、判断表等。

3. 系统设计

系统设计是根据系统逻辑方案建立系统物理模型。系统分析阶段回答了新系统"做什么"的问题，系统设计阶段的任务就是回答"怎么做"的问题。根据系统分析说明书中规定的功能要求，考虑实际条件，具体设计实现逻辑模型的技术方案。这个阶段又称为物理设计阶段。

系统设计分为总体设计和详细设计两个阶段，主要内容包括系统总体设计、系统数据库设计、代码设计、输入/输出及界面设计、模块功能和处理过程设计、系统安全设计、系统设计报告等。

4. 系统实施

系统实施即将系统设计的结果根据实际情况在计算机上实现，它是整个管理信息系统建设的物理实现阶段。

系统实施阶段的任务包括计算机等硬件设备的购置、安装和调试，应用程序的编制和调试，人员培训，数据文件转换，系统调试与转换等。系统实施是按实施计划分阶段完成的，每个阶段都应编写"实施进度报告"，系统测试之后要编写"系统测试报告"。

5. 系统运行与维护

新系统要具有长久的生命力，必须进行不断完善，以适应变化，包括日常管理、评价、监理审计等。系统投入运行后，需要经常进行维护，记录系统运行情况，并根据一定的程序对系统进行必要的修改，评价系统的工作质量和经济效益。

8.2.2 信息系统的开发方法

信息系统的开发方法主要包括结构化开发方法、原型化开发方法、面向对象开发方法和计算机辅助开发方法等。

1. 结构化开发方法

结构化开发方法又称结构化生命周期法，是系统分析员、软件工程师、程序员及最终用户按照用户至上的原则，自顶向下分析与设计和自底向上逐步实施的、建立计算机信息系统的过程，是组织、管理和控制信息系统开发过程的一种基本框架。

每个阶段完成后，通过审查验收并形成完整的文档，才能进入下一阶段工作。如果下一阶段发现问题，则需及时反馈到上一阶段进行调整和修改。本阶段只有满足开发要求，经过评审通过后才可以进入下一阶段的开发。结构化开发方法是应用最普遍、最成熟的一种方法。它的开发过程通常称为瀑布模型，如图 8-10 所示。

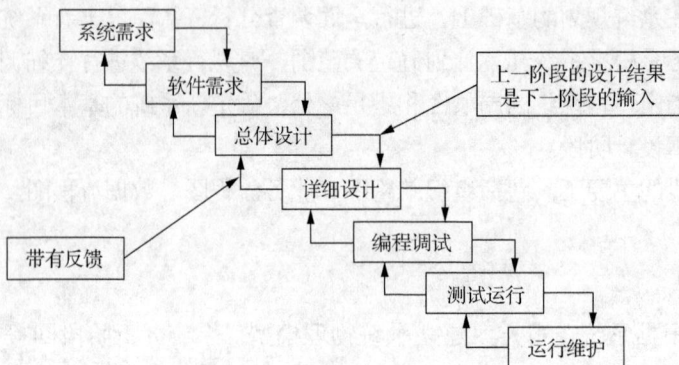

图 8-10　瀑布模型

2. 原型化开发方法

原型化开发方法是在系统开发初期，凭借系统开发人员对用户需求的了解和系统主要功能的要求，在强有力的软件环境支持下，迅速构造出系统的初始原型，然后与用户一起不断地对原型进行修改、完善，直到满足用户需求。

其开发过程（见图 8-11）为：先进行可行性研究；确定系统开发目标后，确定用户需求；根据初步的需求建造系统初始结构，开发原型；由用户评审；发现问题后，修改原型；反复进行修改、评审，直到用户满意，形成最终系统，系统开发结束。

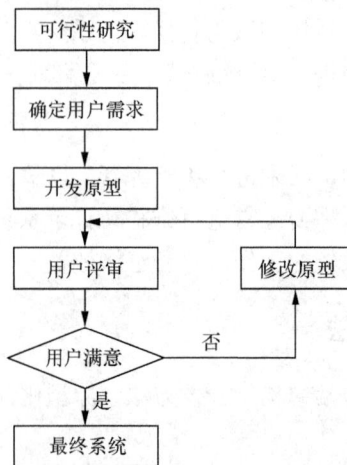

图 8-11　原型化开发方法的过程

3. 面向对象开发方法

面向对象开发方法把数据和过程包装成对象，以对象为基础对系统进行分析与设计，为认识事物提供了一种全新的思路和办法。它是一种综合性的开发方法。

面向对象开发方法采用了自底向上归纳、自顶向下分解的思想。它通过建立对象模型，能够真正基于用户需求，而且系统的可维护性得以大大改善。目前，面向对象开发方法主要使用统一建模语言（UML）。

4. 计算机辅助开发方法

计算机辅助开发方法（CASE）是一种自动化或半自动化的系统开发方法。它能够全面支持除系统调查外的各个开发步骤，使得原来由手工完成的开发过程转变为以自动化工具和支撑环境支持的自动化开发过程。采用 CASE 工具进行系统开发，还必须结合某种具体的开发方法（如结构化系统开发方法）。

综上所述，只有结构化开发方法是真正全面支持系统开发过程的方法，其他方法尽管有很多优点，但都只能作为结构化开发方法在局部开发环节上的补充，暂时还不能代替其在系统开发过程中的主导地位。在目前系统开发工作量最大的系统调查和系统分析这两个重要环节中，结构化开发方法最具优势。

8.3 物流信息系统开发过程

8.3.1 物流信息系统规划

1. 物流战略规划

物流信息化是现代物流发展的关键，是物流系统的灵魂，更是主要的发展趋势。从世界角度来看，物流业的发展离不开两个"轮子"，一个是现代物流设备，另一个是物流信息系统。由于现代信息技术的发展，两者可以说相辅相成，支撑了整个物流科技体系，为物流业者向客户提供高效率、低成本的增值服务提供了技术保障。

规划是对相关活动的统筹安排。组织的战略规划就是对关系到组织生存发展的长远和全局的关键活动的统筹安排，主要是确定目标，明确重点，划分阶段，制定总体方案，找出实现目标的途径，并构思如何为实现目标获取资源与配置资源。信息系统的战略规划是组织战略规划的一个重要组成部分，也常常作为组织战略规划下的一个专门性规划。

物流战略目标是由整个物流系统的使命所引导的，可在一定时期内实现的量化的目标。它为整个物流系统设置了一个可见和可以达到的未来，为物流基本要点的设计和选择指明了努力方向，是物流战略规划中的各项策略制定的基本依据。企业物流战略的目标与企业战略的目标是一致的，即在保证物流服务水平的前提下实现物流成本的最低化。物流战略的目标主要体现在 3 个方面，即降低成本、提高利润水平、改进服务。

（1）降低成本。战略实施的目标是将与运输和储存相关的可变成本降到最低。通常要评价各个备选方案，比如在不同的仓库选址中做出选择，或者在不同的运输方式、运输线路上做出选择，以形成最佳方案。但应该注意的是，在选择的过程中，要保持客户服务水平不变。

（2）提高利润水平。提高利润水平体现在物流系统的投资最小化和利润最大化两个方面。物流系统的投资最小化需要考虑将物流业务外包还是自营；是自建仓库还是租用仓库；是大力提高客户服务水平扩大销售，还是保持现有服务水平不变，降低物流活动成本；等等。利润最大化则是该战略的首要目标。

（3）改进服务。企业收入取决于所提供的物流服务水平。尽管提高物流服务水平将大幅度提高成本，但收入的增长可能会超过成本的上升。要使战略有效果，应该制定与竞争对手截然不同的服务战略。

物流规划主要解决 4 个方面的问题：客户服务目标、选址战略、库存战略和运输战略，如图 8-12 所示。除了设定所需的客户服务目标以外（它取决于其他 3 方面的战略设计），物流规划可以用物流决策三角形表示。这些领域是相互联系的，应该作为整体进行规划，虽然如此，但分别进行规划的例子也并不少见。每一领域都会对系统设计有重要影响。

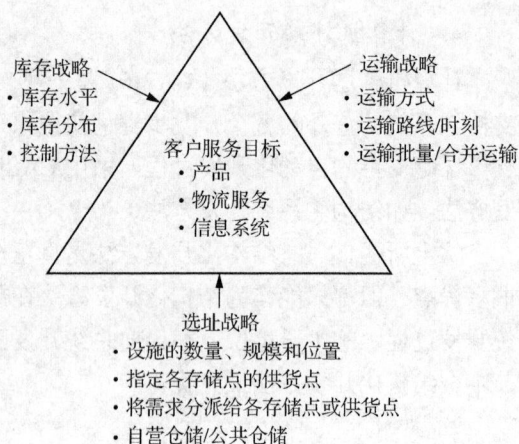

图 8-12　物流决策三角形

2. 物流信息系统规划的内容

物流信息系统规划是物流系统规划的一部分，也是企业战略规划的一部分。它服务于企业的长期规划，是长期规划的组成和保证。物流信息系统规划是系统开发最重要的阶段，一旦有了好的系统规划，就可以按照软件工程原理持续工作，直到系统实现。物流信息系统规划的内容包括以下几项。

（1）物流信息系统的目标、约束及总体结构。系统的目标确定了信息系统应该实现的功能；系统的约束包括信息系统实现的环境、条件（如规章制度、人力、物力等）；系统的总体结构指明了信息的主要类型和主要子系统。

（2）物流单位（企业、部门）信息系统的现状。物流单位信息系统的现状包括计算机软件及硬件情况、从业人员的配备情况以及开发费用的投入情况等。

（3）业务流程的现状、存在问题以及在新技术条件下的流程重组。业务流程重组实际上是根据信息技术的特点，对手工方式下形成的业务流程进行根本性的再思考、再设计。

（4）对影响规划的信息技术发展的预测。信息技术主要包括计算机硬件技术、网络技术及数据处理技术等，这些技术的推陈出新将给信息系统的开发带来影响（如处理效率、响应时间等），并决定将来信息系统的性能。因此，规划及时吸收相关新技术，有可能使开发出的信息系统更具生命力。

3. 物流信息系统规划的步骤

物流信息系统规划的任务是通过对组织目标、现状的分析，制定指导信息系统建设的总体规划和信息系统长期的发展展望。围绕规划的基本任务，下面列出了系统规划的具体步骤。

（1）规划准备。规划准备包括规划的年限、规划的方法，确定是集中式还是分散式、是进取的还是保守的，邀请专家，组织规划小组，落实规划工作环境、启动规划等工作。

（2）收集相关信息。进行必要的初步调查，调查内容包括企业发展战略，企业产品，企业技术，设备和生产能力，企业综合实力，组织机构和管理，企业员工素质，企业面临的机遇和挑战，企业现行的信息系统建设水平、管理水平和信息技术现状。

（3）进行战略分析。对信息系统目标、开发方法、功能结构、计划活动、信息部门的情况、财务情况、风险和政策等进行分析。

（4）定义约束条件。根据单位的财务资源、人力及物力等方面的限制，定义信息系统的约束条件和政策。

（5）明确战略目标。确定整个企业的目标、信息系统的开发目标，明确信息系统应具有的功能、服务范围和质量等。

（6）提出未来的蓝图。给出信息系统总体框架、信息系统总体技术路线、信息系统建设路线，以及各子系统的划分等。

（7）选择开发方案。由于资源有限，不可能所有项目同时进行，应先选择一些效益最大、企业需求最为紧迫、风险适中的项目进行。在确定优先开发的项目之后，还要确定总体开发顺序、开发策略和开发方法。

（8）提出实施进度。估计项目成本和人员需求，并依次编制项目的实施进度计划。

（9）战略规划文档化。将战略规划书写成文，在撰写过程中，还要不断与用户、信息系统工作人员交换意见。写出的规划要经专家评审和企业领导批准才能生效，并宣告战略规划任务完成。如果未获批准，则要根据相关意见返回到前面的某一个步骤重新进行。

4. 制定战略规划的方法

自 20 世纪 60 年代起，信息系统规划开始受到管理信息系统业界的重视，许多专家在实践的基础上提出了不同的方法。但是，由于组织的特点、类型和对规划的具体需求的多样性，在信息系统规划过程中经常会遇到各种各样的问题。因此，如何正确应用信息系统规划方法，针对组织的具体特点和需求来进行规划，成为企业信息系统建设中的重要问题。综合来看，可将信息系统规划方法大致归为 4 类：面向低层数据的规划方法、面向决策信息的规划方法、面向内部流程管理的规划方法、面向供应链管理的规划方法。

（1）面向低层数据的规划方法，也就是传统的以数据为中心的规划方法，关注的是数据的准确性和一致性，偏重于技术分析方面。数据是分析的核心点，涉及数据实体或数据类的定义、识别、抽取以及数据库逻辑分析甚至设计。这种规划方法在企业过程建模以及企业数据库逻辑分析和设计方面有独到之处，但在企业战略分析方面的功能相对比较薄弱。典型的面向低层数据的规划方法有企业系统规划法（Business System Planning，BSP）和战略系统规划法（Strategic System Planning，SSP）。

（2）面向决策信息的规划方法，是以支持企业战略决策信息为核心来考虑企业的信息系统战略规划的。这类方法在处理企业战略与信息系统战略相互关系方面的功能比较强，但在企业过程建模等方面的功能较弱。典型的面向决策信息的规划方法有战略目标转移法（Strategic Set Transformation，SST）和关键成功因素法（Critical Success Factors，CSF）。

（3）面向内部流程管理的规划方法，通过分析业务流程链及其价值创造情况，对流程进行优化，增强流程链上活动间的匹配，寻求业务流程最大价值创造，达到增强企业竞争力的目的。典型的面向内部流程管理的规划方法有业务流程再造法（Business Process Reengineering，BPR）、价值链分析法（Value Chain Analysis，VCA）等。

（4）面向供应链管理的规划方法，实质是面向内部流程管理规划方法进一步向企业上下游方向的拓展，借助与合作伙伴的联盟，依托供应链的整体优势提升企业竞争力。这类规划方法以价值链成分或项目为研究对象，通过分析成分或项目的风险和收益，制定相应的决策，以帮助企业获得竞争优势。典型的面向供应链管理的规划方法是战略网络模型法（Strategic Grid Model，SGM）。

8.3.2　物流信息系统分析

1. 系统分析的目标与内容

物流信息系统是一个具有业务复杂性和技术复杂性的大系统，为了使目标系统既能实现当前系统的基本职能，又能有所改进和提高，系统开发人员首先必须理解并描述出已经实际存在的当前系统，然后改进，从而创造出基于当前系统又高于当前系统的目标系统，即新系统。系统分析阶段的主要任务就是在充分认识原信息系统的基础上，通过对现行系统的问题识别、可行性分析、详细调查、系统化分析等综合分析，最后完成新系统的逻辑方案设计，或称逻辑模型设计，解决"做什么"的问题，而不涉及"如何做"的问题。

系统分析的目的是确定用户对信息系统功能的需求，完成新系统的设计方案。它是在系统规划阶段可行性分析的基础上，调查企业的现状，分析企业的业务和数据流程，发现问题，分析不足，从而提出新系统的逻辑模型。系统分析采用系统化的方法，将系统分解成部件，分析它们的作用和相互关系，自顶向下，从粗到精，根据发现的问题提出解决的方案。

一般来说，物流信息系统分析的主要内容如下。

（1）详细调查、收集和分析用户需求。通过对现实环境的调查，获得当前系统的具体情况。如果在系统规划阶段所做的调查比较粗糙，现在则应在系统规划的基础上，进一步收集和了解、分析用户需求，调查与用户有关的详细情况。

数据流是通过物流产生的，物流和数据流又都是在组织中流动的。因此，调查的范围就不能仅仅局限于信息和数据流，还应该包括企业的生产、经营、管理等方面。具体地说，详细调查有这几个方面：组织目标和发展战略、组织机构和功能业务、管理模式和管理方法、决策方式和决策过程、业务流程与工作形式、数据处理与数据流程、产品构成及其工艺流程、可用资源和限制条件、现有问题和改进意见等。

（2）确定初步的逻辑模型。分析当前系统与目标系统的差别，建立目标系统的逻辑模型，包括数据流程图、数据字典、处理说明等。这里的逻辑模型是指仅在逻辑上确定的目标系统模型，而不涉及具体的物理实现，也就是要解决系统"做什么"，而不是"如何做"的问题。逻辑模型由一组图表工具描述，用户可通过逻辑模型了解未来目标系统，并进行讨论和改进。

2. 数据流程分析

用户需求分析首先要对企业的总体概况、组织结构、战略目标、业务流程进行分析，其中业务流程分析是为了了解业务的具体处理过程，发现和处理系统调查中的错误和遗漏，修改和删除原信息系统中不合理的部分，并优化业务处理流程，绘制业务流程图（TFD），然后在此基础上进行数据流程分析。

数据流程分析是把数据在组织（或原系统）内部的流动情况抽象地独立出来，舍去了具体组织机构、信息载体、处理工作、物资、材料等，单从数据流动过程来考察实际业务的数据处理模式，目的是发现数据流程不畅、前后数据不匹配、数据处理不合理等问题。

数据流程图（Data Flow Diagram，DFD）是数据流程分析的主要工具，用于表达和描述系统的数据流向和对数据的处理功能。数据流程图是能全面描述信息系统逻辑模型的主要工具，它可以用少数几种符号综合地反映

数据流程图

物流信息技术实用教程（微课版　第3版）

出信息在系统中的流动、处理和存储情况。

（1）外部实体：是指数据源点或终点，是外部环境中的实体（包括人员、组织和其他软件系统），也称为外部项。

（2）加工：又称为数据处理，是对数据流进行某些操作或变换。每个加工也要有名字，通常是动词短语，简明地描述完成什么加工。在分层的数据流程图中，加工还应编号。

（3）数据流：是数据在系统内传播的路径，由一组成分固定的数据组成。例如，订票单由旅客的姓名、年龄、单位、身份证号、出发日期、目的地等数据项组成。

（4）数据存储：又称为数据文件，暂时保存的数据，它可以是数据库文件或任何形式的数据组织。

对于不同的问题，数据流程图可以有不同的画法。一般情况下，应该遵守"由外向里"的原则。即先确定系统的边界或范围，再考虑系统的内部，先画数据处理的输入和输出，再画数据处理内部，如图 8-13 所示。具体实行时可按下述步骤进行。

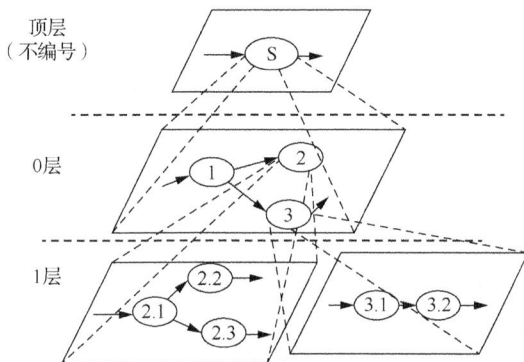

图 8-13　DFD 的层次分解过程

（1）顶层 DFD：确定所开发的系统的外部项（外部实体），即系统的数据来源和去处，确定整个系统的输出数据流和输入数据流，把系统作为一个加工环节，画出关联图。一般应把数据来源置于图的左侧，数据去处置于图的右侧，如图 8-14 所示。

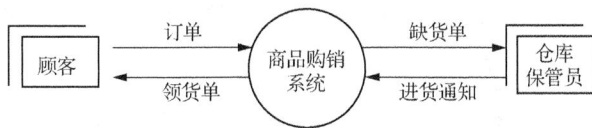

图 8-14　配送中心商品购销系统顶层数据流程图

（2）0 层 DFD：确定系统的主要信息处理功能，按此将整个系统分解成几个加工环节（子系统），确定每个加工的输出与输入数据流以及与这些加工有关的数据存储。根据各加工环节和数据存储环节的输出和输入数据流的关系，将外部项、各加工环节以及数据存储环节用数据流连接起来，为各数据流、加工环节和数据存储环节命名、编号，这样就形成所开发系统的数据流程图 0 层图（总图），如图 8-15 所示。

（3）1 层 DFD：根据自顶向下、逐层分解的原则，对上层图中的全部或部分加工环节进行分解。

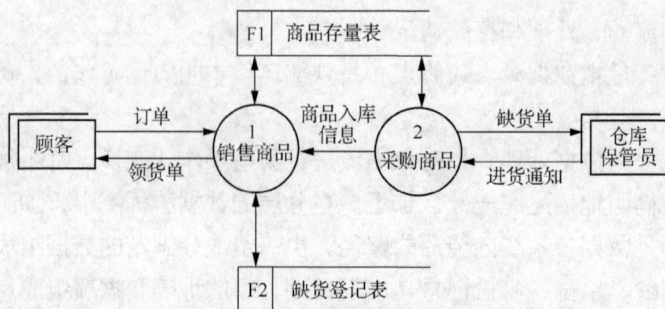

图 8-15　配送中心商品购销系统 0 层数据流程图

将需要分解的上一层图的加工环节（子系统）分解成具有明确逻辑功能的数个加工环节，按相同的做法，画出上层需分解的加工环节分解后的数据流程图草图。一般情况下，下层的一张数据流程图对应其上层数据流程图中的一个加工环节，在上层数据流程图的加工环节分解成下层加工环节数量少时，下层一张数据流程图也可对应于上层图中一个以上的加工环节，如图 8-16、图 8-17 所示。

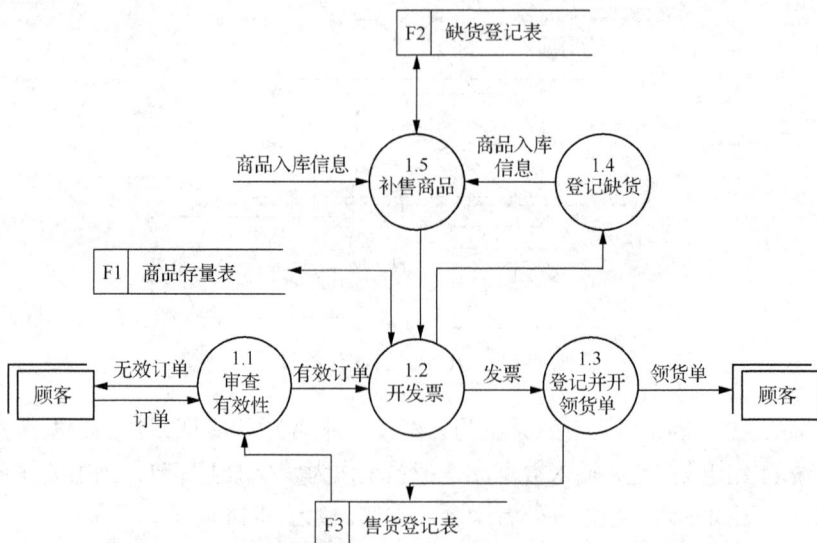

图 8-16　配送中心商品购销系统第 1 层数据流程图（之一）

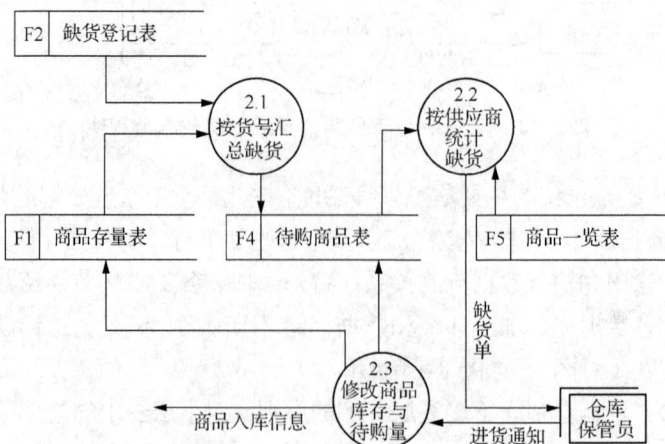

图 8-17　配送中心商品购销系统第 1 层数据流程图（之二）

分解结束的标志是对于每一个最低层的加工，即各层数据流程图中不做进一步分解的加工，其逻辑功能已足够简单、明确和具体，可以用一张 A4 规格的纸张写出清晰的说明。

（4）对图进行检查和合理布局，主要检查分解是否恰当、彻底，数据流程图中各层是否有遗漏、重复、冲突之处，各层数据流程图及同层数据流程图之间的关系是否正确，以及命名、编号是否确切、合理等，对错误与不当之处进行修改。

（5）和用户进行交流，在用户完全理解数据流程图内容的基础上征求用户的意见。与用户讨论的主要问题包括：系统逻辑功能的设置和描述是否合理，能否满足用户的信息需求，数据流和数据存储内容以及数据来源和去处（外部项）是否符合实际，描述是否准确、合理；用户在了解数据流程图的全部内容后，对系统逻辑功能提出进一步的意见与要求，系统分析人员根据与用户讨论的结果对数据流程图的草图进行修订，直到双方均满意为止。

3. 数据字典

数据流程图仅仅描述了数据的流向，还没具体描述清楚数据本身的情况，因此在数据流程图的基础上，还需对其中的每个数据流、文件和数据项进行定义，把这些定义组成的集合称为数据字典（Data Dictionary，DD）。数据字典是数据库中各类数据描述的集合，是进行详细的数据收集和数据分析所获得的主要结果。数据字典是一种数据分析、系统设计和管理的有力工具，在数据库设计中占有很重要的地位。

数据字典有以下 4 类条目：数据项、数据流、数据存储、处理过程。

（1）数据项：是数据的最小组成单位，它通常包括属性名、含义、别名、类型、长度、取值范围、与其他数据项之间的联系等。

（2）数据流：表示数据项在某一加工过程中的输入或输出，包括数据流名、说明、输入/输出的加工名、组成的成分等。

（3）数据存储：是数据流的来源和去向之一，可以是手工文档，也可以是计算机文档，包括数据存储名、说明、输入/输出数据流、组成的成分、存取方式和操作方式等。

（4）处理过程：是具体处理逻辑，一般用判定表和判定树来表达，包括处理过程名、说明、输入/输出数据流、处理的简要说明等。

4. 处理逻辑描述工具

简单的处理逻辑可以在数据字典中加以说明，但对于一些比较复杂的处理逻辑，可以使用一些描述处理逻辑的工具加以说明。下面简单介绍 3 种描述处理逻辑的工具。

（1）结构化语言。结构化语言介于自然语言和形式语言之间，是一种模仿计算机语言的处理逻辑描述方法。这种方法借助于程序设计的基本思想，使用 IF、THEN、ELSE、END、OR、NOT 等词组成规范化语言完成对处理逻辑的描述，包括顺序、判断和循环 3 种基本结构，适用于既包含一般的顺序执行动作，又包含判断或循环逻辑的问题。

以订单处理逻辑为例，这里将条件和应采取的行动用中文表示，则处理过程可以描述如下。

```
IF 欠款时间≤30 天
     THEN
          IF 需求量≤库存量
               THEN 立即发货
               ELSE 先按库存发货，进货后再补发
```

```
                ENDIF
          ELSE
             IF 欠款时间≤100 天
                THEN
                   IF 需求量≤库存量
                      THEN 先付款再发货
                      ELSE 不发货
                   ENDIF
                ELSE 要求先付欠款
                ENDIF
       ENDIF
```

（2）判定树。判定树是用来表示不同决策方案的直观方法。它用"树"来表达不同条件下的不同处理，比语言、表格的方式更为直观。判定树的左侧（称为树根）为加工名，中间是各种条件，所有的行动都列于最右侧。

对于一个不太复杂的判断逻辑，即条件只有 2～3 个，条件组合及行动在 10～15 个之间。图 8-18 所示是一张用于根据用户欠款时间长短和现有库存量处理用户订货方案的判定树。判定树比较直观，容易理解，但当条件较多时，不容易清楚地表达整个判断过程。

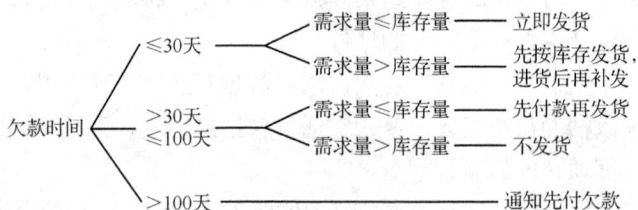

图 8-18　判定树示例

（3）判定表。对于具有多个互相联系的条件和可能产生多种结果的问题，用结构化语言描述显得不够直观和紧凑，这时可以用以清楚、简明为特征的判定表来描述。判定表采用表格形式来表达逻辑判断问题，表格分成 4 个部分：左上角为条件说明；左下角为行动说明；右上角为各种条件的组合说明；右下角为各条件组合下相应的行动。

判定表实际上是判定树的另一种表达方式。它采用表格方式，便于表达复杂条件下的多元逻辑关系，可以清楚地表达决策条件、决策规则和应采取的行动之间的关系。其缺点是判定表的建立过程复杂，不如判定树直观方便。

判定表适用于含有 5～6 个条件的复杂组合，条件组合过于庞大则将造成不便。这里仍以处理用户订货的例子来说明，其判定表如表 8-1 所示。

表 8-1　处理订货单的判定表

	决策规则号	1	2	3	4	5	6
条件	欠款时间≤30 天	Y	Y	N	N	N	N
	欠款时间>100 天	N	N	Y	Y	N	N
	需求量≤库存量	Y	N	Y	N	Y	N
应采取的行动	立即发货	×					
	先按库存发货，进货后补发		×				
	先付款再发货					×	
	不发货						×
	通知先付欠款			×	×		

判定表是根据条件组合进行判断的，表 8-1 中的每个条件都存在"Y（是）"和"N（非）"两种情况，n 个条件共有 2^n 种可能性。在实际使用中，有的条件组合可能是矛盾的或者是毫无意义的，需要剔除，有的则可以合并，因此需在原始判定表的基础上进行整理和优化，才能得到简单明了且实用的判定表。同时，在整理过程中还可能对用户的原有业务过程进行改进和提高。

5．系统分析报告

系统分析报告总结了系统分析阶段的成果。系统分析报告不仅能够展示系统调查的结果，而且能反映系统分析的结果——新系统逻辑方案。系统分析报告一经用户认可接受后，就成为具有约束力的指导性文件，成为下一阶段系统设计工作的依据和今后验收目标系统的检验标准。

一份完整的系统分析报告应该包括下述内容。

（1）系统概述。

（2）现行系统现状。

（3）目标系统逻辑模型。

（4）系统设计的初步计划。

8.3.3　物流信息系统设计

1．系统设计的目标与任务

系统设计的目标是为系统实现做准备，系统设计的任务是在系统分析提出的逻辑模型的基础上，科学合理地进行物理模型设计。逻辑模型主要确定系统"做什么"，物理模型则主要解决"怎样做"的问题。

系统设计阶段的工作分为两部分。

（1）总体设计（概要设计）：设计信息系统的总轮廓。

（2）详细设计：包括代码设计和设计规范制定、系统物理配置方案设计、数据存储设计、计算机处理过程设计、编写程序设计说明书和系统设计报告等。系统设计应该遵循系统性、灵活性、可靠性和经济性的原则。

2．功能结构设计

功能结构图（也称模块结构图）展现出上层模块对下层模块的调用、模块间的数据交换、数据的输入/输出、模块对数据存储的读写。图 8-19 所示为库存管理系统功能结构图。

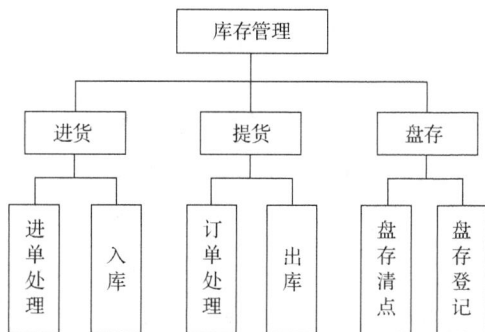

图 8-19　库存管理系统功能结构图

结构化设计方法的基本思想是模块化。即对每一个系统按功能逐步自顶向下、由抽象到具体逐层分解，将系统分解为多层次的独立功能模块，一直分解到能简单地用程序实现为止。

模块的聚合性和模块的耦合性之间实际上是有密切关系的。一般情况下，如果模块的聚合性提高，它们之间的耦合性就降低，反之亦然。模块划分的基本原则：高内聚、低耦合、影响范围在控制范围之内。

3. 系统平台设计

系统平台设计就是根据新系统的功能与性能要求，构建能够支持新系统运行的软硬件环境。

系统平台设计一般包括以下内容。

（1）系统硬件平台配置：包括服务器、工作站等计算机设备的参数配置。

（2）系统网络平台配置：包括网络拓扑结构、网络逻辑设计、网络操作系统。

（3）系统软件平台配置：包括操作系统、数据管理系统、编程设计语言、辅助工具、商业化软件等。

4. 代码设计

代码又称为编码，是代表事物名称、属性、状态等的符号，为了便于计算机处理，一般用数字、字母或它们的组合来表示。

代码为事物提供一个概要而不含糊的认定，便于数据存储和检索，使用代码可以提高数据处理的效率和精度，提高了数据的全局一致性，代码是任何计算机的共同语言，是计算机之间交换信息的工具。

代码设计要遵循唯一性、合理性、标准化、稳定性、可扩展性原则。常用的代码分类如图 8-20 所示。

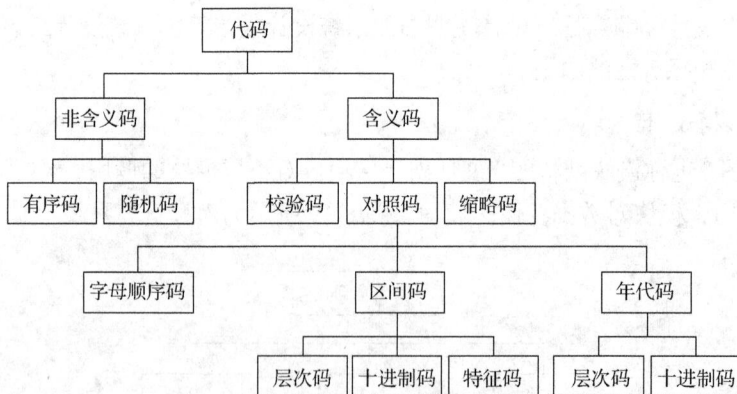

图 8-20　常用的代码分类

5. 用户界面设计

用户界面（User Interface，UI）又称人机接口，是用户与计算机信息系统之间传递、交换信息的媒介，是用户使用计算机信息系统的综合操作环境，是用户与计算机信息系统进行交互的唯一途径，人机交互方式一般包括菜单方式、图形方式、会话方式等。用户界面主要是指输入/输出界面。

（1）输入设计

输入界面是信息系统与用户之间交互的纽带，输入设计的任务是根据具体业务要求，确定适当的输入形式，使信息系统获取管理工作中产生的正确信息。输入设计的目的是提高输入效率，减少输入错误。输入设计的内容一般包括输入界面设计、输入设备选择。

输入设计的原则：最小量原则、简单性原则、早检验原则、少转换原则。

（2）输出设计

输出设计的任务是使管理信息系统输出满足用户需求的信息。输出设计的目的是正确及时反映和组织用于管理各部门需要的信息。信息能否满足用户需要，直接关系到系统的使用效果和系统的成功与否。

输出设计的内容包括：输出信息使用情况，包括信息的使用者、使用目的、信息量、输出周期、有效期、保管方法和输出份数；输出信息内容，包括输出项目、精度、信息形式（文字、数字）；输出格式，包括表格、报告、图形等；输出设备和介质，设备如打印机、显示器等，介质如磁盘、磁带、纸张（普通、专用）等。

输出设计主要有以下几种形式：表格信息、图形信息、图标、打印、网络传输等。

6. 系统设计报告

系统设计报告是系统设计阶段的主要成果，它主要提供各种文档资料，是面向系统管理人员的技术手册，也是系统实施的重要依据。其内容如下。

（1）系统设计概述。

（2）系统功能结构图及详细说明书。

（3）计算机、网络平台的硬件和软件配置。

（4）代码设计说明书。

（5）数据库的具体设计。

（6）输入/输出、用户界面、处理流程说明书。

（7）系统实现的初步建议。

8.3.4 物流信息系统实施

1. 系统实施的目标与任务

系统实施阶段的任务是实现系统设计阶段提出的物理模型，按实施方案完成一个可以实际运行的信息系统，交付用户使用。

（1）物理平台的建立（硬件）：计算机系统实施，包括计算机的购买、安装、调试和人员培训等；网络的实施，包括网络设备的购买、安装、调试和人员培训等；相关软件的购买、系统衔接等。

（2）程序设计与调试（软件）。

（3）人员培训、数据的准备与录入。

（4）系统转换。

2. 编程与测试

编程也称为程序编码，是将前面的详细设计结果转换成程序设计语言

编程与测试

的过程。程序设计要求做到正确、结构清晰、易修改、易读、简单。先求正确后求快，先求清晰后求快，求快不忘保持程序正确，保持程序整洁以求快，不要因效率而牺牲清晰。

编程是系统实施阶段软件系统实现的主要工作，首先要选择恰当的程序语言，目前常用的程序语言均为面向对象可视化的高级语言，如 VB、VC、Java 等，网页的开发语言包括 ASP、JSP、PHP 等，还有一些集成的开发环境（如 Dreamweaver）。另外还要选择恰当的开发环境，如操作系统、数据库平台等。

测试是指"为了发现错误而执行一个程序的过程"，一个好的测试用例是指这个测试用例有很高的概率可以发现一个尚未发现的错误，一个成功的测试是指它成功地发现了一个尚未发现的错误。

系统测试一般包括 4 个阶段。

（1）程序测试。程序测试是系统调试的一部分，主要是测试单个处理过程编码工作的正确性，它通常是由编程人员在编写程序时完成的，可以与程序的编码工作同步完成。程序测试方法分类如图 8-21 所示。

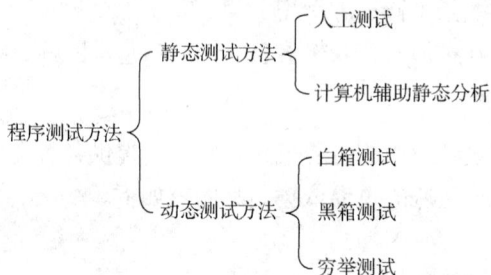

图 8-21　程序测试方法分类

（2）模块测试。一个模块可能包括几个处理过程，模块测试是把模块中的几个处理过程按顺序连接起来，用测试数据测试模块内各个程序之间的控制关系、处理的正确性和运行效率。

（3）分调。分调是对一个子系统内的各个模块实行联合调试，主要确认模块之间的调用关系和模块与外部功能的接口的正确性。

（4）总调。总调是把整个系统联合起来进行调试，也就是将主控程序、调度程序和各个功能模块连接起来进行系统总体调试。

3. 系统转换

系统转换是将现行系统的工作方式向所开发的管理信息系统工作方式转换的过程，也是系统的设备、数据、人员等的转换过程，主要包含人员培训、数据准备、试运行、系统切换等工作。

（1）人员培训。人员培训一般在编程与调试阶段就开始了，培训对象包括管理人员、系统操作人员、系统维护人员等。培训内容包括计算机操作技能、系统概况、操作方法等。

（2）数据准备。数据准备需要程序化、规范化，采用合理的计量工具、方法和渠道，保证目标系统有稳定的数据来源；保证各类统计和数据采集报表标准化、规范化。按照数据库（文件）结构要求对现存数据进行转换。

（3）试运行。对系统进行初始化处理，并输入各原始数据记录；详细记录系统运行的数

物流信息技术实用教程（微课版　第3版）

据和状况；对实际系统的输入方式进行全面考查；仔细核对新系统与原系统的处理结果；对系统的实际运行指标进行测试。

（4）系统切换。系统切换一般有 3 种方法，如图 8-22 所示。

① 直接切换。直接切换就是在确定新系统运行准确无误时，立刻启用新系统，终止老系统运行。其优点是切换简单，节省人力和设备费用，缺点是风险较大。一般适用于处理过程不太复杂、数据不太重要的场合或者准备比较充分的复杂项目。

② 并行切换。并行切换方式是新、老系统并行工作一段时间，经过一段时间的考验以后，新系统正式替代老系统。并行切换方式的优点是可以进一步检验新系统，一旦发现新系统有问题，就可暂时停止新系统的运行，老系统仍可继续工作，风险较小。缺点是在新、老系统并行运行阶段，工作量较大。这种方式适用于处理程序较为复杂的重要系统。

③ 逐步切换。又叫分段切换，这种切换方式实际上是以上两种切换方式的结合。它是在新系统正式运行前，一部分一部分地替代老系统。

逐步切换的优点是切换过程中如果新系统出现故障，只会局部受到影响，而不会引起整个系统混乱；缺点是时间较长。逐步切换有按功能分阶段逐步切换、按部门分阶段逐步切换等多种方式，在应用过程中，可根据具体条件和人力情况选择。

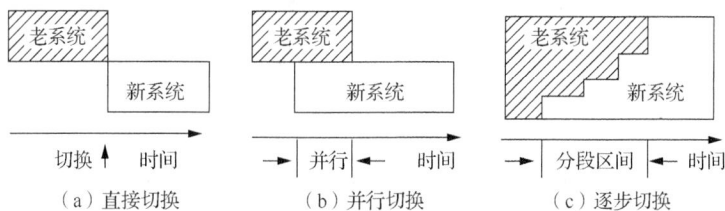

图 8-22　系统切换方法

8.4　物流信息系统的管理与评价

8.4.1　物流信息系统的管理

当系统开发生命周期中的系统实施结束时，就意味着"实验室"中的物流信息系统产品完成。此时该系统产品需要投入现场进行安装运行，这样系统开发也就进入系统管理与维护阶段。这是一项长期性的工作，目标是对信息系统运行进行实时控制，记录其运行状态，并做必要的修改与扩充，以使信息系统能真正满足用户需求，最终为企业管理者的决策服务。

1. 系统运行管理

物流信息系统运行管理的最终目标是向企业提供有用的信息，以满足管理人员的需求，即提供高质量的信息。系统运行管理包括系统运行的日常管理、维护和建立运行体制等。

物流信息系统运行的日常管理不仅仅是机房环境和设施的管理，还要及时如实地记录和处理系统每天的运行状况、数据输入和输出情况，以及系统的安全性与完备性。

（1）系统运行情况的日常维护：包括数据收集、数据整理、数据录入及处理结果的整理与分发。此外，还包括简单的硬件管理和设施管理。

（2）系统运行情况的记录：整个系统运行情况的记录能够反映出系统在大多数情况下的状态和工作效率，对系统的评价与改进具有重要的参考价值。除了记录正常情况外，还要记录意外情况发生的时间、原因与处理结果。

2. 系统维护

系统刚建成时所编制的程序和数据很少能一字不改地沿用下去。系统人员应根据物流信息系统运行的外部环境和业务量变化，及时对系统进行维护。系统维护一般包括硬件维护与维修、应用程序维护、数据库维护、代码维护等内容。

（1）硬件维护与维修。随着系统的运行，系统内的硬件设备也会出现故障，需要及时进行维修或替换。当系统功能扩大后，原有的设备不能满足要求时，就需要增置或更新设备。

（2）应用程序维护。在系统维护的全部工作中，应用程序维护的工作量最大，也经常发生。应用程序维护的工作主要有：①程序纠错，程序在执行过程中常会出现某些错误，如溢出现象时有发生，需要及时对程序进行纠错处理；②功能的改进和扩充，用户常会提出改进系统的局部功能，扩充某些新的功能；③适应性维护，信息系统运行环境一旦发生变化，就要进行适应性维护工作，比如计算机系统配置发生变化，就很可能需要对应用软件进行升级或更换。

（3）数据库维护。数据库维护又可分为数据库的转储和数据库的重组织。前者是为了在数据库遭到破坏时能够进行恢复，通常是把整个数据库复制为两个副本，副本既可存储在磁盘上，也可脱机保存在更安全、可靠的地方。后者则是在系统长时间对数据库进行各种操作所带来的存储和读取效率下降时，对数据库实施的再组织工作。

（4）代码维护。代码维护应由代码管理小组进行。变更代码应经过详细讨论，确定之后用书面写清。代码维护的困难往往不在于代码本身的变更，而在于新代码的贯彻。

3. 人员组织

在信息系统投入运行前，首先要解决系统人员组织问题，它是系统运行的重要保证。在现代企业的组织中，信息系统运行管理多由企业的信息管理职能部门负责。根据信息系统在企业中的地位不同，企业的信息系统运行组织机构主要包括：企业职能部门下设置电脑部；企业设置信息中心；矩阵式的信息中心；CIO 式的信息管理组织形式。

信息系统是信息技术与管理相结合的人机系统，其管理工作必须涉及多方面具有不同知识水平及技术背景的人员。这些人员在系统中各负其责，互相配合，共同实现系统的功能。信息系统管理部门的内部人员一般可分为信息主管、系统维护人员、系统管理员和系统操作人员。

（1）信息主管（CIO）。由于信息系统在现代企业中的作用增大，越来越多的企业设立了CIO 一职，其级别相当于企业副总经理甚至更高。CIO 和他所领导的信息部门的主要职责是：负责企业信息化的规划；管理正在开发或实施的项目；负责信息系统的正常运行和维护；建立和实施企业内信息系统的使用指南和制度；向企业各业务部门提供信息技术服务；信息系

物流信息技术实用教程（微课版 第3版）

统的研究和开发。

（2）系统维护人员（系统管理员）。系统管理员主要包括硬件维护员、软件维护员、数据库维护员和网络维护员等，还包括耗材管理员、资料管理员、机房值班员和培训规划员等。其中，培训规划员负责安排系统维护人员和操作员的培训工作。有时培训工作还需要采取请进专家和派出骨干的办法。

（3）系统操作人员。系统操作人员大多数都在各具体业务部门工作，他们负责各业务部门的信息系统操作和日常管理工作。严格地说，信息系统管理部门的主要成员由系统维护人员和系统管理员这两类人员组成。

4. 文档管理

文档是指某种数据媒体和其中所记录的数据。它具有永久性，并可以由人或机构阅读，通常仅用于描述人工可读的东西。物流信息系统的文档是描述系统从无到有的整个发展过程和演变过程状态的文字资料。在系统开发中，文档常常用来表示对活动、需求、过程或结果进行描述、定义、规定的报告或认证的任何书面或图示信息。它们描述和规定了信息系统设计和实现的细节，说明信息系统操作命令。文档是信息系统产品的一部分，没有文档的信息系统不能称为成功的系统。信息系统实际是由物理的信息系统与对应的文档两大部分组成的。系统的开发应以文档的描述为依据，而系统的运行与维护更需要文档来支持。

系统文档不是事先一次形成的，而是在多次开发、运行与维护过程中不断按阶段依次编写、修改来完善的。因此，必须对文档进行规范管理，包括开发、运行阶段要提供文档，各种文档要编写规范，要建立文档的收、存、保管制度与借用制度等。

一个典型的物流信息系统开发阶段所需的文档有：可行性论证、初步设计、详细设计及项目验收、可行性论证的工作规范、初步设计与详细设计的设计规范、验收规范。

5. 系统安全管理

物流信息系统提高了物流活动的效率，但是其作用是建立在系统持续稳定地提供有效数据和操作的前提条件下的。物流信息系统受到的主要威胁包括对信息的威胁和对设备的威胁，威胁可能来自技术、组织和环境因素以及不良的管理决策。图 8-23 所示为系统受到的常见威胁。

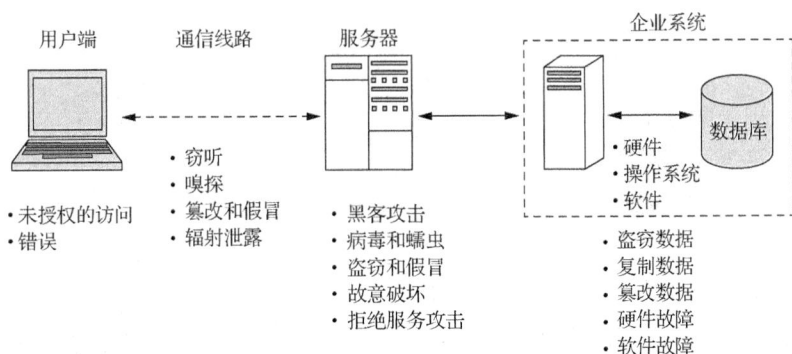

图 8-23　系统受到的常见威胁

保障信息安全有 3 个支柱，即技术、管理和法律法规。人们在提及信息安全时，多是指在技术相关的领域，如入侵检测、防火墙、数据加密、防病毒、CA 认证技术等。这是因为信息安全技术和产品的采纳能够快速见到直接效益，技术和产品的发展水平也相对较高，以及技术厂商对市场的培育不断提升了人们对信息安全技术和产品的认知度。虽然大家在面对信息安全事件时总是叹息"道高一尺，魔高一丈"，但在反思自身技术的不足时，往往忽视了另外两个层面的保障作用。

为了最大限度地减少自然因素、人为因素及系统本身缺陷带来的各种威胁，企业需要对信息系统进行安全有效的控制。只有物流信息系统在企业可控制的状态下运行，物流企业的信息化、自动化、智能化发展才对生产效率的提高有意义；而且一旦自动化、智能化的系统控制失败，其造成的破坏作用也是巨大的。因此，不仅要建设信息系统，还要做好其安全防范工作。

一个系统安全与否，首先要看该系统在开发前期可行性分析过程中、在系统开发分析设计过程中，以及在后期系统验收运行维护过程中，是否建立了足够完整的安全防范体系。所以，在物流管理信息系统开发过程中，针对该系统的相应安全管理措施也需要同步进行规划，包括各个开发阶段信息安全管理的制定和工作规程，根据安全评估结果采购软硬件设备，在系统开发过程中基于安全风险测定所进行的系统实施过程的控制和数据管理的需求，并保证相关工作人员在适用的安全操作控制下进行日常业务工作。

8.4.2 物流信息系统的评价

1. 系统的商业价值

在考虑系统的商业价值以前，了解企业对信息系统的基础设备与信息系统项目的投资形式是十分重要的。企业投资信息系统项目有很明确的目标，并在 12～24 个月内实现。企业还要投资信息技术基础设施，这个投资持续很长一段时间。基础设施的投资可能包括更新台式客户机的操作系统为最新版本的 Windows 操作系统，增加企业的服务器数量，将传统电话转换为 IP 电话，提升企业的国际带宽以加速信息的沟通。

所有信息系统项目投资均以两种形式为企业带来价值。最明显的价值贡献在于改善现有的企业流程或创造全新的企业流程，其结果是提高企业运作效率。信息系统还可以用于改进决策、加快决策的速度和提高决策的正确性。

（1）系统的成本。物流信息系统的成本是指系统在规划、开发设计、运行与维护、管理等过程中投入的各种成本。系统的成本构成有多种分类方法，如有的将总成本划分为开发成本和运行维护成本（见图 8-24），有的则将总成本分成硬件成本、软件成本和组织运行成本等。自 20 世纪 70 年代以来，信息系统开发成本不断下降，运行维护成本则相对上升。

在物流信息系统成本中，有两类无形成

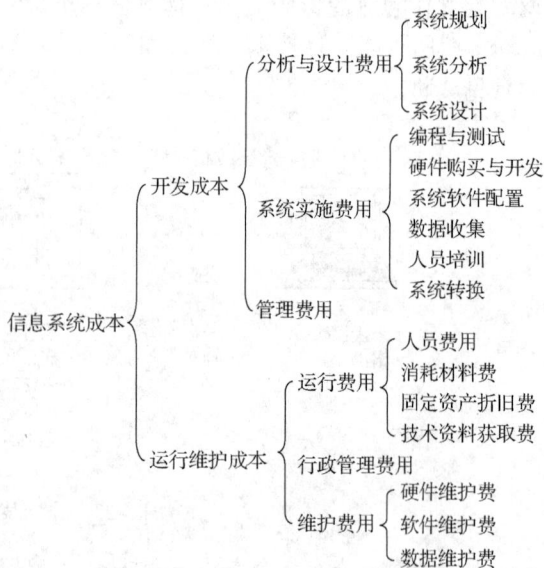

图 8-24　信息系统成本的构成

物流信息技术实用教程（微课版　第3版）

本需要加以重视：一是由于组织变动引起的组织成本，二是由于技术变化引起的技术成本。此外，由于员工不熟悉新系统而产生的对抗情绪导致整体工作效率下降等亦属于无形成本范畴。

（2）系统的收益。物流信息系统的收益通常由财务收益、工作质量收益和内部管理收益构成。其中，财务收益是占主导地位的确定性收益，包括改进劳动生产率和工作效率与改善资金运用条件提高收入，以及通过节约人、财、物资源降低消耗两方面。工作质量收益主要是指由于信息加工及传递速度加快、客户服务质量提高、各种资源配置更加合理所产生的收益。内部管理收益主要来源于决策的改善、管理水平的提高、劳动纪律的加强、人员士气的提高等带来的收益。工作质量收益和内部管理收益包含较大的不确定性因素。

物流信息系统的收益也可划分为直接收益与间接收益。直接收益是指系统应用后直接带来的货币价值，一般可以通过比较系统应用前后的生产率、资金周转率、库存等指标，根据统计数据直接测算出来。系统的间接收益包括：①为企业决策者提供及时准确的管理、财务、计划、人事等信息，以便为决策提供依据，从而提高企业的竞争力，通过完善和加强管理，改善企业形象；②增强组织对环境变化的反应和适应能力，提高竞争能力，减少决策失误和事故；③提高管理人员的办公效率和管理水平，使他们有更多的时间从事研究和分析工作；④促使企业管理标准化、规范化。

系统的间接收益一般无法用客观的货币价值尺度来衡量，在具体实践中通常采用主观评价的方法，即依据系统对企业经营活动效率、企业资源获取和管理能力、企业对付竞争威胁能力、企业"先动"优势、企业协同运作的影响，先设计一套系统价值和风险评价指标及其评分标准，然后由专家打分，最后采用加权综合的方法做出总体评价。

（3）投入产出分析。物流信息系统的成本收益原则上可借鉴传统的项目成本效益分析方法，如净现值法、投资回收期法。但是，传统的成本效益分析法多侧重于直接的、确定的、有形的成本和收益测算，而难以对间接的、不确定的、无形的成本和收益测算。信息系统具有自身的特殊性和复杂性，无论是成本还是收益，往往都不确定，且多以无形或间接为表现形式。

一般来说，考虑物流信息系统的投入产出主要集中在：①库存规模的合理性；②物流体系的布局合理性；③物流系统的运行效率和适宜度；④供应链整体运行改善度；⑤账、物差异度；⑥信息系统建设及维护投入；⑦客户满意度；⑧企业竞争力改善程度。

通过对上述内容进行考察，运用定性和定量化手段，可以预估系统的整体投入产出分析情况，进而为后面系统地实施项目提供依据。

2. 系统评价方法

从管理角度而言，没有评价就没有管理，评价是辅助领导者决策的重要手段，也是一种重要的反馈与学习工具，可以帮助发现系统实施过程中成功与不成功的潜在因素，进而改善实施方法或实施管理过程，促进项目向期望的方向发展。对于信息系统评价的研究主要集中在 3 个方面：一是对信息系统经济效益的评价和预测；二是对信息系统本身质量的评价；三是对信息系统进行多指标综合评价。

判断物流信息系统实施是否成功是一个比较模糊、主观的问题，有人认为系统运行起来就算成功，有人则认为达到预期目标才算成功。实施信息系统是为了提高企业在全球市场的竞争力，成功与否完全取决于企业自身检查，即只要符合企业战略，并达到事先制定的目标和评价指标，就可以说项目实施是成功的。

由于企业信息系统的应用既可以产生有形的效益，也可以为企业带来诸如提高柔性、缩短前置时间和生产周期、提高企业对信息系统技术学习能力、提高对用户服务水平等无形效益。不少信息系统具有影响企业整个生产经营活动的能力，其应用的效益既有直接效益，也有协同效益，发挥的作用不仅时间较长，同时还具有较长的滞后性。因此，针对企业信息系统的评价，可以从追求经济效益、获得竞争优势、保持竞争地位、实现战略目标、实现有效整合等多个方面进行。

8.5　人工智能与专家系统

8.5.1　人工智能

1. 人工智能的概念

人工智能（Artificial Intelligence，AI）是研究、开发用于模拟、延伸和扩展人的智能的理论、方法、技术及应用系统的一门新的技术科学。

人工智能是计算机科学的一个分支，它企图了解智能的实质，并生产出一种新的能以人类智能相似的方式做出反应的智能机器，该领域的研究包括机器人、语言识别、图像识别、自然语言处理和专家系统等。人工智能从诞生以来，理论和技术日益成熟，应用领域也不断扩大。可以设想，未来人工智能带来的科技产品，将会是人类智慧的"容器"。

人工智能是一门极富挑战性的学科，从事这项工作的人必须懂得计算机知识、心理学和哲学。人工智能是涉及范围十分广泛的科学，它由不同的领域组成，如机器学习、计算机视觉等。总的说来，人工智能研究的一个主要目标是使机器能够胜任一些通常需要人类智能才能完成的复杂工作。

2. 物流中的人工智能

自从 20 世纪 60 年代人工智能这一概念被提出后，人工智能技术已经过了半个多世纪的发展，其在提升社会劳动生产率，特别是在有效降低劳动成本、优化产品和服务、创造新市场和就业等方面为人类的生产和生活带来革命性的转变。

物流行业对人工智能的应用越来越多，因此带来的效率提升也特别明显。AI 在物流行业落地主要有四大应用场景：客服、转运、分拣、配送。但这只是人工智能技术发展到现阶段，相对成熟的应用。

物流融合了运输业、仓储业、货代业和信息业的复合型服务产业，作为国民经济的重要组成部分，必将受到人工智能技术的深刻影响。同时，物流行业的人工智能应用也将反过来为人工智能技术的发展提供成长的土壤。具体来说，人工智能技术应用于物流行业，应用领域包括以下方向：车货匹配系统，无人驾驶体系，图像、视频识别，语言识别、场站管理，物流运营管理等。

物流信息技术实用教程（微课版 第3版）

8.5.2 专家系统

1. 专家系统的概念

专家系统是一个智能计算机程序系统,其内部含有大量的某个领域专家水平的知识与经验,能够利用人类专家的知识和解决问题的方法来处理该领域问题。也就是说,专家系统是一个具有大量专门知识与经验的程序系统,它应用人工智能技术和计算机技术,根据某领域一个或多个专家提供的知识和经验,进行推理和判断,模拟人类专家的决策过程,以便解决那些需要人类专家处理的复杂问题。简而言之,专家系统是一种模拟人类专家解决领域问题的计算机程序系统。

专家系统是人工智能中最重要的,也是最活跃的一个应用领域,它实现了人工智能从理论研究走向实际应用、从一般推理策略探讨转向运用专门知识的重大突破。专家系统是早期人工智能的一个重要分支,它可以被看作一类具有专门知识和经验的计算机智能程序系统,一般采用人工智能中的知识表示和知识推理技术来模拟通常由领域专家才能解决的复杂问题。

专家系统通常由人机接口、知识获取机制、知识库、解释机制、全局数据库、推理机 6 个部分构成,如图 8-25 所示。其中尤以知识库与推理机相互分离而别具特色。专家系统的体系结构随专家系统的类型、功能和规模的不同而有所差异。

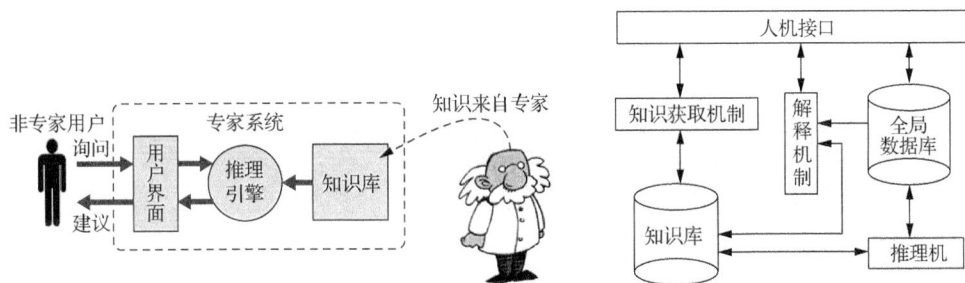

图 8-25 专家系统的组成

2. 物流专家系统

物流专家系统是一个能在物流领域解决复杂问题并达到专家水平的计算机程序系统。它是一种具有智能特征的软件,能够处理现实世界中需要由具有物流领域专门知识和经验的专家来分析和解决的复杂问题;它利用包含专家推理方法的计算模型来求解问题,其结果可以达到物流专家的工作水平。它一般是在物流专家的帮助下开发的,系统中的专门知识包括这些专家个人的经验成分。专家系统是一门综合性很强的边缘学科,它综合了计算机程序设计、人工智能、心理学、数学等多学科的研究成果。

综合实训:信息系统需求分析

【实训目的】
需求分析是信息系统开发过程最重要的环节,通过选择具体企业对其现有信息系统运行状况、新系统的需求进行系统化的分析，为系统设计、实现奠定基础，可以使学生进一步了解信息系统开发各过程的功能、系统需求分析的方法，可以锻炼学生发现问题、解决问题的能力，从而对信息系统开发过程有更加深入的了解。

【实训内容】

（1）选择典型企业，了解其基本情况、组织结构、业务流程，以及管理活动中对信息系统的需求。

（2）认真调研分析现有信息系统的应用情况，对信息系统结构、应用成果、存在问题、未来发展等进行分析。优化或重新设计企业业务流程（BPR）。

（3）根据用户需求、环境限制、功能需求、安全要求等方面，完成各项任务需求分析，建立新系统逻辑模型。

【实训方法】

（1）可以3~5人组成开发小组，分工协作完成。

（2）建议联系就近企业、熟悉的企业或校外实习基地企业，开展实地调研和分析。

（3）也可以在网上搜索典型的企业信息系统开发案例，尽量搜集到较为详尽、完整的开发资料，以便进一步分析研究。

【实训要求】

完成信息系统需求分析设计报告，要求3 000字左右。制作PPT演示文稿，以小组为单位进行演示汇报。

课后习题

一、填空题

1. 管理系统是分级的，信息也是分级的，均可分为战略级、_____和作业级。

2. 企业班组中每天的产量、考勤等基层业务信息称为_____级信息。

3. 信息系统由信息源、信息处理器、_____和信息管理者组成。

4. 在信息系统开发方法中，_____开发方法必须结合其他一种具体的开发方法进行。

5. 结构化开发方法一般把信息系统的生命周期分为系统规划、系统分析等_____个阶段。

6. 管理信息系统是一个由人和计算机等组成的能进行_____收集、传递、存储、加工、维护和使用的系统。

7. 系统分析报告是系统_____的依据，是与_____交流的工具。

8. 数据流程图的4种基本元素是数据流、处理、_____和_____。

9. 系统总调应由_____和程序员合作进行。

10. 在系统实施阶段，用新系统取代旧系统通常采用_____转换方法，即新旧两系统同时运行，在这过程中对照两者的_____。

二、选择题

1. MIS的3个层次中，（　　）属于中层计划范围，它包括资源的获取与组织、人员的招聘与训练等。

　　A. 战略管理　　　　B. 作业管理　　　　C. 管理控制　　　　D. 作业控制

2. 作业级信息的特点是（　　）。

    A. 大部分来自内部，信息的精度高，使用寿命短

    B. 大部分来自外部，信息的精度高，使用寿命短

    C. 大部分来自内部，信息的精度高，使用寿命长

    D. 大部分来自外部，信息的精度高，使用寿命长

3. 全国联机的航空订票服务系统属于（　　）。

    A. 批处理系统　　　B. 顺序处理系统　　　C. 联机实时系统　　　D. 直接存取系统

4. 信息系统科学三要素不包括（　　）。

    A. 系统的观点　　　B. 管理方法　　　　C. 数学方法　　　　D. 计算机应用

5. 中层管理信息系统的功能不包括（　　）。

    A. 数据处理　　　　B. 提供管理　　　　C. 辅助决策　　　　D. 过程控制

6. 管理信息系统开发成功的先决条件是（　　）。

    A. 管理方法科学化　　　　　　　　　　B. 领导者的重视和主管者的支持

    C. 建立本单位自己的计算机应用队伍　　D. 具有先进的硬件和软件配置

7. 帮助企业管理人员完成战术和战略方面决策制定的信息系统是（　　）。

    A. 管理控制系统　　B. 日常操作系统　　C. 辅助决策系统　　D. 战略管理系统

8. 回答信息系统"如何做"的问题是在系统开发的（　　）。

    A. 实施阶段　　　　B. 分析阶段　　　　C. 设计阶段　　　　D. 规划阶段

9. 战略层是（　　）。

    A. 对物流系统的结构和功能进行统一的规划、设计和评估

    B. 完成物品的时间转移和空间转移

    C. 对物流流程进行计划、调度和控制

    D. 以上内容都包括

10. 管理信息系统科学的三要素是（　　）。

    A. 计算机技术、管理理论和管理方法　　B. 管理方法、运筹学和计算机工具

    C. 系统的观点、数学方法和计算机应用　D. 计算机技术、通信技术和管理工具

11. 按照不同级别管理者对管理信息的需要，通常把管理信息分为哪三级？（　　）

    A. 公司级、工厂级、车间级　　　　　　B. 工厂级、车间级、工段级

    C. 厂级、处级、科级　　　　　　　　　D. 战略级、策略级、作业级

12. 从管理决策问题的性质来看，在运行控制层上的决策大多属于（　　）的问题。

    A. 结构化　　　　　B. 半结构化　　　　C. 非结构化　　　　D. 以上都有

13. 对管理信息系统进行综合，我们可以了解到，管理信息系统是由多个功能子系统组成的，这些功能子系统又可以分为业务处理、运行控制、管理控制和（　　）几个主要的信息处理部分。

    A. 财务管理　　　　B. 信息管理　　　　C. 人力资源管理　　D. 战略管理

14. 管理信息系统的最大难点在于（　　）难以获得。

    A. 系统数据　　　　B. 系统信息　　　　C. 系统人才　　　　D. 系统需求

15. 结构化系统开发方法在开发策略上强调（　　）。

    A. 自上而下　　　　B. 自下而上　　　　C. 系统调查　　　　D. 系统设计

16. 开发 MIS 的系统分析阶段的任务是（　　　）。
    A. 完成新系统的逻辑设计   B. 完成新系统的功能分析
    C. 完成新系统的物理设计   D. 完成新系统的数据分析

17. 数据流程图是描述信息系统的（　　　）。
    A. 物理模型的主要工具   B. 优化模型的主要工具
    C. 逻辑模型的主要工具   D. 决策模型的主要工具

18. 代码设计工作应在（　　　）阶段就开始。
    A. 系统设计   B. 系统分析   C. 系统实施   D. 系统规划

19. 输出设计应由（　　　）。
    A. 系统分析员根据用户需要完成   B. 系统设计员根据用户需要完成
    C. 程序设计员根据输入数据完成   D. 系统设计员根据输入数据完成

20. DO WHILE-ENDDO 语句用于（　　　）。
    A. 选择结构   B. 循环结构   C. 顺序结构   D. 网络结构

三、名词解释

决策支持系统；软件生命周期；瀑布模型；BSP；DFD

四、简答题

1. 常用的物流管理信息系统有哪些？
2. 简述管理信息系统的开发过程。
3. 结构化系统开发方法的优缺点是什么？
4. 系统分析报告中应写入哪些主要内容？
5. 试根据以下储蓄所取款过程画出数据流程图：储户将填好的取款单及存折交给储蓄所，经查对存款账，将不合格的存折和取款单退回储户，合格的存折和取款单被送交取款处理，处理时要修改存款账户，处理的结果是将存折、利息单和现金交储户，同时取款单存档。
6. 试绘制一张确定物资采购批准权限的判断表，要求能描述以下内容。
（1）购买 50 元以下物资不要批准手续。
（2）购买 50～500 元的物资应由供应科长批准。
（3）购买 500 元以上物资需经厂长批准。

📖 **案例分析**

百世旗下供应链智慧管理专家——百智会

一、企业简介

作为全球智慧供应链服务商的百世集团，结合互联网、信息技术和传统物流服务，不断创造新的商业模式，并提高效率和信息化的应用。百世集团自 2007 年成立以来，始终将"科技基因"贯穿其中。专业的互联网背景技术团队，自主研发日处理交易数千万级的系统集群，打造一站式的物流和供应链服务平台，互联网应用技术能力在不断提升，并以科技推动发展。

百世秉承"成就商业，精彩生活"的使命，以"商业和生活"为服务核心，发展出八大事业部：百世云、百世供应链、百世快递、百世快运、百世金融、百世国际、百世店加、百世优货。经过不断努力，2017年9月20日，百世集团（股票代码：BEST）在美国纽约证券交易所挂牌上市，2018年全年总收入279.6亿元。

二、项目实施

百世凭借十几年的供应链实操经验以及深厚的IT技术实力，基于SaaS模式打造出供应链信息化管理系统——百智会。百智会"优赢、WMS、TNET"三大产品适用于品牌商、经销商、承运商和制造商等各类实体企业，助力企业在业务全流程、仓储和运输等方面实现智慧化管理，并提升供应链的单体及协同效应；同时，百智会将帮助企业打通商流数据链条，实现线上线下全渠道一盘货管理，实现降本增效，助力企业赢在新零售时代。

某世界500强快消巨头（品牌商）在中国每年销售体量约为线上100亿，线下300亿，在全中国拥有近90家一级经销商，300多个仓。在市场越做越大，销量越来越高的同时，品牌商和经销商仓储管理并未科学化，库存并未一体化，数据并未打通和可视化，导致商品从工厂出货后，货品真正卖到消费者手中有多少，经销商端的库存有多少，哪些货品在哪些地方、场景的销量好，哪些地方、场景销量不好都不得而知。

这家品牌商属于典型的需要线下多级经销商才能触达消费者的情况，经销商没有统一的信息系统，中间层无法做到数据共享，致使品牌商很难做精确的生产规划、营销规划，以及基于全链路库存的物流规划，继而造成潜在的成本上升，影响消费者体验。从2018年开始，这家品牌商通过与百世合作，百智会在帮助部分渠道经销商全面提升供应链管理水平，降本增效的同时，开始逐渐将总部至经销商的供应链系统全面打通，大大提升上下游的供应链协同效率。

百智会针对品牌商与经销商的供应链数字化协同解决方案如下。

经销商原本没有仓储和运输管理系统，引入百智会后，建立了数字化的供应链管理系统，极大地提升了仓配运营和管理效率。同时，品牌商通过百智会与经销商系统链接，可以实时得到经销商库存数据和运输在途数据，从而得到真实可靠的销售数据，为品牌商优化经销商管理提供数据论据，为品牌商市场营销战略的制定提供数据支撑。通过百智会，品牌商真正建立了库存一体化、运输在途可视化和线上线下"一盘货"的供应链体系。

三、信息化实施过程中的主要体会

（1）供应链改造无论是对大公司还是小企业而言，都是牵一发而动全身的事情。每个客户原有作业流程以及人员素养有比较大的差别，对新流程的接受程度也各有不同，需要根据客户实际情况，制定相应的实施方案，保证顺利度过切换。

（2）在经销商端，需要通过过往的成功案例，让客户充分意识到系统应用的重要性，对系统进行实际应用，充分使用系统管理自己的业务，帮助提升操作效率，优化流程，降本增效。

四、本系统下一步的改进方案

（1）做生态开放的供应链管理SaaS平台。百智会专注于供应链管理领域，未来将进一步做好生态开放，做好与市场上各类ERP、CRM等软件的接口对接，帮助客户降低时间成本。

（2）加强商业智能（Business Intelligence，BI）系统。根据公司管理者、仓储/配送经理、司机、仓管员等每个人员需要看到的信息，设计相应的 BI 系统，让仓库、配送全部可视化，为管理者以及仓储/配送经理决策提供数据支持。

根据案例回答问题。

（1）结合案例说明信息系统在物流企业管理中的重要作用。

（2）"百智会"有哪些功能？可以协助企业解决哪些难题？

第9章 典型物流信息系统

【本章学习方略】

本章重点内容

- 典型物流信息系统的功能
- 典型物流信息系统的组成

本章难点内容

- 各个物流信息系统之间的联系
- 公共物流信息平台的功能与作用

案例引入

易通物流管理信息系统

1. 项目背景

易通交通信息发展有限公司易通物流分公司是一家快速成长的第三方物流企业,公司从2000年11月开始正式运作,经营三年来,业绩每年以翻一番的速度迅速发展,目前已经达到年营业额2 000多万元,运送货物400多万件,送达城市300多个的规模。易通物流公司的快速发展,不仅得益于第三方物流市场需求的发展,还离不开信息系统的支持。

到2019年,易通物流对信息系统的需求经历了从单一到全面、从模糊到清晰的发展过程。易通物流信息系统的应用从总体上来说分为4个阶段:①最初的系统只解决运单的录入和汇总数据的统计查询;②逐步涵盖委托、集货、调度、出入库、运输、配送、签收各环节的数据录入和统计查询;③达到调度、出入库、运输监控功能的完善和网上功能的实现;④进一步进行数据挖掘与系统对接。

2. 易通物流信息系统结构

本系统分为物流管理子系统、车辆运输管理子系统、出入库管理子系统和企业门户网站四大部分。

(1)物流管理子系统。基础委托单信息录入,支持电话、传真、互联网等多种形式;客户资料建档,包括客户业务信息、客户信用、客户投诉、客户基础信息、合作状况评价等;业务流转过程中相关数据的录入,包括在库相关信息、在途相关信息、费用信息,分别由不同岗位的责任人完成,便于出现问题时追究责任。

(2)车辆运输管理子系统。司机、车辆基础档案管理;车辆固定成本、可变费用管理;行车安全管理;行车效率管理(路单管理)。

(3)出入库管理子系统。货物的入库数量、时间、完好情况记录;货物的出库数量、时间、完好情况记录;支持仓库网络分布情况下对货物的统计、汇总;支持针对不同权限的客户分库区、分品种的库存货物查询;实现上述各项功能的网上查询服务。

（4）企业门户网站。作为物流公司对外界宣传和与客户沟通的工具，EIP物流企业门户网站主要提供网上查询、网上委托、网上交易功能。

3. 应用效果与效益

由于系统的完善应用，易通物流在相关岗位的人力投入减少了50%以上，差错率降低了80%以上，整个效率提高了46%。另外，系统的统计分析功能使得公司管理层能够及时准确地看到整个业务发生、流量和财务状况，为管理层的决策提供了重要的数据支持。另外，系统对业务流程的再造和实施起到了重要的导向和保障作用，提高了企业的竞争力。

随着信息技术的飞速发展，物流业务越来越离不开物流信息技术的应用，现代物流、绿色物流、智慧物流等的发展均以信息技术的应用为基础条件。信息技术的应用以物流管理信息系统为核心，将技术与业务联系起来，发挥信息技术的优势，从而提高物流业务的效率和质量。本章在理解管理信息系统的概念、结构、功能的基础之上，重点介绍典型物流管理信息系统（POS、EOS、WMS、TMS等）的结构、特点及应用情况。

9.1 销售点信息系统

9.1.1 POS系统的概念

1. POS系统的定义

销售点（Point of Sales，POS）信息系统，是指通过自动读取设备（如收银机）在销售商品时，直接读取商品销售信息（如商品名、单价、销售数量、销售时间、销售店铺、购买顾客等），并通过通信网络和计算机系统传输至有关部门，进行分析加工以提高经营效率的系统。

POS系统简介

2. POS系统的功能

POS系统应用后可大大提高商场的运营效率。在前台可以提高业务的效率和准确性，在后台可以提高整个商场的管理和运营水平。这主要体现在以下几个方面。

（1）简化了商业部门的作业流程，提高了基层员工的工作效率和积极性。

（2）简化了超市收银台业务，提高了工作人员操作的正确性，省略了手工核对的工作量。

（3）提高了数据收集能力，进一步提高了工作效率。

（4）提高了商店的运营水平，销售人员可根据商品的销售情况进行分析，以制订下一次销售计划。

（5）采购人员利用查询和报表，更直接、有效地获得商品情况，从而了解到商品是否畅销和滞销。

（6）管理者把握住商品的进销存动态，更好地控制和发展企业各种资源的流转。

（7）能实现对企业信息和职工的规范化管理，从整体上提高了企业经营管理水平。

3. POS系统的应用领域

POS系统最早应用于零售业，以后逐渐扩展至其他如金融、旅馆等服务行业，POS系统的应用范围也从企业内部扩展到了整个供应链。

（1）金融电子化：银行 POS 系统可通过银行专用网进行存取款、转账等银行业务，如银行的 ATM 就是一种银行 POS 系统的终端。

（2）商业自动化：如零售卖场、超市的收银系统，具有消费、预授权、查询支付名单等功能，是最典型的 POS 系统应用。

（3）票务售理：主要用于火车票、机票的网络票务，旅客可以在售票网点或公共场合的 POS 系统上，查询和购买所需的车票和机票。

（4）酒店、宾馆等服务行业：一般是通过互联网访问酒店宾馆的 POS 系统界面进行房间预约和登记，也可以支付相应的费用。

（5）收费系统：也称为转账 POS 系统，具有财务转账和卡卡转账等功能，主要用于单位财务部门，也可以用于个人水电、保险等费用的转账。

9.1.2 商业 POS 系统的结构与组成

商业 POS 系统的结构主要依赖于计算机处理信息的体系结构。结合商业企业的特点，商业 POS 系统可分为前台与后台两个部分，它们通过商场局域网或企业专用网连接。其总体结构如图 9-1 所示。

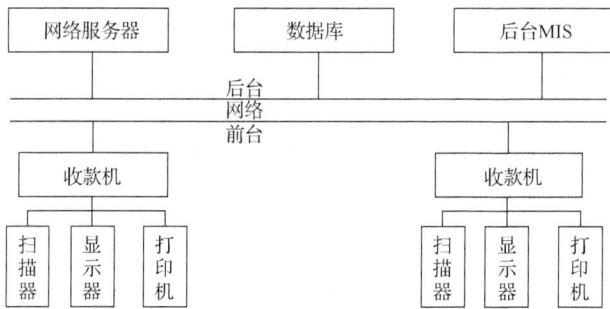

图 9-1　商业 POS 系统的结构

计算机与通信技术是商业 POS 系统的信息基础设施。商业 POS 系统的主要软硬件包括收款机、计算机/工作站、通信网络以及 POS 系统管理软件 4 个部分。

1．收款机

收款机主要是为商业 POS 系统提供销售服务和收集销售数据。POS 机（见图 9-2）是一种多功能终端，把它安装在信用卡的特约商户和受理网点中，与计算机联网就能实现电子资金自动转账。它具有支持消费、预授权、余额查询和转账等功能，使用安全、快捷、可靠。

2．计算机/工作站

商业 POS 系统需要使用微机的地方很多，如商场和商业集团的导购、各部门进行业务管理的客户机、POS 系统的客户机等。使用地点不同，对微机性能、功能的要求也不同，人们

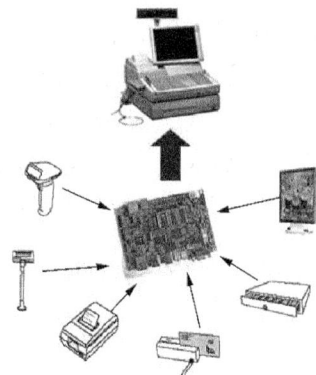

图 9-2　POS 机的组成

应根据业务的需要、与整个系统的连接、将来的升级等多方面综合考虑选配性价比高的微机。

3. 通信网络

通信网络是指将分散在各地的计算机系统互相连接，并按照通信协议进行通信，实现资源共享。商业 POS 系统需根据企业部门的发展需要以及网络技术的发展，选用适用的、先进的网络技术，特别是企业专用网络应与结构化组网相结合。

4. POS 系统管理软件

POS 系统管理软件是 POS 系统的核心组成部分，商业 POS 系统所用的大量数据都存储在数据库中。数据库中的数据由数据库管理系统进行管理，并为用户使用数据提供服务，除了增加、删除和修改数据的功能外，还保证数据的安全性、完整性和并发性。POS 系统管理软件分为前台软件 POS 销售系统和后台 MIS 信息管理系统两大部分，如图 9-3 所示。

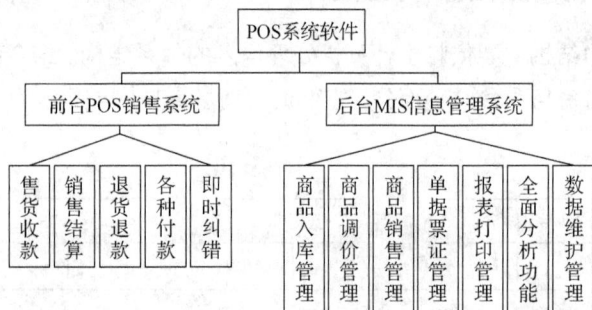

图 9-3　POS 系统软件的结构

9.2　电子订货系统

9.2.1　EOS 的概念

电子订货系统（Electronic Ordering System，EOS）在零售商和供应商之间建立起一条高速通道，使双方的信息能及时得到沟通，使订货过程的周期大大缩短。这既保障了商品及时供应，又加速了资金周转，实现了零库存战略。

EOS 可以将批发、零售商场所发生的订货数据输入计算机，通过计算机通信网络将资料传输至总公司、批发商、商品供货商或制造商处。EOS 能处理从新商品资料的说明到会计结算等所有商品交易过程中的作业，涵盖了整个物流业务流程。

9.2.2　EOS 的组成与原理

1. EOS 系统的组成

EOS 前端主要包括零售商场、批发商等，负责实现配送资源、发送订单等业务功能，后端主要是供应商，负责接收订单、发送交货通知等业务，这些业务功能由各自的计算机系统来实现，前端与后端之间主要通过基于因特网的 VAN（商业增值网）来连接，如图 9-4 所示。

图 9-4 EOS 的结构

2. EOS 的工作模式

零售商和批发商是两个主要的 EOS 参与方。在实际运作中，有些零售商只与一个批发商开展业务，大多数情况是多个零售商与多个批发商开展业务。根据两者之间的关系，可以将 EOS 的工作模式分为 3 种。

（1）一对一模式。即一个零售商只与一个批发商开展业务，反之亦然。就零售商而言，只要配备了订货终端机、货价卡及通信系统，就可以是一套完整的电子订货配置。就供应商来说，只要可利用终端机设备系统直接处理订单、打印出货单和检货单，就已具备电子订货系统的功能。

（2）一对多模式。即一个批发商可与多个零售商开展业务，连锁门店有电子订货配置，连锁总部有接单计算机系统，并用即时、批次或电子信箱等方式传输订货信息。这是"多对一"与"一对多"相结合的初级形式的电子订货系统。

（3）多对多模式。即多零售商对多批发商的类型，其具体形式有两种。一种是直接的"多对多"，即众多不同连锁体系下属的门店对供应商，由供应商直接接单发货至门店。另一种是以各连锁体系内部的配送中心为中介的间接的"多对多"，即连锁门店直接向供应商订货，并告知配送中心有关的订货信息，供货商按商品类别向配送中心发货，并由配送中心按门店组织调配向门店送货，这可以说是中级形式的电子订货系统。

3. EOS 的操作流程

EOS 的操作流程如图 9-5 所示，大体可以分为 4 个步骤。

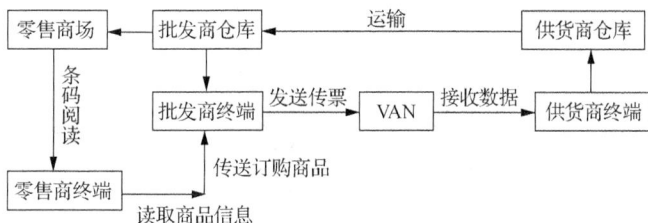

图 9-5 EOS 的操作流程

（1）在零售商终端利用条码阅读器获取准备采购的商品条码，并在终端机上输入订货资料，利用电话线通过调制解调器传到批发商的计算机中。

（2）批发商开具提货传票，并根据传票开具拣货单，实施拣货，然后根据送货传票进行商品发货。

（3）送货传票上的资料便成为零售商店的应付账款资料及批发商的应收账款资料，并传送到应收账款的系统中。

（4）零售商对送到的货物进行检验后，就可以陈列出售了。

9.2.3　实施 EOS 的条件和作用

1. 实施 EOS 的条件

使用 EOS 时，要注意订货业务作业的标准化，这是有效利用 EOS 的前提条件。商品代码设计和商品代码一般采用国家统一规定的标准，这是应用 EOS 的基础条件；订货商品目录账册的制作和更新、订货商品目录账册的设计和运用是 EOS 成功的重要保证；计算机以及订货信息输入/输出终端设备是应用 EOS 的环境条件；在应用过程中需要制定 EOS 应用手册，并协调部门间、企业间的经营活动。

2. EOS 在企业物流管理中的作用

（1）提高订单的处理效率。缩短从接到订单到发出订货的时间，缩短订货商品的交货期，降低商品订单的出错率，节省人工费。

（2）减少企业的库存。提高企业的库存管理效率，同时防止商品特别是畅销商品缺货现象的出现。

（3）有利于调整商品生产和销售计划。对于生产厂家和批发商来说，通过分析零售商的商品订货信息，能准确判断畅销商品和滞销商品。

（4）有利于提高物流信息系统的效率。使各个业务信息子系统之间的数据交换更加便利和迅速，丰富企业的经营信息。

9.3　仓储管理系统

仓储管理系统

9.3.1　仓储管理系统的概念

仓储管理在物流管理中占据核心地位，其业务流程如图 9-6 所示。从物流的发展史可以看出，物流的研究最初是从解决"牛鞭效应"开始的，即在多环节的流通过程中，因为每个环节对需求的预测存在误差，所以随着流通环节的增加，误差被放大，库存也越来越偏离实际的最终需求，从而带来保管成本和市场风险的提高。

仓储管理系统（Warehouse Management System，WMS）是一个实时的计算机软件

图 9-6　仓库管理的业务流程

系统，它能够按照仓储运作的业务规则，对信息、资源、行为、存货和分销进行更完善的管理，使其最大化满足有效产出和精确性的要求。

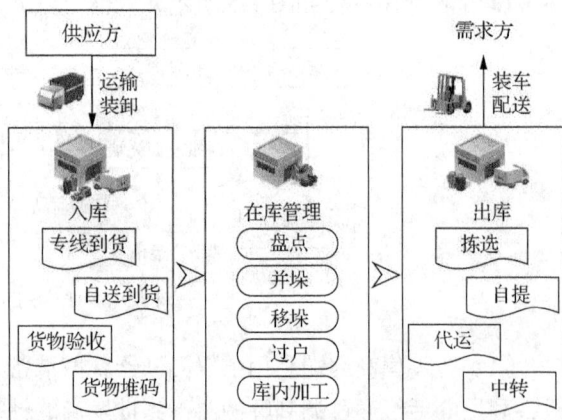

9.3.2　仓储管理系统的功能

仓储管理系统根据不同企业的不同业务和仓储情况，其功能也有些不同，但一般都包含以下功能模块。

（1）系统功能设定模块：定义整个系统的管理规则。

（2）基本资料维护模块：对每批产品生成唯一的基本条码序列号标签。

（3）采购管理模块：采购订单、采购收货、其他入库等管理。

（4）仓库管理模块：入库、出库、在库、特殊品库、调拨、盘点、库存报警等管理。

（5）销售管理模块：商品销售出库的相关业务处理。

（6）报表生成模块：相关的报表生成和输出功能，如月末、季度末以及年末销售报表等。

（7）查询功能模块：如采购单查询、销售单查询、单个产品查询、库存查询等。

9.3.3　自动化仓库

1．自动化仓库的概念

自动化仓库，也叫自动存取仓库，是指在不直接进行人工处理的情况下能自动存储和取出物料的系统，广泛应用于机械、家电、汽车、食品、烟草等行业。

自动化仓储是由自动化立体仓库、码垛机、AGV运载式机器人、自动化传输线系统、CCD形状识别等单元组成的，具体如图9-7所示。

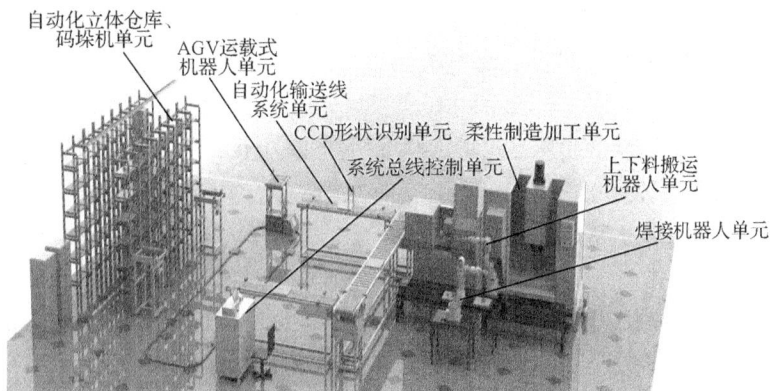

图 9-7　自动化仓库的模拟图

2．自动化仓库的发展

（1）人工管理阶段。物资的输送、存储、管理和控制主要靠人工实现，其实时性和直观性是明显的优点。人工仓储在初期设备投资的经济指标也具有优越性。

（2）机械化阶段。物料可以通过各种各样的传带，工业输送车、机械手、吊车、堆垛机和升降机来移动和搬运，用货架托盘和可移动货架存储物料，通过人工操作机械存取设备，用限位开关、螺旋机械制动和机械监视器等控制设备的运行。机械化满足了人们对速度、精度、高度、重量、重复存取和搬运等的要求。

（3）自动化仓储技术阶段。自动化技术对仓储技术和发展起着重要的促进作用。20世纪

50年代末和60年代，相继研制和采用了自动导引小车（AGV）、自动货架、自动存取机器人、自动识别和自动分拣等系统。20世纪70年代和80年代，旋转体式货架、移动式货架、巷道式堆垛机和其他搬运设备都加入了自动控制的行列，但这时只是各个设备的局部自动化并各自独立应用，被称为"自动化孤岛"。

（4）集成自动化仓储技术阶段。在集成化系统中，整个系统的有机协作使总体效益和生产的应变能力大大超过各部分独立效益的总和。集成化仓库技术作为计算机集成制造系统（Computer Integrated Manufacturing System，CIMS）中物资存储的中心受到人们的重视。虽然人们在20世纪80年代已经注意到系统集成化，但至今在我国已建成的集成自动化仓储系统还不多。集成化系统包括了人、设备和控制系统，前述3个阶段是基础。

（5）智能自动化仓储技术。人工智能推动了自动化技术向更高阶段发展。现在，智能自动化仓储技术还处于初级发展阶段，仓储技术的智能化将具有广阔的应用前景。

3. 自动化仓库的组成

（1）货物存取机。在自动化仓库中，视需要存放零件的数量建立若干高层货架。每两个货架之间称为巷道，巷道内设有堆垛机。它可在轨道上向水平方向移动，也可以在本身的立柱上沿垂直方向移动，借以完成货物的存取操作。为了适应立体存取，要求操作安全、准确并可进行遥控；为了适应各种货物的装载特点和不同的储存量，要求存取机具有各种相应的尺寸和构造。存取机有各种不同的速度，这取决于该系统单位时间内的货物吞吐量。

（2）储存机构。储存机构一般又称货架系统。从结构上看有两种货架，一种是货架与建筑物没有联系，独立地建在建筑物内部。这种货架可以拆除，灵活方便，适用于高度不高的自动化仓库。另一种是货架与建筑物紧密相连，它除了储存货物以外，还用作支撑建筑物的墙体或屋顶，成为建筑物的一部分，通常称为整体结构。这种货架建筑周期短、费用低，适用于高层的自动化仓库。

（3）输送设备。输送设备通常是指货物存取机作业范围以外的输送设备，用于将货物存取机与其他长距离的运输装置联系起来。输送设备类型很多，主要根据作业量多少、货物类型和作业之间的配合情况而定。常用的输送设备有铲车、引导车、地面有轨流动车、穿梭车和辊筒链条输送机等。

（4）控制装置。控制装置把自动化仓库的一切设备有机地联系在一起，使其按照预定的程序和要求动作，形成一个自动控制系统。较先进的控制装置一般都由几台小型计算机构成，采取分级控制。这种计算机分级控制系统能快速地对信息进行实时处理。

9.4 运输管理系统

运输管理系统

9.4.1 运输管理系统的概念

1. 运输管理系统的定义

运输管理系统（Transportation Management System，TMS）是基于运输作业流程的管理系统，它利用计算机网络等现代信息技术，对运输计划、运输工具、运送人员及运输过程进行跟踪、调度、指挥。

运输管理系统是一套基于运输作业流程的管理系统，主要有系统管理、信息管理、运输作业、财务管理四大子系统。

智能运输系统实质上就是将先进的信息技术、计算机技术、数据通信技术、传感器技术、电子控制技术、自动控制技术、运筹学、人工智能等学科成果综合运用于交通运输、服务控制和车辆制造，加强了车辆、道路与使用者之间的联系，从而形成一种定时、准确、高效的新型综合运输系统。TMS 的信息技术应用包括：GPS、移动通信、摄像机、电子签封、计算机、网络等，具体如图 9-8 所示。

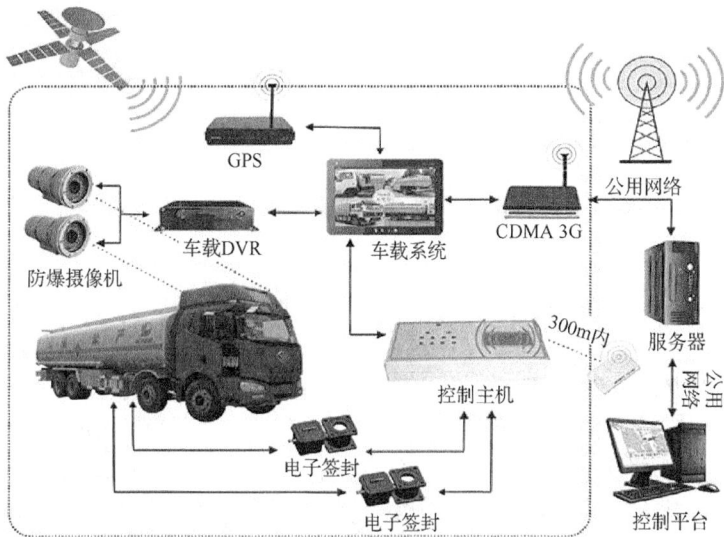

图 9-8　TMS 的信息技术应用

2. 运输管理系统的特点

（1）运输管理系统是基于网络环境开发的，支持多网点、多机构、多功能作业的立体网络运输软件。

（2）运输管理系统在全面衡量、分析、规范运输作业流程的基础上，运用现代物流管理方法和计算机技术设计出先进的、标准的运输软件。

（3）运输管理系统采用先进的软件技术实现计算机优化辅助作业，支持在网络机构庞大的运输体系中，协助管理人员进行资源分配、作业匹配、货物跟踪等操作。

（4）运输管理系统具有实用的报表统计功能，可以为企业决策提供实时更新的信息，大大简化了人员的工作量。

9.4.2　运输管理系统的功能

根据运输公司业务的不同，运输管理系统功能模块也有所不同，因此大多数软件开发商也开发了相应的可选功能模块以满足不同的业务需求。整体而言，运输管理系统的功能主要包括客户管理、车辆管理、驾驶员管理、运输管理、财务管理、绩效管理、海关/铁路/航空系统对接管理、保险公司和银行对接管理等模块，如图 9-9 所示。

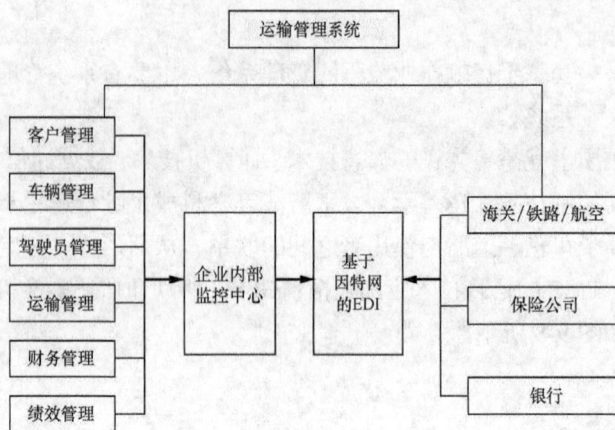

图 9-9　运输管理系统的功能结构

9.5　配送管理信息系统

9.5.1　配送管理信息系统的概念

配送中心最早从仓库业务演化而来，但配送中心不等于一个仓库。配送中心的主要功能是提供配送服务。在物流供应链环节中，是一处物流节点，为物流下游经销商、零售商、客户做配送工序。利用流通设施、信息系统平台对物流经手的货物，做倒装、分类、流通加工、配套，设计运输路线、运输方式，为客户提供定制的配送服务。其目的是节约运输成本，保障客户满意度。

由于配送中心相关的环节均需要处理大量的数据，所以需要配送中心信息系统来管理和处理这些数据，配送中心要实现高效率、低成本的配送服务，必须以现代化的配送信息系统为基础，将现代化的管理方法和理论融入管理软件之中，来支持配送中心的经营决策和作业管理，从而实现配置中心的系统化和高效率。配送管理信息系统运作模式如图 9-10 所示。

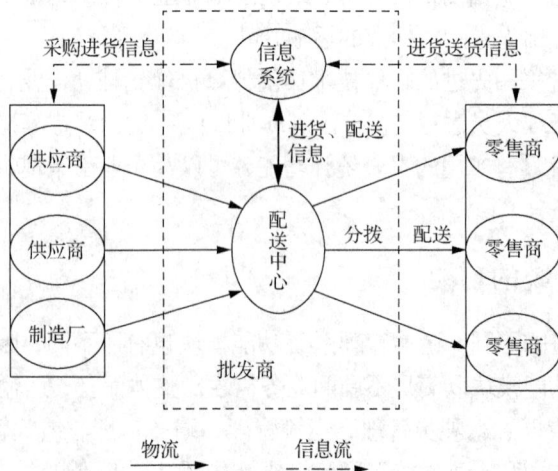

图 9-10　配送管理信息系统运作模式

9.5.2 配送管理信息系统的功能

一般的配送管理信息系统具有以下子系统和功能模块（见图 9-11）。

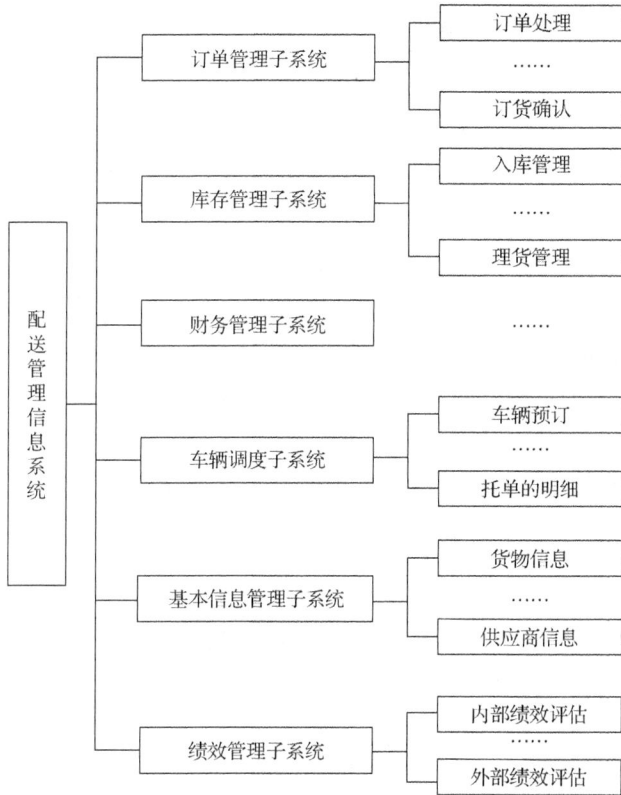

图 9-11　配送管理信息系统的功能结构

（1）订单管理子系统。订单管理子系统主要实现接收、处理、确认订单，可以通过电话、传真、网络等方式传入，通过因特网方式接收的订单可以自动转入配送管理信息系统中，减少订单输入的工作量，但还必须检查客户的资信度，以保证对重要的客户优先配送。

（2）库存管理子系统。库存管理子系统是一个企业、单位不可缺少的部分，它的内容对于企业的决策者和管理者来说都是至关重要的。库存管理子系统主要包括入库管理、理货管理、在库管理、拣货管理、库内加工、退货管理、出库管理等模块。

（3）财务管理子系统。财务管理子系统主要实现收付款管理，承担配送中心的财务统计和管理工作，使得配送中心进出账目清晰、准确，便于以后的统计和管理工作。

（4）车辆调度子系统。车辆调度子系统主要对车辆分配情况及各种汇总信息进行处理，并可重新调整已分配好的车辆。记录所有车辆的预订、完成及修理情况，人员情况，托单的明细表与汇总表。

（5）基本信息管理子系统。该子系统主要记录货物信息、供应商及零售商信息、员工信息、供应商管理、客户管理、车辆信息以及各种单证信息。

（6）绩效管理子系统。绩效管理子系统主要对配送中心的运营绩效进行计算和统计，即开展作业活动业绩评估、内部绩效评估和外部绩效评估，以提高效率和效益。

9.6 物流公共信息平台

9.6.1 物流公共信息平台概述

1. 物流公共信息平台的定义

我国物流业条块分割的管理格局和各省、地、市、县级物流公共信息平台的区域性局限不利于物流信息资源共享，也阻碍了物流的社会化、专业化和第三方物流市场的发展，居高不下的货运车辆空载率也证实了这一问题。

物流公共信息平台是指基于计算机通信网络技术，提供物流信息、技术、设备等资源共享服务的信息平台。它具有整合供应链各环节物流信息、物流监管、物流技术和设备等资源，面向社会用户提供信息服务、管理服务、技术服务和交易服务的基本特征。

物流公共信息平台应实现的应用体系结构从纵向可以分为国家级、省级、地市级和园区企业级4个层面；横向主要侧重于同一层面上的各级政府机关和业务系统之间的行政管理和协作；纵向的各政府职能部门分别经各自的物流公共信息平台系统互联互通，侧重于同一职能的各级政府部门和业务系统之间的业务处理。

2. 物流公共信息平台的主要功能

（1）信息发布。物流公共信息平台以 Web 站点形式实现，用户只要通过因特网连接到信息平台，就可以获取站点上提供的物流信息，包括运输资源、能力、新闻公告、政务指南、政策法规等。

（2）在线交易。平台为供需双方提供虚拟交易市场，双方可以发布和查询供需信息，就自己感兴趣的信息进一步洽谈，交易系统可为双方进行交易撮合，并实现线上交易与支付。

（3）货物跟踪。平台可以采用 GPS/GIS、PDA、手机等跟踪货物的位置和状态，实现全程可视化，使托运人能掌握货物的实时信息。

（4）决策支持。通过建立物流业务的数学模型，帮助分析、比较和选择物流业务运营、战略和策略上的方案。例如，智能配送功能可以运行路线配送顺序、车辆类型、选择、限定发货时间等。

（5）金融服务。可通过互联网实现金融服务，如保险、银行、税务、外汇等。平台起到信息传递作用，具体业务在相关金融部门内处理，处理结果通过平台返回客户。

（6）综合服务。行业物流信息平台不断整合上下游供应链，应对快速变化的市场需求，提高服务水平，减少成本，为自己的客户提供第三方物流服务，如物流业务在线交易、物流跟踪等。

另外，还包括一般信息系统所具备的用户管理、权限管理、安全管理、备份与还原等系统管理功能。

3. 物流公共信息平台的分类

（1）行业物流公共信息平台。对行业物流公共信息平台的理解有两种角度。一是从物流业务针对的物资种类角度，行业物流公共信息平台可分为煤炭行业物流公共信息平台、粮食行业物流公共信息平台、医药行业物流公共信息平台等，国家发改委、中国物流与采购联合会等组织起草《物流业调整和振兴规划》的单位均是从这个角度理解和提出"行业物流公共信息平台"概念的。二是从物流业务主要采用的运输方式角度,行业物流公共信息平台可分为道路运输行业物流公共信息平台、水路运输行业物流公共信息平台、铁路运输行业物流公共信息平台等。

（2）区域物流公共信息平台。区域物流公共信息平台是区域物流活动的神经中枢,是利用计算机和通信技术,把物流活动中的供需双方和运输业者以及管理者有机联系起来的一个信息系统支撑体系。

（3）以特定物流服务功能为基础的物流信息平台。以特定物流服务功能为基础的物流信息平台包括公路货运、国际海运货代等信息平台。随着电子商务的兴起,各类物流信息平台应用互联网为运输企业和货主提供运输能力与需求的自动匹配与优化,整合其供方与需方的信息,以降低交易成本,优化资源配置来获得商机,赢得市场。

9.6.2 典型的物流公共信息平台

1. 国家交通运输物流公共信息平台

国家交通运输物流公共信息平台（简称"国家物流信息平台",英文标识为 LOGINK）致力于构建覆盖全国、辐射国际的物流信息服务基础设施,覆盖全产业链的数据仓库和国家级综合服务门户,有效实现国际间、区域间、行业间、运输方式间、政企间、企业间的物流信息安全、可控、顺畅交换共享,逐步汇集物流业内和上下游相关行业的国内外静动态数据信息,提供公共、基础、开放、权威的物流公共信息服务,形成物流信息服务的良好生态基础,从而促进我国物流业产业向绿色高效全面升级。

2. 南方现代物流公共信息平台

南方现代物流公共信息平台（以下简称"南方平台"）,利用计算机、网络、通信、无线射频识别、地理信息系统和卫星导航等现代信息技术,以珠三角地区为基础,以泛珠三角地区为依托,对物流作业、物流过程和物流管理的公共环节所涉及的各部门物流信息,进行采集、分类、筛选、储存、分析、评价、反馈、发布、管理和控制,实现标准化处理、共享与交换,提供面向区域及公共的信息服务。

3. 浙江省物流公共信息服务平台

浙江物流网是浙江省最大的物流综合门户网站,是浙江省物流公共信息服务平台,是浙江省仓储行业协会官网,由浙江省现代物流发展联席会议办公室建设,是浙江省现代物流联席会议办公室物流信息指定发布网站,由浙江通创智慧物流服务有限公司负责运营,主要提供省内外物流信息发布、媒体宣传推广、培训考证、企业资源对接等服务,同时承担央视物流网华东中心的工作,也是浙江省物流行业中小企业公共服务平台。

4. 阿里巴巴物流服务平台

阿里物流,即阿里巴巴物流服务平台,是阿里巴巴旗下的在线物流服务平台。用户可使用阿里物流进行运价查询与对比、网点查询、物流跟踪以及直接下单给物流公司。阿里物流也提供了运单的全生命周期管理,能够帮助用户及时了解货物的运输情况。用户可以对物流公司的服务进行评价或投诉,以推动物流商提高服务意识,进而提高整个物流行业的服务水平。

5. 中国铁路 95306 网

中国铁路 95306 网于 2015 年 4 月 10 日上线运行。95306 网主要开展 3 项服务业务：一是提供铁路货运电子商务服务，开办"我要发货"、运费查询、货物追踪等铁路货运业务；二是提供大宗物资交易服务，支持煤炭、矿石、钢铁、粮食、化工、水泥、矿建、焦炭、化肥、木材、饮食品等 11 个品类物资在线交易并提供配套物流服务；三是提供小商品交易服务，包含商品选购、在线支付、物流配送、网络营销、客户服务等功能。

95306 网开通初期，现有中国铁路客户服务中心 12306 网站货运服务功能仍然保留一段时间。过渡期结束后，12306 网主要开展客运相关服务业务，95306 网主要开展货运相关服务业务，但为方便广大旅客货主办理相关业务，12306 网和 95306 网互相链接。

综合实训：智能仓储

【实训目的】

通过实训了解仓储管理在物流业务中的中心地位，了解智能仓储中信息技术、信息系统的应用状况，提高学生对智能仓储的感性认知，进一步了解现代物流及物流信息技术的发展前景。

【实训内容】

（1）了解"诺思"物流管理系统的软件组成、功能模块及特点，并进行具体操作。

（2）以管理员身份登录，完成相关参数设置（如商品、库存、用户、供应商、车队等信息）及系统初始化工作，规定优化配送业务流程，并对操作员进行设置和管理。

（3）以库管员、调度员等身份登录系统，完成采购入库、销售出库、车辆调度、运输管理等业务流程，并生成相应的报表。

【实训方法】

根据相关实验室的软件配置情况，选择典型的物流管理信息系统进行操作，如仓库管理系统、运输管理系统、配送管理系统等。

诺思配送管理教学软件主要是以现代物流企业和国外信息系统中的客户管理、仓储管理、配送管理、运输管理、结算管理等实践过程为主要部分，结合了这些物流信息系统国际和国内标准，以及实际业务运作和实际物流教学的一套模拟教学系统，使用者可通过系统的安装和完整的仓储、配送、运输、客户、商务、结算等管理流程的操作，了解现代物流企业中的仓储、配送、运输、客户、商务、结算等管理作业的基本功能和运作过程，提高对物流信息系统的理解和操作能力，以形成互动式教学、模拟性教学和实践性多种模式的教学。

【实训要求】

（1）以系统管理员身份登录"诺思"配送管理系统，了解其功能和操作流程。

（2）完成主要参数的设置、主要功能界面的操作。

（3）记录参数配置、操作过程，并输出相应报表。

物流信息技术实用教程（微课版 第3版）

一、填空题

1. _____系统不仅方便了收费，而且收集到的销售数据经计算机处理，能作为促销和价格、陈列方式、库存管理等的依据。

2. POS系统的商品销售信息可以通过_____系统转化为订货信息并通过 VAN 网络自动传递至上游供应商。

3. 信息系统由信息源、信息处理器、_____和信息管理者组成。

4. 在信息系统开发方法中，_____开发方法必须结合其他一种具体的开发方法进行。

5. 结构化开发方法一般把信息系统的生命周期分为系统规划、系统分析等_____个阶段。

6. EOS系统的4个组成部分是：零售商、_____、网络和计算机系统。

7. 仓储管理信息系统（WMS）是为提高仓储作业和仓储管理活动的效率，对仓库实施全面的系统化管理的_____。

8. POS系统最早应用于_____行业，以后逐渐扩展至其他如金融、旅馆等服务行业，POS系统的应用范围也从企业内部扩展到了整个供应链。

9. 电子订货系统（Electronic Ordering System，EOS）在零售商和_____之间建立起一条高速通道，使双方的信息能及时得到沟通。

10. 物流公共信息平台是指基于_____技术，提供物流信息、技术、设备等资源共享服务的信息平台。

二、选择题

1. 运输管理信息系统是通过建立计算机网络和系统，实现对（　　）的追踪管理。
   A. 车辆及所运货物　　　　　　　　B. 人员
   C. 仓库　　　　　　　　　　　　　D. 客户信息

2. POS系统包含前台系统和（　　）两大基本部分。
   A. 后台 MIS 系统　　B. 集成系统　　　C. 信息系统　　　D. 销售系统

3. 在仓储过程中对产品进行保护、管理，防止损坏而丧失价值，体现了仓储的（　　）功能。
   A. 保管　　　　　　B. 整合　　　　　C. 加工　　　　　D. 储存

4. 仓储管理活动可以表述为：仓储管理人员和作业人员借助仓储设施和设备，对（　　）进行收发保管。
   A. 库存物　　　　　B. 仓库　　　　　C. 仓库管理系统　　D. 重要物资

5. 仓库管理系统 WMS 最基本的功能是（　　）。
   A. 信息处理功能　　B. 计划功能　　　C. 预测功能　　　D. 事务处理功能

6. WMS 中可以提供最小库存量、最大库存量和自动订货量控制的模块是（　　）。
   A. 出库管理模块　　B. 货位管理模块　　C. 库存控制模块　　D. 入库管理模块

7. 下列哪项不是公路运输的特点？（　　）

    A. 运输的量较小，运输成本较高　　　　　B. 运行持续性较差

    C. 掌握车辆的驾驶技术较容易　　　　　　D. 在长途运输中，运送速度较快

8. 商业 POS 系统的基本结构可分为前台与后台两个部分，它们通过（　　）连接。

    A. 互联网　　　　　　　　　　　　　　　B. Wi-Fi

    C. 移动通信网　　　　　　　　　　　　　D. 商场局域网或企业专用网 VPN

9. EOS 系统可以分为 4 个部分：供应商、零售商、网络和（　　）。

    A. 计算机系统　　　B. POS 系统　　　C. 仓储管理系统　　　D. 订单管理系统

10. 运输管理系统是一套基于（　　）的管理系统，主要有系统管理、信息管理、运输作业、财务管理四大子系统。

    A. 运输车辆　　　　B. 运输人员　　　C. 运输货物　　　D. 运输作业流程

11. POS 系统的应用领域中，一般不包括（　　）。

    A. 金融电子化　　　B. 商业自动化　　　C. 运输管理系统　　　D. 票务管理系统

12. EOS 电子订货系统主要的参与方是（　　）。

    A. 供应商、零售商　　　　　　　　　　　B. 生产商、供应商

    C. 供应商、批发商　　　　　　　　　　　D. 零售商、客户

13. 一般的配送管理信息系统不包括（　　）子系统和功能模块。

    A. 订单子系统　　　　　　　　　　　　　B. 库存管理子系统

    C. 财务管理子系统　　　　　　　　　　　D. 客户关系管理子系统

三、名词解释

收款机；EOS；智能仓库；配送中心；物流公共信息平台

四、简答题

1. 配送中心管理系统一般包含哪些功能？

2. 简述 POS 系统的应用领域。

3. 说明 POS 系统、EOS 系统的功能的区别与联系。

4. 简述配送中心在物流中的作用，一般的配送中心有哪些功能？

5. 说明物流信息技术（如 RFID、GPS 等）在运输管理中的应用。

6. 我国典型的物流信息公共平台有哪些？各有什么特点？

📖 **案例分析**

中建材信息技术有限公司分销供应链TMS系统

一、TMS 系统用户背景

中国建材集团（中建材）是全球最大的综合性建材产业集团、世界领先的新材料开发商和综合服务商，连续 9 年荣登《财富》世界 500 强企业榜单。中建材信息技术股份有限公司创立于 2005 年 4 月，注册资金 14 935 万元，是中建材集团成员企业，客户涉及政府、金融、互联网、教育、制造、能源、交通等多个领域。

公司成立以来非常重视战略规划和企业信息化建设，随着业务规模的增长，不断改善优

化管理模式，在信息化建设方面发展迅速，公司自 2010 年就陆续自建 ERP、OA 等信息化系统，后期引进全球最先进的 SAP 的 ERP 系统，使企业的内部流程管理达到同业中的翘楚。但由于分销业务的供应链采用 3PL 方式完成货物的交付，需要众多外包运输服务商协同，因此不同公司间的货物信息流信息传递缓慢，运输管控一直沿用 Excel 表格与外包单位进行人工协同管理。伴随着华为的业务成长，中建材信息的供应链单量暴涨，每年仅华为的分销运输单量就已超 30 000，且客户对在途管控的要求不断提升，因此一个跨组织协同的 TMS 系统成为我公司的迫切需求。

二、TMS 业务需求

中建材信息的分销业务的物流流程和大多数公司的物流流程一致。由公司销售在 ERP 系统中建立销售单，销售单信息进入 OA 审批，审批通过后下发到仓库备货，同时下发物流部建立运单，运单建立后按区域和线路分派给指定操作人员，物流操作人员选择合适的承运商，按运输时效制定提货时间、到货时间及相应的 KPI 要求。运单信息填写完整后发给承运商开始操作。

货物开始运输后，物流人员负责监控货物运输中有无异常发生、货物在途状态的跟踪和反馈、签收单的回传和归档、费用的记账和对账。物流部门除了日常的业务操作外，还负责运价谈判、供应商效绩评价、物流整体运行情况监控等工作。

中建材信息 TMS 的需求特性主要包括：业务复杂度高、分销运输方式要求调整灵活、物流费用结算方式不同、货物形态不同、合单要求和异常记录困难等。销售供应链痛点主要包括：人工调度效率低；运输异常的预警滞后、物流信息缺乏协同、在途监控困难、财务合规困难、财务对账困难、回单管理困难、状态跟踪效率低、KPI 绩效统计分析粗放等。

三、TMS 系统产品选择及部署

中建材信息通过招标多家 SaaS TMS 服务供应商，经过物流部门对比试用，驿畅 TMS 产品因其灵活的状态管控、高效的操作、丰富的协同理念及高适用度成为公司 TMS 的首选。

采购的驿畅 TMS 产品以 SaaS 独立化部署方式为公司提供高质量服务，独立部署形式在满足公司对信息安全合规要求的情况下，不仅满足个性化迭代开发需求，还通过每年付费获得有效服务，降低公司的总体使用成本。

系统实施后，在操作智能化方面，可以实现智能接单处理、智能线路匹配、智能合单、智能状态更新、智能化的主动异常发现、智能辅助记账、智能账单生成等；在全链协同方面，可以实现中建材信息销售与物流部门协同、中建材信息物流部门与仓储部门协同、中建材信息物流部门与其承运商协同、承运商与中建信息仓储协同。

四、TMS 系统产品实施效果

初期上线的驿畅 TMS 是全 SaaS 功能。虽未进行定制化改造，但系统基本满足了物流部日常的工作要求，特别是协同方式的使用，显著提高了操作效率和管理水平。

2019 年二期迭代完成了中建材信息 SAP 的 ERP 系统与驿畅 TMS 数据对接，解决了单据从 ERP 下发到 TMS 系统的对接工作，实现了 TMS 运单的自动数据交换。两期迭代完成上线后，极大提升了物流操作和管理的效率，减少了人工错误，物流管理实现了全部线上化，达到甚至超越了预期目标。

通过两期系统的上线，实现业务操作和管理效率的大幅提升。在物流业务人员没有减少的情况下，及时、高效地实现了 2019 年年底冲量 300%的业务增量。

此外，物流部可支持业务规模能力提升 300%，可在不增加人员的情况下，具备支持年发货 27 191 109.57kg/97 872.66m³ 货品的能力。

五、TMS 管理建设经验

中建材信息在选择独立部署 SaaS 的 TMS 前也有很多疑虑：信息安全问题、服务支持度问题、个性化服务问题。通过驿畅 TMS 的项目实施，证实了独立部署形式的 SaaS 化系统完全可以满足企业的要求。敏感数据可以部署于内部 ERP 系统，通过 EDI 接口进行数据交互，保证效率与安全兼得。SaaS 化的 TMS 作为企业内部资源管理的 ERP 系统向外部资源管理延伸，一方面隔离了企业信息和核心信息不外泄，另一方面满足了灵活可靠的协同管理。这也是本次信息化成功的一个重要原因。

SaaS 软件的轻资产租用模式，可以通过很低的成本检验一套系统和公司业务管理的匹配情况，使企业可以根据试用情况科学判定系统的适用性及后续定制功能的范围，进而使企业中使用本系统的角色都能直观体验和总结出最核心和本真的需求，减少了项目型信息化开发中需求蔓延及变更的风险。

根据案例回答问题。

（1）中建材信息 TMS 在企业供应链管理中发挥了哪些作用？解决了哪些问题？

（2）案例给了相关物流企业信息化建设哪些启示？

第10章 电子商务物流

【本章学习方略】

本章重点内容

- 电子商务物流的特点
- 我国主要的电子商务配送模式

本章难点内容

- 几种物流配送模式的比较
- 电子商务物流配送体系

案例引入

空中新通道促进跨境电子商务大发展：西安开通至新西伯利亚全货运航线

2021年5月14日上午，一架装载18吨跨境电子商务包裹的波音B767-300F飞机从西安咸阳国际机场起飞，飞往俄罗斯新西伯利亚。这标志着西安至新西伯利亚全货运航线正式开通，也标志着空港跨境电子商务"9610"出口业务的常态化运营。这是西咸新区空港新城今年开通的第三条全货运国际航线，"跨境+航线"的组合，不但增强了西安国际航空枢纽的辐射作用，也将进一步畅通国内国际"双循环"，为空港新城打造内陆改革开放高地注入新动力。

据悉，此次西安至俄罗斯新西伯利亚全货运航线由空港新城联合西部机场集团、西安咸阳机场海关共同开通，由顺丰航空执飞。航线计划每周一班，去程货物主要为俄罗斯电子商务网站的跨境电子商务包裹，通过空港新城跨境电子商务"9610"监管场地报关清关，返程货物以一般贸易货物为主。

作为"中国（西安）跨境电子商务综合试验区创新示范先行区"，空港新城借助枢纽优势，实现了跨境电子商务"1210""9710""9810""9610"及特殊区域出口全业态发展，创造了多个"陕西首单"，还推动陕西跨境电子商务国际快件产业园投运，形成西部地区最大的跨境电子商务国际快件物流综合服务园区。同时，空港新城推广应用国际贸易"单一窗口"，联合海关实行7×24小时预约通关制度，通关时效大幅提升。西部机场航空物流公司推动电子运单应用，有效降低航空物流成本，实现国内货物24小时收运，为100余家国内外航空公司和120余家物流企业提供24小时航空货物一站式全链条服务保障。此外，空港新城还出台了《空港新城扶持跨境电子商务产业发展奖补政策》《关于扶持陕西西咸空港综保区产业发展奖补政策》，为新城跨境电子商务产业发展充分释放"政策洼地"及"服务高地"效应。

飞速发展的电子商务产业离不开物流业的支持，电子商务的发展对物流配送产生了强烈的市场需求，而计算机技术、通信技术、网络技术的飞速发展为电子商务下物流信息技术的发展与应用提供了强大的技术基础，同时也给物流产业带来新的革命。

本章主要内容包括我国电子商务的发展现状、电子商务与物流的关系、电子商务物流的概念、电子商务的物流模式系以及我国电子商务物流的发展等。

10.1　电子商务物流概述

10.1.1　我国电子商务的发展现状

随着 Internet 的快速发展，中国的网民数量每年都以惊人的速度在增长。电子商务在中国的迅猛发展以及爆炸式增长，再加上第三方支付平台及安全性的逐渐完善，使网络购物成为一种时尚。

1.　互联网发展方面

中国互联网络信息中心（CNNIC）在京发布第 47 次《中国互联网络发展状况统计报告》显示，截至 2020 年 12 月，我国网民规模达 9.89 亿（见图 10-1），较 2020 年 3 月增长 8 540 万，互联网普及率达 70.4%；我国手机网民规模达 9.86 亿，较 2020 年 3 月增长 8 885 万，网民使用手机上网的比例达 99.7%，较 2020 年 3 月提升 0.4 个百分点；我国域名总数为 4 198 万，其中，".CN" 域名数量为 1 897 万，占我国域名总数的 45.2%；我国即时通信用户规模达 9.81 亿，较 2020 年 3 月增长 8 498 万，占网民整体的 99.2%；手机即时通信用户规模达 9.78 亿，较 2020 年 3 月增长 8 831 万，占手机网民的 99.3%。

图 10-1　第 47 次《中国互联网络发展状况统计报告》网民规模

2020 年，我国互联网行业在抵御新冠肺炎疫情和疫情常态化防控等方面发挥了积极作用，为我国成为全球唯一实现经济正增长的主要经济体，国内生产总值（GDP）首度突破百万亿元，圆满完成脱贫攻坚任务做出了重要贡献。

2.　网络购物方面

自 2013 年起，我国已连续 8 年成为全球最大的网络零售市场。2020 年，我国网上零售额达 11.76 万亿元，较 2019 年增长 10.9%。其中，实物商品网上零售额 9.76 万亿元，占社会消费品零售总额的 24.9%。截至 2020 年 12 月，我国网络购物用户规模达 7.82 亿，较 2020 年 3 月增长 7 215 万，占网民整体的 79.1%（见图 10-2）；手机网络购物用户规模达 7.81 亿，较 2020 年 3 月增长 7 309 万，占手机网民的 79.2%。

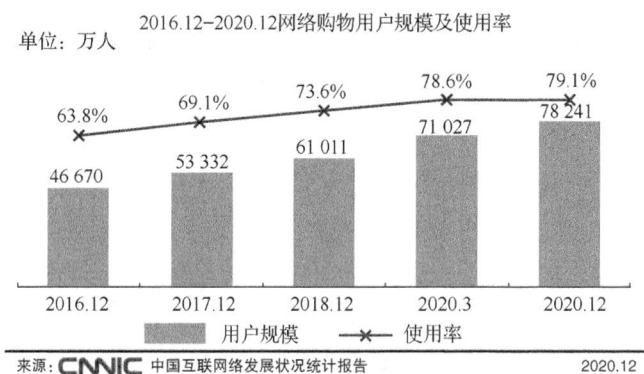

图 10-2　网络购物用户规模及使用率

随着以国内大循环为主体、国内国际双循环的发展格局加快形成，网络零售不断培育消费市场新动能，通过助力消费"质""量"双升级，推动消费"双循环"。在国内消费循环方面，网络零售激活城乡消费循环；在国际国内双循环方面，跨境电子商务发挥稳外贸作用。此外，网络直播成为"线上引流+实体消费"的数字经济新模式，实现蓬勃发展。直播电子商务成为广受用户喜爱的购物方式，66.2%的直播电子商务用户购买过直播商品。

3. 跨境电子商务方面

艾媒咨询（iiMedia Research）数据显示，2019 年中国跨境电子商务零售进出口总值达到 1 862.1 亿元人民币，同比增长 38.3%。2020 年上半年，中国通过海关跨境电子商务管理平台进出口增长 26.2%，如图 10-3 所示。跨境电子商务进出口在 2020 年上半年保持高速增长，主要在于疫情期间，跨境电子商务企业发挥"不接触"优势，加大欧美等主要市场的开拓力度；同时，一系列有利于跨境电子商务发展的政策落地。

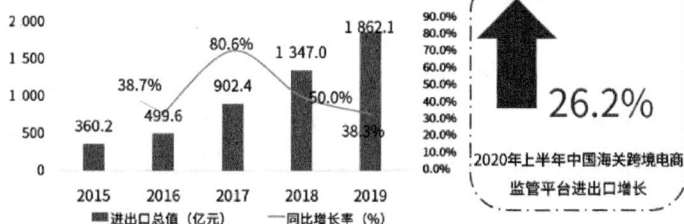

图 10-3　2020 年上半年中国跨境电子商务发展

2015—2019 年，中国海淘用户规模持续增长。2019 年中国海淘用户规模达到 1.54 亿人，同比增长率为 52.5%。艾媒咨询分析师认为，受疫情影响，2020 年海淘市场增长有所放缓，但仍然达到 2.35 亿人。随着政策的不断加码，技术逐渐提升，海淘需求仍有待进一步挖掘。

艾媒咨询分析师认为，强大的供应链体系成为平台发展的重要基础，未来跨境电子商务线上线下融合将不断加深，平台通过线上赋能线下、线下引流线上，实现双线贯通。同时，在双线模式下，也将更注重商品池、数据链条的打通以及利用科技助力用户体验。

4. 农村电子商务方面

截至 2020 年 12 月，我国农村网民规模为 3.09 亿，较 2020 年 3 月增长 5 471 万；农村地区互联网普及率为 55.9%，较 2020 年 3 月提升 9.7 个百分点。近年来，网络扶贫行动向纵深发展取得实质性进展，并带动边远贫困地区非网民加速转化。在网络覆盖方面，贫困地区通信"最后一公里"被打通，截至 2020 年 11 月，贫困村通光纤比例达 98%。

在农村电子商务方面，电子商务进农村实现对 832 个贫困县全覆盖，支持贫困地区发展"互联网+"新业态新模式，增强贫困地区的造血功能。在网络扶智方面，学校联网加快、在线教育加速推广，全国中小学（含教学点）互联网接入率达 99.7%，持续激发贫困群众自我发展的内生动力。在信息服务方面，远程医疗实现国家级贫困县县级医院全覆盖，全国行政村基础金融服务覆盖率达 99.2%，网络扶贫信息服务体系基本建立。

10.1.2 电子商务与物流的关系

1. 物流在电子商务中的作用

（1）物流是实现电子商务的保证。电子商务的优势之一就是能大大简化业务流程，降低企业运作成本。而电子商务下企业成本优势的建立和保持，必须以可行和高效的物流运作为保证。

（2）物流影响电子商务的运作质量。对于电子商务企业来说，货物送达可能是客户在购物过程中唯一一次与商家面对面的机会。物流服务的质量将直接影响企业在客户心目中的形象，从而在很大程度上决定是否还有下一次交易的可能。

（3）物流是实现电子商务企业盈利的重要环节。良好的物流管理可以大大降低企业的成本。在传统的商品成本中，物流成本可以占到商品总价值的 30%~50%；而现代物流业可以大大降低来自该部分的成本。

2. 电子商务对物流的影响

（1）电子商务改变传统的物流观念。电子商务作为一种新兴的商务活动，它为物流创造了一个虚拟的运动空间。在这种虚拟化的过程中，人们可以通过各种组合方式寻求物流的合理化，使商品实体在实际的运动过程中效率最高、费用最省、距离最短、时间最少。

（2）电子商务改变物流的运作方式。在电子商务中，物流的运作是以信息为中心的，信息不仅决定物流的运动方向，而且决定物流的运作方式。在实际运作过程中，通过网络上的信息传递，人们可以有效实现对物流的实时控制，实现物流的合理化。

（3）电子商务改变物流企业的经营形态。在传统经济条件下，物流往往是从某一企业的角度来进行组织和管理的，而电子商务则要求物流从社会的角度来实行系统的组织和管理，以打破传统物流的分散状态。

（4）电子商务促进物流基础设施的改善和物流技术与物流管理水平的提高。电子商务高效率和全球性的特点，要求物流必须具有良好的交通运输网络、通信网络等基础设施；物流技术水平的高低是决定物流效率高低的一个重要因素。要建立适应电子商务运作的高效率的物流系统，必须尽快提高物流技术水平和物流管理水平。

（5）电子商务对物流人才提出了更高的要求。电子商务不仅要求物流管理人员具有较高的物流管理水平，也要求物流管理人员具有较高的电子商务知识；并在实际的运作过程中，能够有效地将二者有机地结合在一起。

10.1.3　电子商务物流的概念

1. 电子商务物流的定义

电子商务物流是基于传统物流的概念（电子商务物流与传统物流的区别见表 10-1），结合电子商务中信息流、商流、资金流的特点提出的。它是在电子商务环境下，物流的新的表现方式。因此，电子商务物流的概念可以表述为，"基于信息流、商流、资金流网络化的物资或服务的配送活动，包括软体商品（或服务）的网络传送和实体商品（或服务）的物理传送"。电子商务物流模型如图 10-4 所示。

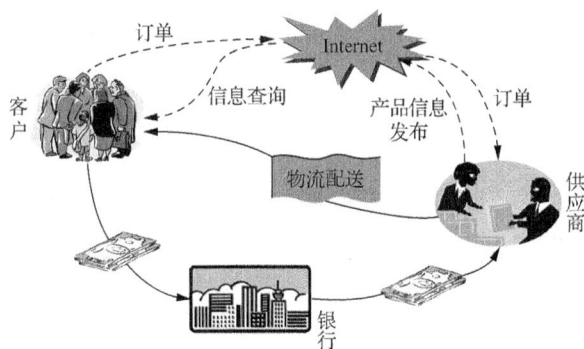

图 10-4　电子商务物流模型

表 10-1　电子商务物流与传统物流的区别

比较项目	传统物流	电子商务物流
服务理念	以规模为中心	以客户为中心
配送体系	单一性配送网	网状网络配送体系
技术支持	传统管理技术	网络管理技术
信息响应	信息传递迟缓、响应慢	信息化程度高、反应迅速
管理特征	刚性化	柔性化
合作程度	格局分散	强调协同合作

2. 电子商务物流系统的构成

电子商务物流活动产生实物流与信息流两个方面（见图 10-5），因而电子商务物流系统主要包括物流作业系统和物流信息系统两个部分。

（1）物流作业系统：针对实物流，在采购、运输、仓储、装卸搬运、配送等作业环节中使用各种先进技能和技术，并使生产据点、物流据点、运输配送路线、运输手段等网络化，以提高物流活动的效率。

（2）物流信息系统：针对信息流，在保证订货、进货、库存、出货、配送等信息通畅的基础上，使通信据点、通信线路、通信手段网络化，提高物流作业系统的效率。

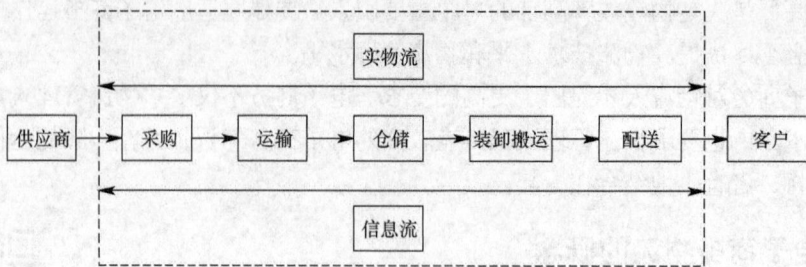

图 10-5　电子商务物流活动的构成

3. 电子商务物流的特点

（1）信息化：物流信息化是电子商务的必然要求。

（2）网络化：表现为信息传输的网络化、物流组织的网络化。

（3）智能化：在物流作业过程中，大量的运筹和决策问题都需要借助大量的知识和经验才能解决。物流智能化是不可回避的技术难题。

（4）柔性化：随着市场变化的加快，产品寿命周期正在逐步缩短，小批量、多品种的生产已经成为企业生存的关键。

（5）虚拟物流：随着 GPS 的应用，社会大物流系统的动态调度、动态储存和动态运输将逐渐代替企业的静态固定仓库。

（6）绿色物流：随着环境资源恶化程度的加深，人类生存和发展面临的威胁增大，人们对资源的利用和环境的保护越来越重视。

10.2　电子商务的物流模式

10.2.1　自营物流

1. 自营物流模式的定义

自营物流模式是指电子商务企业沿用原有的物流系统或自行组建物流系统的模式。目前，采取自营模式的电子商务企业主要有两类：一类是资金实力雄厚且业务规模较大的传统商务公司；另一类是传统的大型制造企业或批发企业经营的电子商务网站，由于其自身在长期的传统商务中已经建立起初具规模的营销网络和物流配送体系，所以在开展电子商务时，只需将其加以改进、完善，即可满足电子商务条件下对物流配送的要求。

京东物流案例

2. 自营物流模式的优势

自营物流可以使企业对供应链有较强的控制能力，容易与其他业务环节密切配合，全力专门地服务于本企业运营管理。"亚马逊""中国海尔物流"等企业都取得了很好的物流业绩，

因为自营物流可以使企业的供应链更好地保持协调、简洁与稳定。

企业自建物流系统能够自主控制营销活动。一方面，可以亲自为顾客服务到家，使顾客以最近的距离了解企业、熟悉产品，提高企业在顾客群体中的亲和力，提升企业形象，让顾客切身体会到企业的人文关怀；另一方面，企业可以掌握最新的顾客信息和市场信息，从而根据顾客需求和市场发展动向调整战略方案，提高企业的竞争力。

10.2.2 第三方物流

1. 第三方物流的定义

第三方物流是物流专业化的物流形式，是指物流活动和配送工作由商品供方和需方之外的第三方提供，第三方不参与商品买卖，而是提供从生产到销售整个流通过程的物流服务，包括商品运输、储存、配送，以及包装加工等一系列增值服务，这些服务建立在现代电子信息技术基础上。

在第三方物流服务中，物流服务提供者需为托运人的物流链提供服务，供求双方在协作中建立交易关系或长期合同关系，这两种关系间还可以有多种不同的选择，诸如短期合同、部分整合或合资经营。物流服务供求双方的关系既可以只限于一种特定产品，如将汽车零部件配送给汽车经销商，也可以包括一组特定的物流活动，甚至可以有更大的合作范围，如进出库运输、仓储，最终组装、包装、标价及管理。

第三方物流服务的运作模式主要包括以下几种。

（1）以提高服务附加值为目标的基础物流服务。

（2）以获取规模效益为目标的定制物流服务。

（3）以培育新的客户群为目标的个性化物流服务。

2. 第三方物流服务的特征

（1）第三方物流企业是站在货主的立场上，以货主企业的物流合理化为设计物流运营的目标，最终职能是保证客户物流体系高效运作和不断优化供应链管理。

（2）第三方物流企业不一定要具备物流作业能力，它可以不直接从事运输、保管等作业活动，只是负责物流系统设计并对物流系统运营承担责任。

（3）第三方物流企业的经营效益直接同货主企业的物流效率、物流服务水平以及物流效果紧密联系在一起，这是与传统物流企业的显著区别。

（4）第三方物流企业提供的物流服务，有助于促进货主企业物流效率的提高和物流的合理化。

（5）第三方物流服务的利润来源不是来自运费、仓储费用等直接收入，不是以客户的成本性支出为代价，而是来源于与客户一起在物流领域创造的新价值。

（6）第三方物流最明显的特征是根据顾客的不同需求，对货物进行一定的加工、包装、重组等工序以增值服务，扩展了传统物流的服务范围，给客户企业带来了更多利润。

10.2.3 物流联盟

1. 物流联盟的定义

物流联盟是电子商务网站、电子商务企业、物流企业等各方面通过契约形成优势互补，要素双向或多向流动、互相信任、共担风险、共享收益的物流伙伴关系。物流联盟是介于自营和外包之间的物流模式，可降低前两种模式的风险。

联盟是动态的，只要合同结束，双方就又变成追求自身利益最大化的单独个体。狭义的物流联盟存在于非物流企业之间，广义的物流联盟包括第三方物流。

物流联盟的方式一般分为纵向模式、横向模式、混合模式、以项目为管理的联盟模式、基于 Web 的动态联盟等。

2. 物流联盟的优势

组建物流联盟可以吸收不同企业的优势和长处，在物流设施、运输能力、专业管理技巧上互补，从而降低成本、减少投资、提高管理水平、强化客户服务、取得竞争优势、降低风险和不确定性。针对不同企业物流联盟的优势可以总结为以下几点。

（1）长期供应链关系发展成为联盟形式，有助于降低企业的风险。

（2）企业（尤其是中小企业通过物流服务提供商）结成联盟，能有效降低物流成本，提高企业竞争能力。

（3）第三方物流公司通过联盟有利于弥补在业务范围内服务能力的不足。

10.2.4 第四方物流

1. 第四方物流的定义

第四方物流是指一个供应链集成商调配和管理组织自己的以及具有互补性的服务提供商的资源、能力和技术，以提供一个综合的供应链解决方案。通俗地讲，第四方物流是指集成商们利用分包商来控制与管理客户公司的点到点式的供应链运作。

2. 第四方物流的优势

（1）具有对整个供应链及物流系统进行整合规划的优势。第三方物流的优势在于运输、储存、包装、装卸、配送、流通加工等实际的物流业务操作能力，在综合技能、集成技术、战略规划、区域及全球拓展能力等方面存在明显的局限性，特别是缺乏对整个供应链及物流系统进行整合规划的能力。而第四方物流的核心竞争力就在于具有对整个供应链及物流系统进行整合规划的能力，这也是降低客户企业物流成本的根本所在。

（2）具有对供应链服务商进行资源整合的优势。第四方物流作为有领导力量的物流服务提供商，可以通过其影响整个供应链的能力，整合最优秀的第三方物流服务商、管理咨询服务商、信息技术服务商和电子商务服务商等，为客户企业提供个性化、多样化的供应链解决方案，为其创造超额价值。

（3）具有信息及服务网络优势。第四方物流公司的运作主要依靠信息与网络，其强大的信息技术支持能力和广泛的服务网络覆盖支持能力是客户企业开拓国内、外市场，降低物流成本极为看重的，也是取得客户的信赖、获得大额长期订单的优势所在。

（4）具有成本优势和服务质量优势。由于第四方物流不是物流的"利益方"，它不会成为客户企业的竞争对手，所以才可能构成利益共享的合作伙伴。第四方物流可以利用其专业化的供应链物流管理运作能力和高素质的物流人才，制定出以顾客为导向，快捷、高质量、低成本的物流服务方案，从而大幅度降低企业物流成本，改善物流服务质量。

物流信息技术实用教程（微课版 第3版）

10.3 我国电子商务物流的发展

10.3.1 我国电子商务物流的发展现状

近年来，随着电子商务的快速发展，我国电子商务物流保持较快增长，企业主体多元发展，经营模式不断创新，服务能力显著提升。由此可以看出，电子商务物流已成为现代物流业的重要组成部分和推动国民经济发展的新动力。

1. 发展规模迅速扩大

近 10 年来，中国网络购物用户规模快速增长，2019 年上半年，中国网络购物用户规模为 63 882 万人，较 2018 年底增长 2 871 万人；2020 年 3 月，中国网络购物用户规模为 71 027 万人，较 2019 年上半年增长 7 145 万人。随着我国电子商务的迅速发展和网上购物人数逐渐增多，快递市场呈现出爆发式发展。

2. 企业主体多元发展

企业主体从快递、邮政、运输、仓储等行业向生产、流通等行业扩展；与电子商务企业相互渗透、融合的速度加快；涌现出一批知名的电子商务物流企业。作为物流行业的细分行业之一，中国的快递行业与电子商务行业并驾齐驱，它既是电子商务蓬勃发展的推动者，也是其直接受益者。

3. 服务能力不断提升

随着客户需求变得更加多面化，在单个细分市场中运营的物流服务提供商将不太可能满足客户的需求。客户将选择地理覆盖范围最广泛，能够提供综合管理、成本效益和标准化服务质量的全面综合物流服务提供商来降低总体成本。

第三方物流、供应链型、平台型、企业联盟等多种组织模式加快发展。服务空间分布上有同城、异地、全国、跨境等多种类型；服务时限上有"限时达、当日递、次晨达、次日递"等。可提供预约送货、网订店取、网订店送、智能柜自提、代收货款、上门退换货等多种服务。

4. 信息技术广泛应用

企业信息化、集成化和智能化发展步伐加快；条形码、无线射频识别、自动分拣技术、可视化及货物跟踪系统、传感技术、全球定位系统、地理信息系统、电子数据交换、移动支付技术等得到广泛应用，提升了行业服务效率和准确性。

人工智能、大数据、云计算和物联网等新技术为物流业的转型和升级提供了巨大的商机。随着物流工作流程进一步一体化，必须实现供应链的数字化，以实现更多实时的数据和信息共享。

10.3.2 我国电子商务物流的发展趋势

随着国民经济的全面转型升级和互联网、物联网的发展，以及基础设施的进一步完善，电子商务物流需求将保持快速增长，服务质量和创新能力有望进一步提升，渠道下沉和"走出去"趋势凸显。电子商务物流将进入全面服务社会生产和人民生活的新阶段。

1. 电子商务物流需求保持快速增长

随着我国新型工业化、信息化、城镇化、农业现代化和居民消费水平的提升，电子商务在经济、社会和人民生活各领域的渗透率不断提高，与之对应的电子商务物流需求也将保持快速增长。同时，电子商务交易的主体和产品类别越加丰富，移动购物、社交网络等将成为新的增长点。

2. 电子商务物流服务质量和创新能力将显著提升

产业结构和消费结构升级将推动电子商务物流进一步提升服务质量。随着网络购物和移动电子商务的普及，电子商务物流必须加快服务创新，增强灵活性、时效性、规范性，提高供应链资源整合能力，满足不断细分的市场需求。

3. 电子商务物流"向西向下"成为新热点

随着互联网和电子商务的普及，网络零售市场渠道将进一步下沉，呈现出向内陆地区、中小城市及县域加快渗透的趋势。这些地区的电子商务物流发展需求更加迫切，增长空间更为广阔。电子商务物流对促进区域间商品流通，推动形成统一大市场的作用日益突出。

4. 跨境电子商务物流将快速发展

对于终端消费品来说，一般贸易转向跨境电子商务（B2C）方式已是大势所趋，历年的数据表明市场仍在不断增长。新一轮对外开放和"一带一路"战略的实施，为跨境电子商务的发展提供了重大历史机遇，这必然要求电子商务物流跨区域、跨经济体延伸，提高整合境内外资源和市场的能力。

10.3.3 我国跨境电子商务的物流模式

跨境电子商务在我国异军突起，在给物流行业带来发展机遇的同时，跨境物流的发展也面临新的挑战。跨境电子商务物流是一个系统化的物流服务过程，是为满足跨境电子商务客户的物流需求，以最小的成本和最短的时间向客户提供跨境的仓储、运输和配送等服务，实现商品跨国递送服务的全过程。

1. 邮政包裹模式

据不完全统计，中国出口跨境电子商务 70% 的包裹都是通过邮政系统投递的。其中，中国邮政占据 50% 左右。因此，目前跨境电子商务物流还是以邮政的发货渠道为主。邮政网络基本覆盖全球，比其他物流渠道都要广。这也主要得益于万国邮政联盟和卡哈拉邮政组织（KPG）。

2. 国际快递模式

国际快递模式是指四大商业快递巨头：DHL、TNT、UPS 和联邦。这些国际快递商通过自建的全球网络，利用强大的 IT 系统和遍布世界各地的本地化服务，为网购中国产品的海外用户带来极好的物流体验。

3. 国内快递模式

国内快递模式主要是指 EMS、顺丰和"四通一达"。在跨境物流方面，"四通一达"中的申通和圆通布局较早，但也是近期才发力拓展的。例如，美国申通在 2014 年 3 月才上线，圆通也是 2014 年 4 月才与 CJ 大韩通运合作。而中通、汇通、韵达则是刚刚开始启动跨境物流业务。

4. 专线物流模式

跨境专线物流一般是通过航空包舱方式将包裹运输到国外，再通过合作公司进行目的国的派送。专线物流的优势在于能够集中大批量到某一特定国家或地区的货物，通过规模效应降低成本。因此，其价格一般比商业快递低。

5. 海外仓储模式

海外仓储模式是指为卖家在销售目的地进行货物仓储、分拣、包装和派送的一站式控制与管理服务。确切地说，海外仓储应该包括头程运输（中国商家通过海运、空运、陆运或者联运将商品运送至海外仓库）、仓储管理（中国商家通过物流信息系统，远程操作海外仓储货物，实时管理库存）和本地配送（海外仓储中心根据订单信息，通过当地邮政或快递将商品配送给客户）3 个部分。

综合实训：电子商务物流运作模式的选择

【实训目的】

掌握物流管理组织的类型和组成要素；能够运用网络工具收集资料，运用所学知识分析实际问题，并提交分析报告。

【实训内容】

（1）上网收集若干个著名企业（如京东、天猫）从事电子商务物流的资料，比较其物流运作模式的差异，分析其中的原因。

（2）针对某种特定类型的企业如何从事电子商务物流管理工作，提交××企业电子商务物流运作模式策划方案。

【实训方法】

选择一个电子商务企业，通过网上查阅和企业实际走访相结合的方式搜集资料，并分析总结其物流模式。

【实训要求】

（1）搜集阿里巴巴集团的发展历程及主要业务内容。

（2）阿里巴巴集团的电子商务物流模式。

（3）阿里巴巴电子商务物流体系。

（4）结合案例分析电子商务与传统商务物流的区别与联系。

课后习题

一、填空题

1. 电子商务中的任何一笔交易，都包含物流、_____、_____和资金流。

2. 按照物流企业是自行完成和承担物流业务，还是委托他人进行操作，可以将物流企业分为_____和物流代理企业。

3. 电子商务物流模式一般包括自营物流、_____和_____。

4. _____是船公司或其代理人在收到其承运的货物时或将其承运的货物装船后向托运人签发的货物收据。

5. _____是指在物流过程中抑制物流对环境造成危害的同时，实现对物流环境的净化，使物流资源得到最充分利用。它包括物流作业环节和物流管理全过程的绿色化。

6. 电子商务物流的特征有_____、_____、_____、_____和_____。

7. 截至 2020 年 12 月，我国网民规模达_____亿，较 2020 年 3 月增长 8 540 万，互联网普及率达 70.4%。

8. 电子商务物流是基于_____的概念，结合电子商务中信息流、商流、资金流的特点而提出的。

9. 第三方物流是物流专业化的物流形式，是指物流活动和配送工作由_____和之外的第三方提供，第三方不参与商品买卖，而是提供从生产到销售整个流通过程的物流服务。

10. 据不完全统计，中国出口跨境电子商务 70% 的包裹都是通过_____投递的。

11. 第_____方物流的核心竞争力就在于具有对整个供应链及物流系统进行整合规划的能力，这也是降低客户企业物流成本的根本所在。

二、选择题

1. 一项完整的电子商务流程，应包括（　　）、资金流、商流、物流。
   A. 信息流　　　　B. 产品流　　　　C. 实物流　　　　D. 业务流

2. 企业利用第三方物流，可使企业专注于提高（　　）。
   A. 经济效益　　　B. 核心竞争力　　C. 竞争力　　　　D. 社会效益

3. 淘宝的大物流计划是四方受益，以下哪一项不是受益方？（　　）
   A. 淘宝　　　　　B. 卖家　　　　　C. 物流公司　　　D. 生产方

4. 配送模式按新兴模式分，以下哪一项不是这一类？（　　）
   A. 冷链配送　　　B. 跨国配送　　　C. 自营配送　　　D. 超市配送

5. 下列不是传统线下物流配送缺陷的是（　　）。
   A. 不合理运输大量存在，浪费社会资源　　B. 物流配送买卖双方地位不平等
   C. 快递公司配送覆盖面广　　　　　　　　D. 物流公司上门取货不及时

6. 第三方物流与企业为了共同的利益，摒弃了对立的立场，建立了（　　）理念。
   A. 双赢　　　　　B. 一体化　　　　C. 战略联盟　　　D. 友好

7. 在电子商务下，物流的运作是以（　　）为中心的。
   A. 信息　　　　　B. 商品　　　　　C. 企业　　　　　D. 客户

8. 电子商务过程的终结是（　　）。
   A. 物流　　　　　B. 配送　　　　　C. 运输　　　　　D. 搬运

9. 物流、商流和信息流之间的关系，正确的表述是（　　）。
   A. 没有信息流，商流和物流也一样能顺利进行
   B. 信息流制约商流，但不制约物流
   C. 没有信息流，商流和物流就不能顺利进行
   D. 信息流制约物流，但不制约商流

10. 电子商务物流与传统物流有显著不同，表现之一是（　　　）。

    A. 物流配送的集成化　　　　　　　B. 物流信息自动化

    C. 物流配送的区域化　　　　　　　D. 库存低量化甚至实现零库存生产

11. 配送是一种"门到门"的服务形式，"门到门"指的是（　　　）。

    A. 从客户到客户　　　　　　　　　B. 从客户到配送中心

    C. 从配送中心到客户　　　　　　　D. 从配送中心到配送中心

12. 在物流过程中，抑制物流对环境的危害、实现物流环境净化并充分利用物流资源的新型物流理念是（　　　）。

    A. 第四方物流　　　　B. 电子物流　　　　C. 国际物流　　　　D. 绿色物流

三、名词解释

自营物流模式；物流联盟；第四方物流；海外仓

四、简答题

1. 电子商务对物流产生了哪些影响？在电子商务形势下应如何发展物流？

2. 试述电子商务物流模式的优劣势。

3. 如何确定一个电子商务企业是采用自营物流模式还是第三方物流模式？

4. 简述第三方物流与第四方物流的概念与区别。

5. 简述我国电子商务物流的发展现状。

案例分析

智能物流机器人助力跨境电子商务发展

近年来，中国跨境电子商务贸易发展迅速，而疫情下不断上涨的海外人工成本和招工难、管理难等问题也日益成为业界痛点。

多位跨境电子商务相关领域从业者日前接受中新网记者采访时表示，采取更多智能物流机器人系统解决方案，或可成为加快跨境电子商务发展的有效助力。

2019 年，中国跨境电子商务零售进出口额达到 1 862.1 亿元人民币，是 2015 年的 5 倍，年均增速达 49.5%。海关总署数据显示，2020 年中国跨境电子商务进出口增速高达 31.1%。

值得注意的是，在跨境电子商务进出口增速逆势上涨的同时，疫情带来的风险和挑战也不容忽视。万邑通（上海）信息科技有限公司副总裁对记者表示，疫情对海外仓运营产生了非常大的冲击，例如，海外履约中心的人力短缺问题导致整个物流供应链条紧张、混乱，但同时也为智能仓储的加速应用提供了机遇。

他说，在海外人力成本不断上涨的当下，寻求服务稳定性的最好方式就是用自动化来取代人力，用智能海外仓来代替传统海外仓。"传统海外仓同智能海外仓相比，就如同毛坯房和智能家居的住所，'生活质量'肯定是不一样的。"

"智能物流机器人是实现物流自动化智能化解决方案的重要手段和基础。"智能机器人公司极智嘉（Geek+）创始人兼首席执行官对记者说，由于跨境电子商务对物流时效性和成本效率的高要求，加之该行业的业务波动性和市场环境的快速变化，给仓储物流运作带来多方面挑战。

首席执行官认为，海外人工成本高昂和招工难、管理难等问题已成为行业普遍痛点，通过物流机器人的系统解决方案帮助跨境电子商务实现物流自动化和智能化提升，能够大大提升仓储运作的效率和准确率、降低现场操作劳动强度，降低跨境电子商务的物流人工成本，从而加快跨境电子商务的发展。

首席执行官表示，物流机器人行业存在一定的"马太效应"，随着头部企业品牌和技术的领先度持续提升，客户对合作方长期能力重视度的提高以及资本热度的逐步降低，物流机器人行业的集中度会提升，行业洗牌会加快，这是行业发展的必然趋势。

谈及智能物流机器人在跨境电子商务领域的未来发展，首席执行官透露，未来，极智嘉一方面会通过技术升级进一步提高电子商务仓储的智能化程度，加快效率改进和灵活适配业务变化；另一方面也会通过极智嘉的人工智能算法和软件能力帮助跨境电子商务更好地预测订单、优化库存、减少缺货，实现供应链的智慧化。

根据案例回答问题。

（1）疫情对跨境电子商务物流会产生哪些不利影响？

（2）结合案例，说明机器人等智能化技术在物流行业中的应用前景。

第 11 章　物联网与智慧物流

【本章学习方略】

本章重点内容

- 物联网、云计算、大数据的概念
- 物联网的核心技术
- 云计算的服务模式

本章难点内容

- 物联网在物流行业的应用
- 云计算在物流行业的应用

案例引入

您有一份来自华为云的快递，请查收

在电子商务平台上，你精心挑选购买的商品要经历几次辗转才能拿到手上？残破包装里，你望眼欲穿的那件宝贝只怕也早已不是图片中的模样。说起那些年我们收到的快递，就算你不是资深"剁手党"，也一定对那种等快递时的焦虑感和收到快递时的失落感深有体会。

究其原因，让我们产生担心和失落情绪的根源其实在于国内物流运送早期的普通问题。快递从业人员缺口大、园区发展滞后、递送效率疲软等问题，已经成为快递企业面临的最直接的挑战。提高自动化、智能化水平，有效提高效率，节约人力成本，成为目前物流行业最强烈且迫切的需求。

大数据、云计算、物联网等新一代信息技术与传统行业的结合越来越紧密，全球供应链发展呈现出数字化、平台化、服务化等新趋势。数字技术的兴起及发展进一步颠覆了以往通行近百年资源配置优化的传统，其带来的信息完整性和决策支持科学性与资本积聚性，给资源配置带来了超越以往的优化能力，因此物流行业的数字化改革定是大势所趋。

华为作为智慧物流解决方案提供商，依托华为全栈全场景 AI 解决方案，致力于打造一站式物流行业解决方案，帮助企业在仓储、运输、配送等各个环节全面提升效率，助力物流行业实现数字化创新。

目前华为云聚焦物流行业常见场景，为物流企业提供防暴力分拣、分拣路径优化、OCR 单据识别、运输路径优化、三维装箱、IoT 平台等智慧物流解决方案，帮助企业提高物流效率，降低人力成本，增强业务竞争能力。

针对快递员和消费者在末端物流智能支付日趋强烈的需求，华为云和快递柜行业独角兽丰巢联合开发了"丰巢科技人脸检索项目"——利用人证核身与人脸搜索功能，让用户可以实现刷脸取件。在未携带手机、忘记取件码或者无法扫码取件等场景下，取件过程也能便捷、安全、高效。丰巢与华为云双方充分发挥各自在物流和 ICT 领域的技术优势，不断提升用户体验，也用实际行动践行着"让生

活更简单"的服务理念。

华为云还与德邦快递有过深度合作。2018 年 6 月，德邦快递与华为在上海签署了战略合作协议，双方将在云计算、人工智能等领域进行深入合作，实现科技与快递业务场景的融合和快递服务的体验升级。目前，德邦快递已经全面应用 OCR 技术识别快递面单，在此之前，通过雇用人力纯手工录入的做法被取而代之，管理成本降低了 25%左右。

当前互联网经济深刻影响着我们的生活和工作，以"互联网+"为驱动的新技术、新业态、新模式，已经成为社会经济发展的新引擎。而近年来，中国的物联网飞速发展，并已影响到了全球供应链。本章主要介绍物联网相关的理论及在物流中的应用，同时对云计算、大数据、智慧物流等相关概念和理论进行概述。

11.1　物联网概述

11.1.1　物联网的概念

1. 物联网的定义

物联网（Internet of Things，IoT）是通过互联网、传统电信网等信息承载体，让所有能行使独立功能的普通物体实现互联互通的网络。它既是新一代信息技术的重要组成部分，也是"信息化"时代的重要发展阶段。

物联网概述

顾名思义，物联网就是物物相连的互联网。这有两层意思：其一，物联网的核心和基础仍然是互联网，它是在互联网基础上延伸和扩展的网络；其二，其用户端延伸和扩展到了任何物品与物品之间，进行信息交换和通信，也就是物物相息。

物联网通过智能感知、识别技术与普适计算等通信感知技术，广泛应用于网络的融合中，也因此被称为继计算机、互联网之后世界信息产业发展的第三次浪潮。物联网是互联网的应用拓展，与其说物联网是网络，不如说物联网是业务和应用。因此，应用创新是物联网发展的核心，以用户体验为核心的创新 2.0 是物联网发展的灵魂。

物联网也可以理解为是通过射频识别（RFID）、红外感应器、全球定位系统、激光扫描器等信息传感设备，按约定的协议，把任何物品与互联网相连接，进行信息交换和通信，以实现智能化识别、定位、跟踪、监控和管理的一种网络。物联网概念的演进如表 11-1 所示。

表 11-1　物联网概念的演进

时间	物联网议题
1995 年	比尔·盖茨《未来之路》一书中提及物联网概念
1999 年	美国麻省理工学院（MIT）EPC 系统的物联网构想 美国 Auto-ID 中心提出基于物品编码、RFID 技术和互联网的物联网概念
2005 年	国际电信联盟（ITU）发布了《ITU 互联网报告 2005：物联网》报告，正式提出了物联网的概念
2008 年 11 月	IBM 提出"智慧地球"概念，即"互联网+物联网=智慧地球"，以此作为经济振兴战略
2009 年 1 月	奥巴马在和工商领袖举行的圆桌会议上，对包括物联网在内的智慧型基础设施给予积极回应，将"新能源"和"物联网"列为振兴经济的两大武器
2009 年	欧盟发表了《Internet of things — An action plan for Europe》（物联网行动方案） 韩国通过《物联网基础设施构建基本规划》 日本制定了《i-Japan 战略 2015》

物流信息技术实用教程（微课版　第3版）

时间	物联网议题
2009 年 8 月	温家宝同志在无锡提出"感知中国"的战略构想
2010 年 6 月	胡锦涛同志在两院院士大会上讲话指出，加快发展物联网技术
2016 年	全球物联网可连接设备数量增长 31%，物联网从概念走向成熟

2. 物联网的层次

综合国内各权威物联网专家的分析，将物联网系统划分为感知层、网络层、应用层 3 个层次，并依此概括地描绘物联网的系统架构（见图 11-1）。

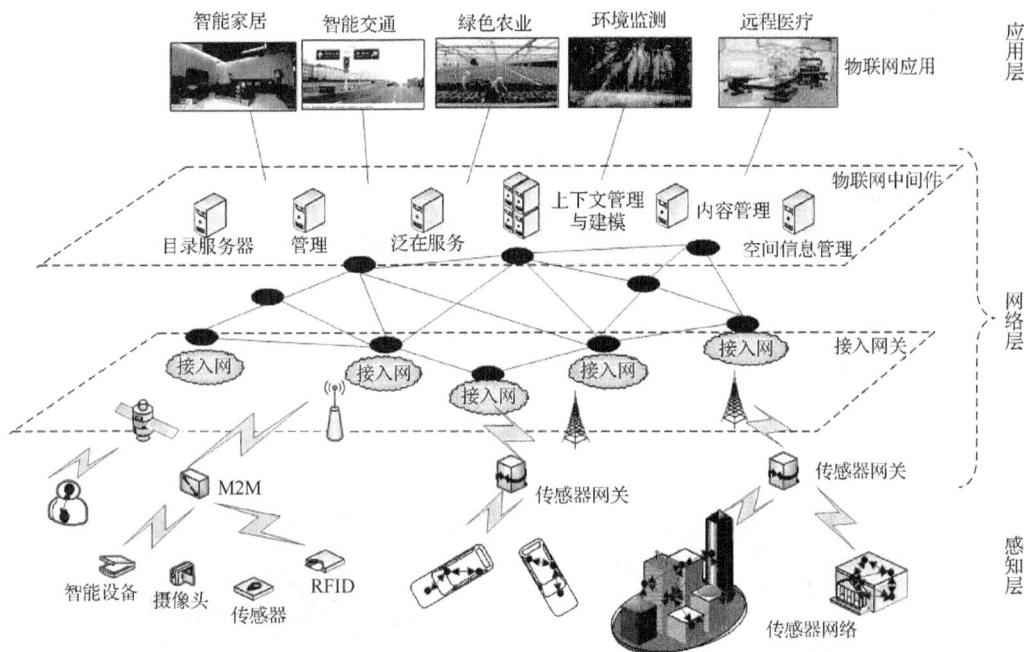

图 11-1 物联网的系统架构

（1）感知层：由各种传感器及传感器网关构成，主要包括二氧化碳浓度传感器、温度传感器、湿度传感器、二维码标签、RFID 标签和读/写器、摄像头、GPS 等感知终端。感知层的作用相当于人的眼、耳、鼻、喉和皮肤等神经末梢，它是物联网识别物体、采集信息的来源，其主要功能是识别物体、采集信息。

（2）网络层：由各种私有网络、互联网、有线和无线通信网、网络管理系统和云计算平台等组成，相当于人的神经中枢和大脑，负责传递和处理感知层获取的信息；涉及各种通信网络和互联网相互融合，通过网络的可靠传递实现物体信息共享。

（3）应用层：是物联网和用户（包括人、组织和其他系统）的接口，它与行业需求结合，实现物联网的智能应用；是以实现人与人、物与物、物与人的全面感知、互联互通和信息智能利用为特征，以物联网、云计算、3D 等新一代信息技术为基础，涉及智能电网、智能交通、智慧物流、智慧医疗、智慧工业、智慧农业等诸多领域。

3. 物联网的特征

（1）全面感知：利用 RFID、传感器、二维码等随时随地获取物体的信息。

（2）可靠传递：通过各种电信网络与互联网的融合，将物体的信息实时准确地传递出去。

（3）智能处理：利用云计算、模糊识别等各种智能计算技术，对海量数据和信息进行分析和处理，对物体实施智能化控制。

11.1.2　物联网的关键技术

1. 传感器技术

传感器是能够探测、感受外界信号的装置，外界信号包含光、热、湿度、声音、震动、压力等，生活中许多装置都有传感器的存在，如倒车雷达利用超音波技术感测距离，避免碰撞。常见的传感器（见图11-2）有速度传感器、热敏传感器、压力传感器、位置传感器、液面传感器、能耗传感器、加速度传感器、射线辐射传感器、振动传感器、湿度传感器、磁敏传感器、气敏传感器、CCD传感器等。

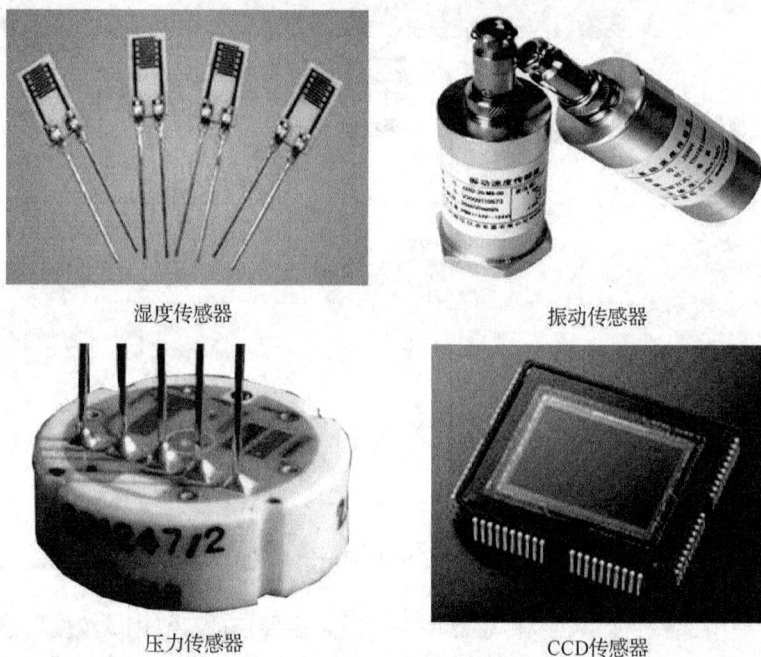

湿度传感器　　　　　　　　　　　振动传感器

压力传感器　　　　　　　　　　　CCD传感器

图 11-2　常见的传感器

2. RFID 技术

射频识别（RFID）技术，其原理为阅读器与标签之间进行非接触式的数据通信，从而达到识别目标的目的。RFID 的应用非常广泛，典型应用有动物晶片、汽车晶片防盗器、门禁管制、停车场管制、生产线自动化、物料管理等。

3. CPS 技术

网宇实体系统（Cyber-Physical System，CPS）也称信息物理融合系统，指的是一个通过机械和电子零件，运用信息化技术的整合控制系统。与传统的控制系统相比，CPS 更加强调的是它的通信功能。网宇实体系统，整合计算机云端、传感器、联动装置的系统，在物体接收到一个或多个信息后给予装置指令并启动程序，单个物体和云端的链接就是一个 CPS 系统，但不同的 CPS 系统间无法交换信息，而物联网就是把各 CPS 系统串连起来共享。

4. ZigBee 技术

ZigBee（紫蜂网）是一种无传输的技术，与蓝牙相同，用于短距离传输数据，不过成本及耗电量也更低，可以支持链接多个信息节点，因为家电传感器的信息都较简单，将 ZigBee 装在传感器里非常适合。

ZigBee 在物联网的无线传感网中被普遍采用。

5. IPv6 技术

IPv6 是互联网通信协议的第 6 个版本，即最新版本，它的前一代 IPv4 是目前市场主流。IPv4 由于最初设计的"缺陷"，长度只有 32 位，大约只能提供 40 亿个地址。IPv6 地址长度为 128 位，可以说是海量地址，能让每个物体都拥有自己的 IP 位置，实现万物联网的梦想。

11.1.3　物联网的应用领域

物联网把新一代 IT 技术充分运用在各行各业之中，遍及智能交通、智能建筑、数字化医疗、供应链管理、工业自动化等广泛的领域（见图 11-3），其中以下几个应用领域得到较快发展。

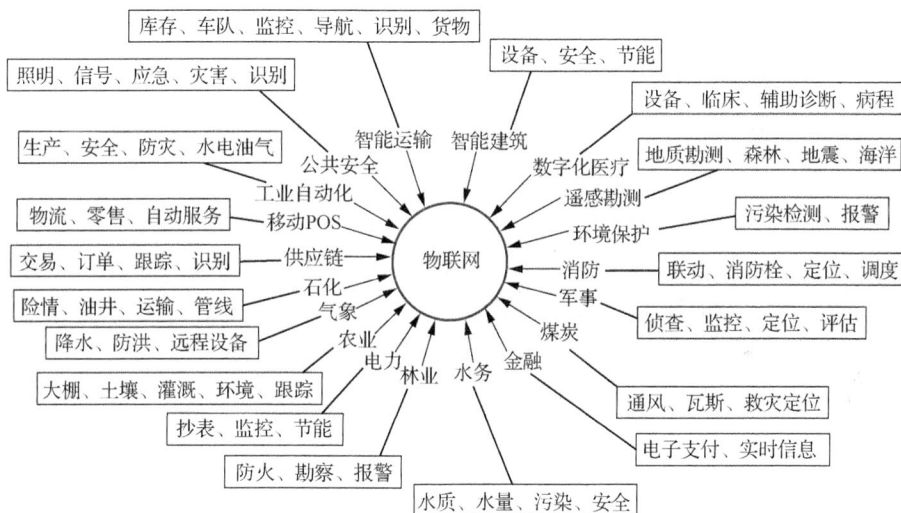

图 11-3　物联网的应用领域

1. 智能交通

智能交通系统（ITS）是未来交通系统的发展方向，它是将先进的信息技术、数据通信传输技术、电子传感技术、控制技术及计算机技术等有效集成运用于整个地面交通管理系统而建立的一种在大范围内、全方位发挥作用的，实时、准确、高效的综合交通运输管理系统。智能交通可以有效利用现有交通设施，减少交通负荷和环境污染，保证交通安全，提高运输效率，因而日益受到各国的重视。

2. 智能电网

在传统电网的基础上，智能电网的传输拓扑网络更加优化，以满足更大范围的各种用电状况。例如，在用电量低的时段给电池充电，然后在高峰时反过来给电网提供电能。智能电网包括超导传输线以减少电能的传输损耗，还具有集成新能源（如风能、太阳能等）的能力。当电能便宜时，消费者可以开启某些家用电器，如洗碗机，工厂可以在任何时间段进行其生产过程。在电能需求的高峰期，它可以关闭一些非必要的电器来降低需求。

3. 智能家居

智能家居产品融合自动化控制系统、计算机网络系统和网络通信技术于一体，将各种家庭设备（如音视频设备、照明系统、安防系统、数字影院系统、网络家电等）通过智能家庭网络实现自动化。用户通过中国电信的宽带、固定电话和无线网络，可以实现对家庭设备的远程操控。

4. 智能物流

智能物流打造了集信息展现、电子商务、物流配载、仓储管理、金融质押、园区安保、海关保税等功能于一体的物流园区综合信息服务平台。信息服务平台是以功能集成、效能综合为主要开发理念，以电子商务、网上交易为主要交易形式建设的高标准、高品质的综合信息服务平台，并为金融质押、园区安保、海关保税等功能预留了接口，可以为园区客户及管理人员提供一站式综合信息服务。

5. 智能医疗

智能医疗系统借助简易实用的家庭医疗传感设备，对家中病人或老人的生理指标进行检测，并将生成的生理指标数据通过固定网络或无线网络传送给护理人或有关医疗单位。根据客户的需求，信息服务商还提供相关增值业务，如紧急呼叫救助服务、专家咨询服务、终生健康档案管理服务等。

6. 智能安防

智能化安防技术的主要内涵是其相关内容和服务的信息化、图像的传输和存储、数据的存储和处理等。一个完整的智能安防系统主要包括门禁、报警和监控三大部分。智能安防具备防盗报警系统、视频监控报警系统、出入口控制报警系统、保安人员巡更报警系统、GPS车辆报警管理系统和110报警联网传输系统等子系统。

近年来，我国政府出台各类政策大力发展物联网行业，不少地方政府也出台物联网专项规划、行动方案和发展意见，从土地使用、基础设施配套、税收优惠、核心技术和应用领域等多个方面为物联网产业的发展提供政策支持。在工业自动控制、环境保护、医疗卫生、公共安全等领域开展了一系列应用试点和示范，并取得了初步进展。

目前，我国物联网行业规模超预期增长，已达万亿元，网络建设和应用推广成效突出。在网络强国、新基建等国家战略的推动下，加快推动 IPv6、NB-IoT、5G 等网络建设，消费物联网和产业物联网逐步开始规模化应用，5G、车联网等领域发展取得突破。

11.2　云计算与大数据

11.2.1　云计算、大数据与物联网的关系

物联网、云计算和大数据三者互为基础，物联网产生大数据，大数据需要云计算，如图 11-4 所示。物联网在将物品和互联网连接起来，进行信息交换和通信，以实现智能化识别、

定位、跟踪、监控和管理的过程中，产生大量的数据，云计算解决万物互联带来的巨大数据量，因此三者互为基础，又相互促进。

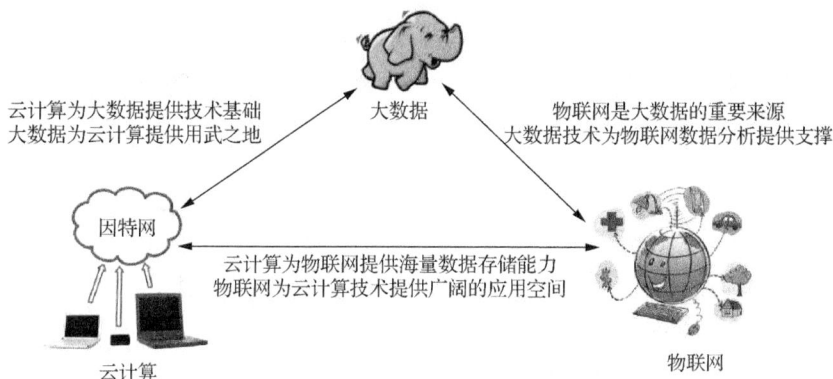

云计算为大数据提供技术基础
大数据为云计算提供用武之地

物联网是大数据的重要来源
大数据技术为物联网数据分析提供支撑

大数据

因特网

云计算为物联网提供海量数据存储能力
物联网为云计算技术提供广阔的应用空间

云计算

物联网

图 11-4　云计算、大数据与物联网的关系

1. 大数据、云计算和物联网的区别

大数据侧重于对海量数据的存储、处理与分析，从海量数据中发现价值，服务于生产和生活；云计算本质上旨在整合和优化各种 IT 资源，并通过网络以服务的方式廉价地提供给用户；物联网的发展目标是实现物物相连，应用创新是物联网发展的核心。

2. 大数据、云计算和物联网的联系

从整体上看，大数据、云计算和物联网这三者是相辅相成的。大数据根植于云计算，大数据分析的很多技术都来自云计算，云计算的分布式数据存储和管理系统提供了海量数据的存储和管理能力，分布式并行处理框架提供了海量数据分析能力，没有这些云计算技术作为支撑，大数据分析就无从谈起。

大数据为云计算提供了"用武之地"，没有大数据这个"练兵场"，云计算技术再先进，也不能发挥它的应用价值。物联网的传感器源源不断产生的大量数据，构成了大数据的重要数据来源，没有物联网的飞速发展，就不会带来数据产生方式的变革，即由人工产生阶段转向自动产生阶段，大数据时代也不会这么快就到来。同时，物联网需要借助云计算和大数据技术，实现物联网大数据的存储、分析和处理。

11.2.2　云计算

1. 云计算的定义

云计算（Cloud Computing）是基于互联网相关服务的增加、使用和交付模式，通常涉及通过互联网来提供动态易扩展且经常是虚拟化的资源。云是网络、互联网的一种比喻。狭义的云计算是指 IT 基础设施的交付和使用模式，是指通过网络以按需、易扩展的方式获得所需资源；广义的云计算是指服务的交付和使用模式，是指通过网络以按需、易扩展的方式获得所需服务。这种服务可以是与软硬件、网络等信息技术相关的服务，也可以是其他服务。

提供资源的网络称为"云"。"云"中的资源在使用者看来是可以无限扩展的，而且可以随时获取，按需使用，随时扩展，按使用付费，就像我们生活中使用水和电一样。使计

云计算概述

算分布在大量的分布式计算机上，而非本地计算机或远程服务器中，企业数据中心的运行将与互联网更相似。这使得企业能够将资源切换到需要的应用上，根据需求访问计算机和存储系统。

云计算一般分为大型企业自建的私有云和运营服务商建设的为公众或中小企业提供服务的公有云两大类，如图 11-5 所示。典型的国外云计算平台主要有 Google 云、IBM "蓝云"、亚马逊弹性计算云等，国内主要有阿里云、百度 BAE 平台、新浪 SAE 平台、腾讯云、华为云等。

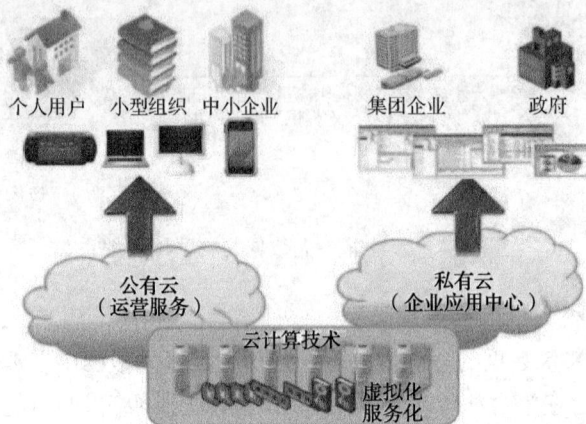

图 11-5　公有云与私有云

2. 云计算的特点

（1）超大规模。"云"具有相当的规模，Google 云计算已经拥有 100 多万台服务器，Amazon、IBM、微软、Yahoo 等的 "云" 均拥有几十万台服务器。

（2）虚拟化。云计算支持用户在任意位置、使用各种终端获取应用服务。所请求的资源来自 "云"，而不是固定的和有形的实体。

（3）高可靠性。"云" 使用了数据多副本容错、计算节点同构可互换等措施来保障服务的高可靠性，使用云计算比使用本地计算机更可靠。

（4）通用性。云计算不针对特定的应用，在 "云" 的支撑下可以构造出千变万化的应用，同一个 "云" 可以同时支撑不同的应用运行。

（5）高可扩展性。"云" 的规模可以动态伸缩，满足应用和用户规模增长的需要。

（6）按需服务。"云" 是一个庞大的资源池，可按需购买，像自来水、电、煤气一样。

（7）低成本。因为 "云" 的特殊容错措施，可以采用极其廉价的节点来构成云，所以 "云" 的自动化集中式管理使大量企业无须负担日益高昂的数据中心管理成本。

在云计算风起云涌的背后是与各行业结合的应用层出不穷，而基于云计算的云物流主要是为了满足政府、工商企业、物流企业和普通用户等对物流信息的要求，围绕从生产要素到消费者之间时间和空间上的需求，能够处理从制造、运输、装卸、包装、仓储、加工、拆并、配送等各个环节中产生的各种信息，使信息能够通过物流信息平台快速准确传递到现代物流供应链上所有相关的企业、物流公司、政府部门及客户或代理公司。

3. 云计算的服务模式

通常，云计算的服务模式分为 3 类：软件即服务（SaaS）、平台即服务（PaaS）和基础设施即服务（IaaS）。IaaS 处于云计算的最底层，主要为用户提供计算能力的服务，PaaS 处于第二层，可以为用户提供系统平台和中间件的服务，SaaS 处于第三层，为用户提供各类应用服务，是最常用的服务模式，最终用户处于模型的最高层（见图 11-6）。

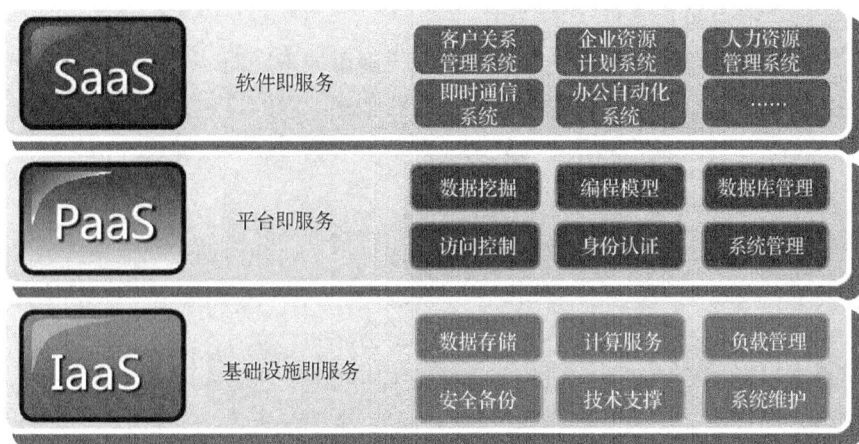

图 11-6　云计算的服务模式

（1）SaaS（软件即服务）：是一种通过 Internet 提供软件的模式，用户无须购买软件，而是向提供商租用基于 Web 的软件来管理企业经营活动。

（2）PaaS（平台即服务）：PaaS 实际上是指将软件研发的平台作为一种服务，以 SaaS 的模式提交给用户。因此，PaaS 也是 SaaS 模式的一种应用。

（3）IaaS（基础设施即服务）：消费者通过 Internet 可以从完善的计算机基础设施获得服务，如硬件服务器租用。

4. 云物流

云物流（Cloud Logistics）是指基于云计算应用模式的物流平台服务。在云平台上，所有物流公司、代理服务商、设备制造商、行业协会、管理机构、行业媒体及法律机构等都集中整合成为云资源池，各个资源相互展示和互动，按需交流，达成意向，从而降低成本，提高效率。

通过对物流行业各方面基础需求的分析，以及对现阶段国内物流行业信息化现状的把握，我们可以把物流云计算服务平台划分为 3 个部分。

（1）物流公共信息平台：针对客户服务层，拥有强大的信息获取能力。

（2）物流管理平台：针对用户作业层，可以大幅度提高物流及其相关企业的工作效率，甚至可以拓展出更大范围的业务领域。

（3）物流园区管理平台：针对决策管理层，帮助物流枢纽中心、物流园区等管理辖区内的入驻企业进行规划和布局。

11.2.3　大数据

1. 大数据的概念

大数据通常用来形容一个公司创造的大量非结构化数据和半结构化数据，这些数据在下载到关系型数据库用于分析时会花费过多时间和金钱。大数据分析常和云计算联系到一起，因为实时的大型数据集分析需要像 MapReduce 一样的框架来向大量的计算机分配工作。

麦肯锡全球研究所给出的大数据定义是：一种规模大到在获取、存储、管理、分析方面大大超出传统数据库软件工具能力范围的数据集合，具有海量的数据规模、快速的数据流转、多样的数据类型和价值密度低四大特征。

从技术上看，大数据与云计算的关系就像一枚硬币的正反面一样密不可分。大数据必然无法用单台的计算机进行处理，而必须采用分布式架构。它的特色在于对海量数据进行分布式挖掘，但它必须依托云计算的分布式处理、分布式数据库和云存储、虚拟化技术。

2. 大数据对物流的影响

大数据时代给物流企业信息化建设带来的最大挑战是，如何通过大数据分析提升自身的物流服务水平。物流行业与材料供应商、产品制造商、批发零售商、终端消费者是紧紧联系在一起的，所涉及的数据量极大且具有一定经济价值。

大数据作为一种新兴的技术，给物流企业带来了机遇，也带来了挑战，合理运用大数据技术，将对物流企业的管理与决策、客户关系维护、资源配置等起到积极作用。大数据对物流业的影响可以概括为 3 个方面：提高物流行业的智能化；能够促进行业的发展；提高用户的体验感。

信息技术的飞速发展，特别是云计算、物联网技术的成熟，推动了以大数据应用为标志的智慧物流产业的兴起。智慧物流极大地促进了物流产业优化和管理的透明度，实现了物流产业各个环节信息共享和协同运作，以及社会资源高效配置。

11.3　智慧物流

11.3.1　智慧物流的概念

1. 智慧物流的定义

继 IBM2008 年提出"智慧的地球"后，2009 年奥巴马提出将"智慧的地球"作为美国国家战略。同年 8 月，温家宝同志在无锡提出"感知中国"，物联网被正式列为国家五大新兴战略性产业之一，写入"政府工作报告"。目前，美国、欧盟等都在投入巨资深入研究探索物联网。考虑到物流业是最早接触物联网的行业，也是最早应用物联网技术，实现物流作业智能化、网络化和自动化的行业，2009 年，中国物流技术协会信息中心、华夏物联网、《物流技术与应用》编辑部率先在行业提出"智慧物流"概念。

智慧物流是一种以信息技术为支撑，在物流的运输、仓储、包装、装卸搬运、流通加工、配送、信息服务等各个环节实现系统感知、全面分析、及时处理及自我调整功能，从而实现物流规整智慧、发现智慧、创新智慧和系统智慧的现代综合性物流系统。

智慧物流的技术可以分为两个层面（见图 11-7），下层为技术支持层面，包括物联网、大数据、人工智能、优化管理等；上层为智慧物流技术层面，主要包括仓储优化、智能调度、最后一公里技术、终端技术等。

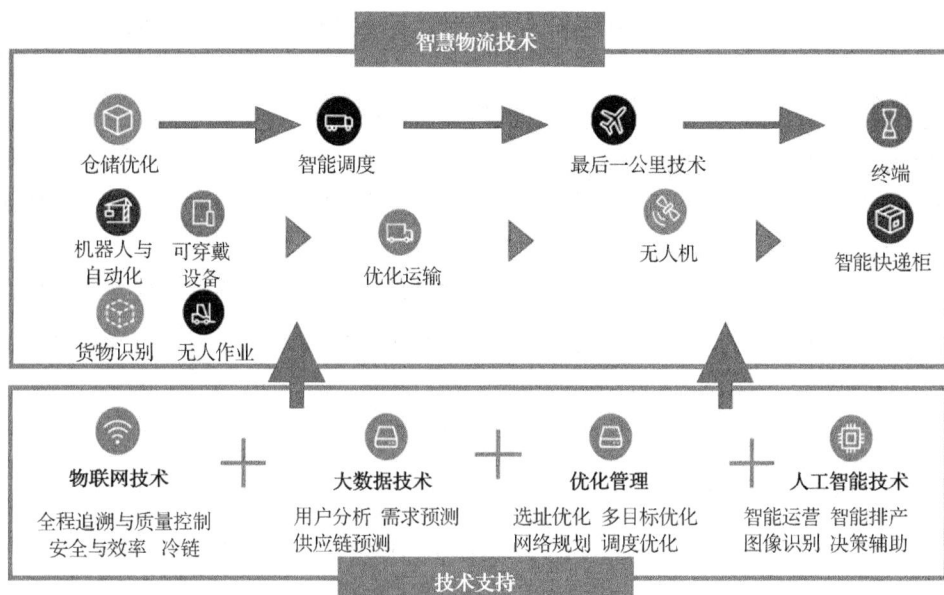

图 11-7 智慧物流的技术组成

2. 智慧物流的功能与作用

（1）感知功能。运用各种先进技术，能够获取运输、仓储、包装、装卸搬运、流通加工、配送、信息服务等各个环节的大量信息；实现实时数据收集，使各方能准确掌握货物、车辆和仓库等信息，初步实现感知智慧。

（2）规整功能。继感知之后把采集的信息通过网络传输到数据中心，用于数据归档，并通过对数据和流程的标准化，推进跨网络的系统整合，实现规整智慧。

（3）智能分析。运用智能的模拟器模型等手段分析物流问题；在运行中，系统会自行调用原有经验数据，随时发现物流作业活动中的漏洞或者薄弱环节，实现发现智慧。

（4）优化决策。结合特定需要，根据不同的情况，评估基于概率的风险，进行预测分析，协同制定决策；提出最合理有效的解决方案，使做出的决策更加准确、科学，实现创新智慧。

（5）系统支持。系统智慧集中表现于互通有无、共享数据、优化资源配置的系统，从而为物流各个环节提供强大的系统支持，使各环节协作、协调、协同。

（6）自动修正。在前面各个功能的基础上，按照最有效的解决方案，系统自动遵循最快捷有效的路线运行，并在发现问题后自动修正，且备用在案，方便日后查询。

（7）及时反馈。反馈是实现系统修正、完善必不可少的环节。反馈贯穿于智慧物流系统的每个环节，为物流相关作业者了解物流运行情况、及时解决系统问题提供强大的保障。

智慧物流可以发挥以下作用：降低物流成本，提高企业利润；加速物流产业的发展，成为物流业的信息技术支撑；为企业生产、采购和销售系统的智能融合打下基础；使消费者节约成本，轻松、放心购物；提高政府部门工作效率，有助于政治体制改革；促进当地经济进一步发展，提升综合竞争力等。

3. 我国智慧物流的发展现状

随着信息技术的不断发展和国家政策的推动，在实现智慧物流的同时，更好地提高资源利用率与经营管理水平成为我国发展现代物流的大方向。总的来说，我国很多现代物流系统已具备了先进的技术特征，但是与美国、日本等发达国家相比，我国的智慧物流尚处于初级阶段。

以互联网、云计算、大数据等为代表的智慧技术已经在我国有了广泛的应用，并已初见成效。但由于各种因素的影响，物流产业在我国仍然是智慧技术应用的"洼地"，中国物联网应用市场结构调查显示，物流应用进展只是相关产业规模的 3.4%。智慧技术在智慧物流领域的应用还有巨大的发展空间。

目前，我国的智慧物流服务平台初步实现了物流信息的发布、共享、交易撮合及简单的增值服务，但就物流信息化水平而言，缺乏有效的产品和技术支撑，应用功能大多停留在信息发布，平台发挥作用受限、落地难。运输透明化、路径最优化、配送智能化及管理和决策科学化，仍是现代物流的短板，也是未来发展过程中将不断完善的关键特征。

11.3.2 智慧物流的层次结构

按照服务对象和服务范围划分，智慧物流体系可以分为企业智慧物流、行业智慧物流、区域或国家智慧物流 3 个层次。

1. 企业智慧物流

企业智慧物流是指物流企业深入推广信息技术与智能技术在物流企业中的应用，主要体现在智慧仓储、智慧运输、智慧装卸等各个环节，从而达到整个供应链的智慧化。

2. 行业智慧物流

行业智慧物流建设主要包括智慧区域物流中心、区域智慧物流行业、预警和协调机制建设 3 个方面。

（1）智慧区域物流中心。建立智慧区域物流中心关键要搭建区域物流信息平台，这是区域物流活动的神经中枢。它连接着物流系统的各个层次、各个方面，将原本分离的商流、物流、信息流和采购、运输、仓储、代理、配送等环节紧密联系起来，形成了一条完整的供应链。

（2）区域智慧物流行业。例如，在快递行业中重视新技术的开发与利用，通过自动报单、自动分拣、自动跟踪等信息系统的应用，不仅使运件的实时跟踪变得轻而易举，而且大大降低了服务成本。

（3）预警和协调机制。加强监测和管理，对一些基础数据进行开拓和挖掘；做好统计数据和相关信息的收集，及时反映相关问题，建立相应的协调和预警机制。

3. 区域或国家智慧物流

该层面旨在打造一体化的交通同制、规划同网、铁路同轨、乘车同卡的现代物流支持平台，以制度协调、资源互补和需求放大效应为目标，以物流一体化推动整个经济的快速增长；与此同时，着眼于实现功能互补、错位发展，着力构建运输服务网络，基本建成以国际物流网、区域物流网和城市配送网为主体的快速公路货运网络，"水陆配套、多式联运"的港口集疏运网络，"客货并举，以货为主"的航空运输网，"干支直达，通江达海"的内河货运网络。

11.3.3 智慧物流系统的实施

智慧物流系统的实施可以分为第三方物流企业运营模式、物流园区模式和大型制造企业模式。智慧物流系统的创建一般要经过以下几个步骤：建立基础数据库；推进业务流程优化；重点创建信息采集跟踪系统；实现车辆人员智能管理；做好智能订单管理；积极推广战略联盟；制定危机管理应对机制；将更多物联网技术集成应用于智慧物流等。

在智慧物流系统的建设实施过程中，应把握以下几个要点。

1. 信息网络是智慧物流系统的基础

智慧物流系统的信息收集、交换共享、指令下达都要依靠发达的信息网络。没有准确、实时的需求信息、供应信息、控制信息作基础，智慧物流系统就无法对信息进行筛选、规整和分析。

2. 网络数据挖掘和商业智能技术是实现智慧系统的关键

如何对海量信息进行筛选规整、分析处理，提取其中的有价值信息，实现规整智慧、发现智慧，从而为系统的智慧决策提供支持，必须依靠网络数据挖掘和商业智能技术。

3. 良好的物流运作和管理水平是实现智慧物流系统的保障

实践证明，如果没有良好的物流运作和管理水平，盲目发展信息系统，不仅不能改善业绩，反而会适得其反。只有将良好的物流运作与管理水平相结合，才能实现智慧物流的系统智慧，发挥协同、协作、协调效应。

4. 需要专业 IT 人才与熟知物流活动规律的经营人才共同努力

物流业是一个专业密集型和技术密集型行业，没有人才，大量信息的筛选、分析乃至应用将无从入手，智慧技术的应用与技术之间的结合也无从进行。

5. 必须实现从传统物流向现代物流的转换

智慧物流要实现的产品的智能可追溯至网络系统、物流过程的可视化智能管理网络体系。智能化的企业物流配送中心和企业的智慧供应链必须建立在"综合物流"之上，如果传统物流业不向现代物流业转变，则智慧物流只能是局部智能而不是系统的智慧。

6. 物流技术、智慧技术相辅相成

只有应用以下技术，人们才能实现智慧物流的感知智慧、规整智慧、发现智慧、创新智慧、系统智慧：主要包括新的传感技术、EDI、GPS、RFID、条形码技术、视频监控技术、移动计算技术、无线网络传输技术、基础通信网络技术和互联网技术。

综合实训：物联网在物流中的应用分析

【实训目的】

通过网上搜索、浏览典型物流企业网站、阅读相关报告等方式，了解物联网及云计算在物流行业的应用状况，分析典型应用和特色企业，从而了解行业实况，学以致用。

【实训内容】

（1）按照给定的物联网在相关领域应用的研究内容，在网上充分搜集和查找有关信息和案例，对所研究对象进行深度了解与分析。

（2）了解物联网架构及物联网关键技术的有关内容，回顾物联网在相关领域的应用。

（3）重点分析物联网、云计算、大数据等技术在物流行业的应用现状、存在问题及发展

前景。尽可能多登录有关物联网网站，以便尽快找到特色网站，从而高效完成实验任务。

【实训方法】

通过浏览相关网站、查阅图书、企业调查等方式搜集资料、进行总结。重点了解物联网、智慧物流、云计算、大数据等新技术的发展现状，以及在物流相关环节的作用和存在的问题，并对未来物流信息化的发展进行展望。

【实训要求】

学生可以根据自己的特长或查找的资料自立题目，如基于物联网的智能交通、智能港口管理、大数据在物流配送网点规划中的应用、某物流企业物联网技术应用分析等。

实验报告具体要求如下。

（1）每位学生以小论文的形式完成实验报告。报告要围绕研究的必要性或研究背景、研究的主要内容及结论等部分展开。报告中要有理论阐述、实例分析、论据、论证。

（2）避免只有现状说明、资料堆砌，要结合实际情况进行分析，发现问题并提出解决方案。还要有实验体会，并能对物联网在物流领域的应用前景进行展望。

课后习题

一、填空题

1. 物联网依赖于互联网所具有的强大_____，能及时处理这些动态信息并针对变化了的状况做出及时应答与反馈，而且这种应答是经过选优后推荐的，从而体现了智能化的要求。

2. 使物品在其生产、流通、消费、使用直至报废的整个过程中都具备_____，这也是物联网区别于互联网和传感器网络的特点。

3. 传感器节点与传感器是不同的概念，传感器节点除了通常的传感功能外，还具有信息的_____、处理和通信功能。

4. 甚至带有照相功能的手机、车载的 GPS 装置都可以被看作_____，因为手机可以把一些场景转化为一种视频信号输出，GPS 装置能输出地理位置的信号。

5. “云”可以理解成互联网中的计算机群，这个群可以包括几万台计算机，也可以包括上百万台计算机。“云”中的资源在使用者看来是_____。

6. 云计算提供了可靠、安全的数据存储中心，用户可以不用再担心数据丢失、病毒入侵。这种使用方式对用户端设备的要求_____。

7. IPv4 的 32 位地址共 40 多亿个，IPv6 的 128 位地址是 IPv4 地址总数的 2 的_____次方倍。

8. 物联网的关键技术包括传感器技术、RFID 技术、_____、ZigBee 技术、IPv6 技术等。

9. 综合国内各权威物联网专家的分析，将物联网系统划分为感知层、_____、应用层 3 个层次，并依此概括地描绘物联网的系统架构。

10. 继_____公司 2008 年提出“智慧的地球”后，2009 年奥巴马提出将“智慧的地球”作为美国国家战略。

二、选择题

1. 物联网的英文名称是（　　　）。

    A. Internet of Matters   B. Internet of Things

    C. Internet of Theorys   D. Internet of Clouds

2. 以下哪一项是物联网的关键技术？（　　　）

    A. 射频识别   B. 集成电路   C. 无线电   D. 操作系统

3. 按照部署方式和服务对象，可将云计算划分为（　　　）。

    A. 公有云、私有云和混合云   B. 公有云、私有云

    C. 公有云、混合云   D. 私有云、混合云

4. 2009年，温家宝同志提出了（　　　）的发展战略。

    A. 智慧中国   B. 和谐社会   C. 感动中国   D. 感知中国

5. 云计算通过共享（　　　）的方法将巨大的系统池连接在一起。

    A. CPU   B. 软件   C. 基础资源   D. 处理能力

6. 在云计算中，提供资源的网络被称为（　　　）。

    A. 母体   B. 导线   C. 数据池   D. 云

7. 大数据的显著特点是（　　　）。

    A. 数据规模大   B. 数据类型多样

    C. 数据的处理速度快   D. 数据价值密度高

8. 云计算的一大特征是（　　　），没有高效的网络，云计算就什么都不是，就不能提供很好的使用体验。

    A. 按需自助服务   B. 无处不在的网络接入

    C. 资源池化   D. 快速弹性伸缩

9. 云计算就是把计算资源都放到（　　　）上。

    A. 对等网   B. 因特网   C. 广域网   D. 无线网

10. 云计算是对（　　　）技术的发展与运用。

    A. 并行计算   B. 网格计算   C. 分布式计算   D. 前3项都是

三、名词解释

智慧地球；感知中国；云计算；大数据；智慧物流

四、简答题

1. 物联网的特征是什么？

2. 举例说明我们身边的传感器。（列举5项以上）

3. 简述支持物联网的信息技术。（列举5项以上）

4. 简述云计算的服务模式。

5. 简述智能技术对我国物流业发展的影响。

案例分析

顺丰、京东、中通、德邦、百世、苏宁、菜鸟等名企炫技！

在"智慧物流"风起云涌的当下，科技带给物流业的想象力十足且美好。有无人机、无

人车、智能仓储、区块链、智慧物联网等技术的不断创新再发展，也有看似天马行空但正在成为现实的未来物流园区、地下物流通道等科技建设的落地，物流业的发展正进入全面创新、智慧智能、快速便捷、高质高效的新时代。

2019年12月6日在杭州召开的第二届浙江国际智慧交通产业博览会上，关于未来智慧交通、智慧物流等有了具体而又真实的模样。除了时速600公里的磁悬浮列车、无人驾驶的飞行器外，物流行业的炫酷"黑科技"也正向我们走来。展会现场持续火爆，各种"黑科技"纷纷上演，让观众们应接不暇……

京东物流第三代智能配送机器人不仅外形科技感十足，还充满科技"内涵"，它不仅能自动避让路障和行人，还能实现自主停靠，完成配送任务后自动返程。天上飞的无人机同样吸睛无数，它不仅能往返送货取货，而且能全自主定点悬停抛货，自动卸货并返航。

顺丰的活鱼包装快递技术也在本届博览会上吸引了不少人的眼球。据悉，顺丰的活鱼包装快递技术材料主要由高密度泡沫密封保温箱和五层瓦楞纸高强度纸箱组成。生鲜充氧包装装置放在保温箱中。保温箱的形状为与装置形状适配的矩形，具有良好的保温保冷效果。泡沫箱必须套防水袋，袋子材质为PE（聚乙烯）袋，防水袋也必须扎紧。这样做，一方面为装置提供一层外层保护层；另一方面为生鲜提供一个恒定温度，防止运输途中的温度变化对生鲜造成影响。

中通则展出了最新一代快递智能柜——小蓝，这个外表可爱的小机器人，其实内藏诸多玄机。据了解，其可以放置在小区的单元楼下，方便大家随时投递。而小蓝的背后也凸显了中通迎来2019年度第100亿件包裹时的游刃有余。因有科技的力量，而不惧怕未来的挑战与竞争。

此外，德邦快递、百世、苏宁物流、菜鸟等也纷纷在展览会上展示了最新的物流科技研发成果，力求将大数据、云计算、无人技术等落到每一个业务链条的实处，为消费者提供更优质的消费体验。

随着人们生产生活的需要及科技革命的不断发展，我国交通、物流业正由一个传统行业，向以信息化、人工智能、大数据为支撑的智慧交通、智慧物流方向转变，这种转变在不断满足人民对美好生活的向往以及社会各个领域的需求，同时也在促进降本增效的过程中推动行业高质量发展。因此，交通、科技、物流等企业的科技创新，不是选择，而是必答，是大势所趋。

根据案例回答问题。

（1）查找资料、结合案例，分析我国智慧物流发展现状和水平。

（2）智慧物流飞速发展，自动化程度越来越高，作为物流从业人员面临哪些挑战？应该如何应对？

第12章　实验指导

实验一　因特网信息服务（IIS）的配置

【实验目的】

Internet 信息服务（Internet Infomation Server，IIS）是由微软公司提供的基于 Windows 的互联网基本服务，主要包括 WWW 服务器、FTP 服务器等。它使得在 Intranet（局域网）或 Internet（因特网）上发布信息成了一件很容易的事。

通过实验对 Windows 系统中的 IIS 组件进行安装和配置，了解 IIS 的基本功能，掌握 Web 站点、FTP 站点的安装与配置方法，从而对因特网信息服务的工作原理有更加深入的理解。

【实验环境】

（1）安装 Windows 7 的个人计算机。

（2）因特网连接。

【实验内容】

（1）安装 IIS 组件，熟悉 IIS 的功能。

① 首先安装 IIS，因为 Windows 7 自带 IIS，所以只需要打开控制面板→程序→默认程序→程序和功能→打开和关闭 Windows 功能→Internet 服务器。

② 安装完 IIS 需要重新启动，单击立即重新启动生效，Windows 自动配置。完成后，从控制面板→系统和安全→管理工具→Internet 信息服务（IIS）管理器就可以启动 IIS 了。IIS7 的默认 Web 的运行界面如图 12-1 所示。

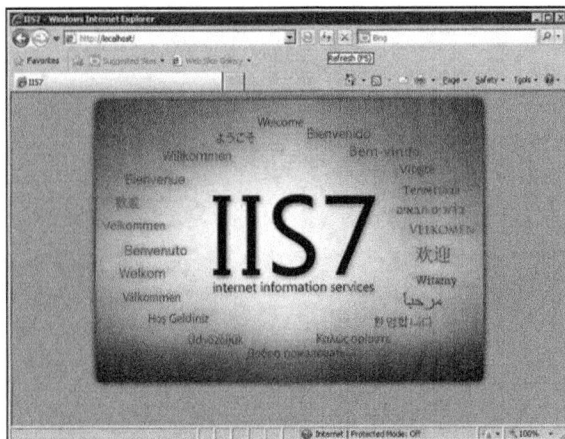

图 12-1　默认 Web 的运行界面

（2）默认 Web 服务器的配置与应用。

① 配置默认 Web 服务器参数：IP 地址、端口号、主目录、主页等。

② 建立简单个人网站（如用写字板建立文本文件，包含个人姓名、班级、学号等信息，更名为 HTL 网页文件）。

③ 发布个人网站，打开浏览器通过 IP 地址访问。

（3）默认 FTP 服务器的配置与应用。

① 配置默认 FTP 服务器参数：IP 地址、端口号、主目录、匿名登录等。

② 建立 FTP 主目录、文件。

③ 打开浏览器通过 IP 地址访问 FTP 服务器。

【实验要求】

对实验过程进行分析和总结，撰写实验报告，主要回答以下几个问题。

（1）IIS 的主要功能有哪些？

（2）常用的 Web 服务器、FTP 服务器有哪些？

（3）IIS 与常用的商业化服务器软件有哪些不同？

实验二　"学生成绩管理系统"数据库设计

【实验目的】

根据本校及本班级实际情况，设计"学生成绩管理系统"数据库，包括数据库需求分析、概念结构设计、逻辑结构设计、物流结构设计以及 Access 数据库实现等过程。通过操作掌握关系数据库的概念与设计实现过程。

【实验环境】

安装了 Windows 系统的计算机，安装 Microsoft Office 中的 Access 组件。

【实验内容】

（1）建立 3～5 个表，如学生表、课程表、成绩表等。Access 的操作界面如图 12-2 所示。

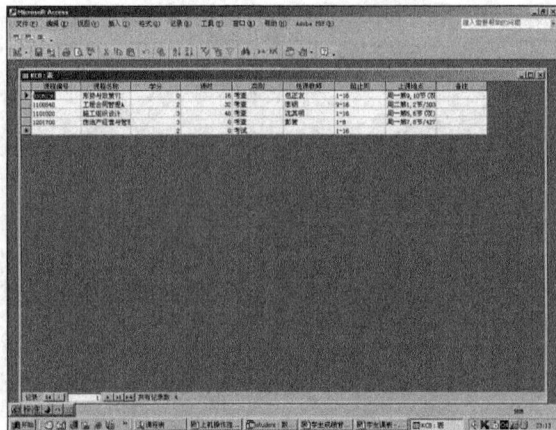

图 12-2　Access 的操作界面

物流信息技术实用教程（微课版 第3版）

（2）输入表信息，在学生表中输入 5~10 条记录，第一个为自己的信息，在课程表中输入 3~5 个本学期开设的课程，输入每个同学本学期选修课程的（假设）成绩。

（3）建立表的主键及各表之间的关系。

（4）建立 3 个查询，如 90 分以上的学生成绩表、某个班级学生的成绩表、男生成绩表等。

【实验要求】

提交数据库设计报告，应包括以下内容。

（1）数据库需求分析：根据本校本班级实际情况，分析学生成绩管理系统需要的各类实体、属性等信息，并进行归类总结。

（2）数据库概念结构设计：根据需求分析结果，进行概念设计，绘制 E-R 图。

（3）数据库逻辑结构设计：根据数据库规范化理论把 E-R 图转换为关系模型，并进行优化。

（4）数据库物理结构设计：设计出关系表的结构、主键、外键、关系等。

（5）数据库实现：截图记录使用 Access 建立数据库的过程。

实验三　简单个人网站的开发

【实验目的】

通过简单个人网站的建设，了解一般网站的开发过程和工具，并通过数据库设计、页面设计、数据库连接和访问、网上浏览等功能的实现，了解企业物流信息化所需的环境、技术和工具，并使动手能力得到一定的提高。

【实验环境】

（1）多台可以上网的 PC，Windows 7、Windows10 等系统环境。

（2）安装 Microsoft Office 中的 Frontpage 组件，或其他网页开发环境。

【实验内容】

通过浏览相关网站、查阅图书、企业调查等方式搜集资料、进行总结。了解一般网站的开发过程和结构特点；上网浏览典型的个人主页，了解其功能、界面和结构；发挥主观能动性，规划具有自己风格特色的网站结构、界面；设计主页和重要的几个网页；实现一定程度的交互功能。

具体实现内容如下。

（1）包括主页在内，至少设计 3~5 个页面（不要求实现所有功能）。

（2）主页：多框架、图片、Logo、主菜单、导航栏、个人资源、联系方式等内容（可自行选择和设计）。Frontpage 的操作界面如图 12-3 所示。

（3）用 Access 建立朋友信息、爱好信息等数据库表。

（4）实现朋友注册、朋友登录、爱好信息查询等动态网页功能。

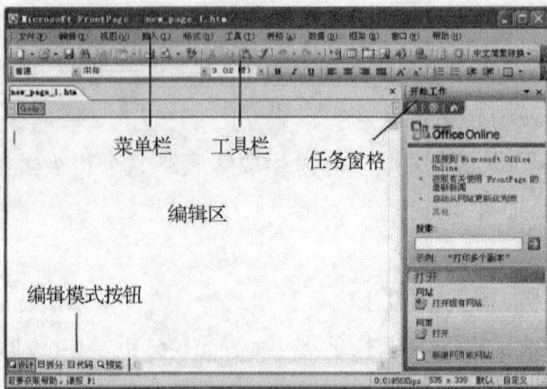

图 12-3　Frontpage 的操作界面

【实验要求】

（1）网站的功能：包含主要功能，网页丰富，基本可以运行，便于操作。

（2）网站的界面：风格统一、简洁美观，包含多种网页元素。

（3）交互功能：能够实现对数据表的增加、修改、查询等功能。

实验四　条码的设计与印制

【实验目的】

　　了解条码的组成、码制、特点及应用，掌握企业产品项目条形码的规划设计方法。通过安装、操作常用的条码标签设计软件，掌握常用零售商品标签、条码证卡的设计过程、连接数据及印刷过程。

【实验环境】

（1）多台可以上网的 PC，Windows 7、Windows 10 等系统环境。

（2）新生命条码标签打印软件，或其他条码设计软件。

　　新生命条码标签打印系统是集多工具选择、QR 二维码、PDF417 条码、DataMatrix 二维码和数十种一维条码标识、精确定位、数据链接等功能于一体的标签设计工具软件，它支持多种普通打印机（建议使用喷墨打印机、激光打印机）及条码打印机，可设计打印各种条码标签与证卡等。

【实验内容】

　　登录"中国物品编码中心"网站，了解企业申请商品条码的要求和流程；企业调研，模拟设计企业产品代码；利用条码设计软件设计商品条码。

　　具体内容如下。

（1）选择典型企业，根据其产品特点和种类规划产品 EAN13 编码。

（2）自行规划标签形状和内容。设计典型的条码标签，完成新建、添加控件、添加条码、连接数据、标签布局、打印设置、预览结果等过程。

（3）通过在线二维码生成器执行生成（如个人信息、网址、图片、微信等）、打印、扫码等操作。

【实验要求】

（1）选择典型企业（可以虚构），根据其产品特点和种类规划产品 EAN13 编码。

（2）登录"中国物品编码中心"网站，了解企业商品代码申请与分配的要求与流程。

（3）自行设想企业及其产品，如手机、服装、计算机等，至少 3 个大类，共 10 种以上型号规格。选择 EAN13 码的结构，分配其前缀码、厂商代码和项目代码。列出产品条码设计表。

（4）下载常用的条码设计软件（如"新生命条码标签打印软件"，见图 12-4），了解其功能与使用方法。

图 12-4　新生命条码标签打印软件

（5）自行规划标签形状和内容。设计典型的条码标签，标签控件最少包含 5 个控件，如名称、规格、单价、条码、图片等。完成从新建、添加控件、添加条码、连接数据到标签布局、打印设置、预览结果等过程。

实验五　二维码生成器的使用

【实验目的】

通过实验了解二维码的特征、分类、应用领域，以及常用的二维码生成器。操作典型的二维码生成器，掌握各类信息二维码的生成方法，进一步加强对二维码理论知识的理解。

【实验环境】

可以上网的 PC，访问在线二维码生成器。

草料二维码是一款操作简单、专业、免费的二维码生成软件，该软件可自动生成二维码，支持多种格式，包括文字、图片、地址等格式。

【实验内容】

（1）在百度搜索"草料二维码"，进入其官网。接着就可以在草料二维码页面生成你想要的二维码了，如图 12-5 所示。

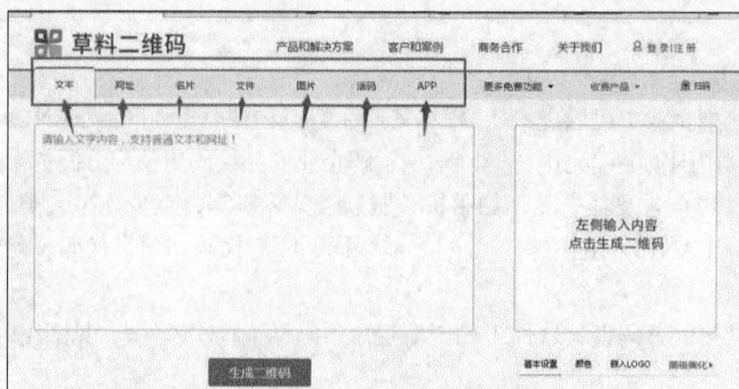

图 12-5　草料二维码的操作界面

（2）这里可以输入文字和网址等二维码信息。单击"生成二维码"，然后在右侧就会生成一个所输入信息的二维码了。

（3）生成的二维码可以下载下来使用。下载的格式有多种，可根据自己的用途下载，有图片的，有矢量图的。

（4）二维码验证。打开手机上的"扫一扫"，比如微信、QQ……都有这个功能。

【实验要求】

（1）生成文本、图像、网址等多种信息的二维码，码制包括 PDF417、QR 码等，对其图形及码制特点进行比较。

（2）优化二维码界面，设置 Logo、颜色、边框等。

（3）查询资料，了解草料二维码注册用户的更多功能和权益。

实验六　RFID 标签与识读设备认知

【实验目的】

通过实验设备的操作，了解 RFID 标签的参数及设置方法；了解识读设备的功能和操作方法。搜索典型案例，了解 RFID 在物流系统中的应用。

【实验环境】

（1）EPC-Gen2 超高频电子标签 UHF（915MHz）。

（2）ISO 18000-6B 超高频电子标签 UHF（915MHz）。

（3）超高频长距离一体化读/写器（UHF 915MHz Reader）。

（4）高频 RFID 手持设备。

【实验内容】

通过物流技术实验室的设备操作，完成以下主要任务。上机操作典型的 RFID 系统或浏览相关网站了解典型 RFID 系统的应用情况，如门禁系统、仓库管理系统、交通自动收费系统等。

（1）安装读/写器，连接 PC，选择通信方式。

物流信息技术实用教程（微课版 第3版）

（2）运行读/写器驱动软件，设置相关参数。

（3）读写数据测试。

（4）操作门禁系统、仓库管理系统、交通自动收费系统（根据实验室配置选择）。

【实训要求】

根据操作情况和搜集资料撰写调研报告，要求内容完整、操作具体、资料翔实、表达流畅，字数为 3 000 字左右。

实验七　电子地图及 GIS 软件的使用

【实训目的】

了解 GIS 的功能和构成，了解电子地图的使用；通过电子地图的使用，加深对课堂学习的 GIS 基本概念和基本功能的理解。

【实验环境】

（1）网上电子地图资源，如百度地图、Google 地图等。

（2）安装常用的 GIS 工具软件，如 ArcGIS、MapInfo、SuperMap、灵图软件等。

【实验内容】

（1）电子地图的浏览、放大、缩小、漫游等。

（2）电子地图的搜索、公交站点、公交线路、公交换乘等功能的使用。

（3）某路线优化查询、距离测算等功能的使用。

【实训要求】

掌握 GIS 及电子地图的功能特点，对 3 种常用的 GIS 软件进行比较。对所在地、家庭等常用地点进行搜索，记录其地理信息，并设置通行方法和规划线路。

实验八　GPS 手持机的使用

【实验目的】

了解 GPS 手持机的使用。

【实验环境】

（1）选择视野开阔的场所，视场周围 15° 以上不应该有障碍物，以减少 GPS 接收机信号被障碍物吸收或遮挡，方便接收卫星信号。

（2）X20 单频 GPS 接收机（包括主机和天线）、三脚架。

【实验内容】

（1）计算位置。首先按电源开关，打开接收机，并按 Enter 键。若天空开阔，则接收机开始跟踪并计算出当前的位置（同时可以查看卫星状态图，了解卫星数据采集进程），按导航键 NAV 直到该屏出现开始采集卫星信息并计算出当前位置，当左上角出现"3D 定位"字样时，就可以选择目的地了。

（2）选择目的地。按行程 GOTO 按钮，可以选择要去哪一类兴趣点。自己创建"我的兴趣点"，"背景地图"里包含了与背景图一起浏览的信息，并全部上传到内存（或 SD 卡），找到想要的兴趣点，用操纵杆点亮想要的目的地，并按 Enter 键。

【实验要求】

（1）选择至少 3 个地点进行位置计算和线路配置。

（2）了解接收机面板电源指示灯、数据采集灯、卫星灯的显示和工作状态。

实验九　EDI 的认识与操作

【实验目的】

了解国内主要的港口 EDI 站点，进入宁波海港 EDI 中心主页，掌握网站的主要功能以及报文流转的过程，下载典型的 EDI 软件并进行安装和操作，通过学习巩固 EDI 系统的结构、功能以及电子报关的流程。

【实验环境】

（1）安装 Windows 7 的 PC。

（2）Internet 连接、EDI 软件。

【实验内容】

（1）进入宁波海港 EDI 中心主页（见图 12-6），了解该网站的主要服务；学习并掌握报文流转的过程，包括进口船图/舱单报文流转；集装箱进口双信息放行流转；正式定舱、定舱确认、装箱单报文流转；集装箱出口流转等。

图 12-6　海港 EDI 中心主页

（2）了解海上国际集装箱运输电子数据交换管理办法、电子数据交换电子报文替代纸面单证管理规则、电子数据交换报文传递和进出口业务流程规定等。

（3）进入港航信息网，浏览 EDI 专栏。

（4）下载并安装 EDI Express 以及电子报文传输系统 EDI Express 操作手册，学习 EDI Express 操作手册，并对 EDI Express 进行实践操作。

【实验要求】

按要求完成以上所有的学习和操作，分析总结实验结果，并撰写实验报告。

实验十　典型物流管理系统的操作

【实验目的】

通过对典型物流管理信息系统的操作，掌握系统设置、业务流程管理、统计查询、报表输出等环节的具体操作，从而了解物流信息系统的功能、流程和操作方法。对一般物流信息系统的结构和功能有直观的认识，加强对理论知识的理解。

【实验环境】

根据相关实验室的软件配置情况，选择典型的物流管理信息系统进行操作，如仓库管理系统、运输管理系统、配送管理系统等。

诺思配送管理教学软件主要是以现代物流企业和国外的信息系统中的客户管理、仓储管理、配送管理、运输管理、结算管理等实践过程为主要部分，结合了这些物流信息系统的国际和国内标准，以及实际业务运作和实际物流教学的一套模拟教学系统，使用者可通过系统的安装和进行仓储、配送、运输、客户关系管理、商务、结算等管理流程的操作，了解现代物流企业中的管理作业的基本功能和运作过程，提高对物流信息系统的理解和操作能力，以形成互动式教学、模拟性教学和实践性教学等多种模式的教学。

【实验内容】

（1）了解"诺思"物流管理系统的软件组成、功能模块及特点，并进行具体操作。图 12-7 所示为 NOS 中诺思物流管理系统首页。

图 12-7　NOS 中诺思物流管理系统首页

（2）以管理员身份登录，完成相关参数设置（如商品、库存、用户、供应商、车队等信息）及系统初始化工作，规定优化配送业务流程，并对操作员进行设置和管理。

（3）以库管员、调度员等身份登录系统，完成采购入库、销售出库、车辆调度、运输管理等业务流程，并生成相应的报表。

【实验要求】

（1）以系统管理员身份登录诺思配送管理系统，了解其功能和操作流程。

（2）完成主要参数的设置、主要功能界面的操作。

（3）记录参数配置，操作过程，并输出相应报表。

实验十一　金蝶K3 ERP 系统操作

【实验目的】

通过金蝶K3 ERP 系统实验，我们在学习阶段就能体验企业 ERP 的功能、操作，体验全球经济一体化新型企业流程改造的浪潮，体会信息技术紧密结合企业管理、运作的趋势。通过操作掌握金蝶K3 采购管理、库房管理、销售等模块的配置与运行方法。

金蝶 K3 生产制造管理系统面向企业计划、生产管理人员，对企业的物料清单、生产计划、能力计划和车间业务等业务进行全面管理，帮助企业实现物料清单的建立与变更、多方案的生产计划、精细的车间工序等生产制造相关业务管理。该系统与物流、财务系统结合使用，构成完整、全面的一体化企业应用解决方案。

【实验环境】

（1）安装 Windows 系统的计算机。

（2）最新版金蝶K3 试用版软件包。

【实验内容】

（1）安装金蝶K3 系统（见图 12-8）进入金蝶K3 主控台，熟悉管理界面、应用流程和系统特点。

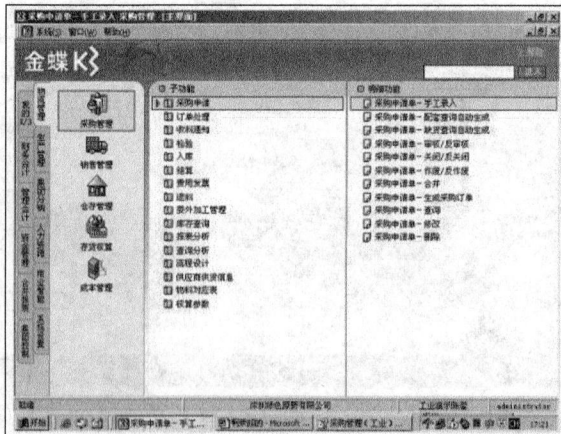

图 12-8　金蝶K3 系统

（2）基本科目的操作，对账套的启用、备份、回复等进行简单操作，对各个用户进行管理，再引入金蝶 ERP 演示账套。

（3）对销售管理系统进行操作，设置公共资料、货币、计量单位、客户、仓库、物料等，并在设置的基础上进行初始化设置和日常业务处理。日常业务处理包括可视化管理，模拟报价，合同、销售订单、发货通知单、销售出库单、销售发票的制作和处理，还包括一些生产数据的管理，如工厂日历、BOM 维护以及 BOM 的录入。

（4）对物流需求计划进行操作，包括系统设置、MRP 的计算与维护、MRP 查询。

（5）采购管理的操作主要包括业务系统启用、采购申请、生成采购单、生成收料/退料通知单、外购入库登记等。

（6）仓库管理，包括对产品入库单和盘点作业的操作。

【实验要求】

记录实验过程，撰写实验报告。

实验十二　云存储（百度网盘）的应用

【实验目的】

百度网盘是百度推出的一项云存储服务，首次注册即有机会获得 5GB 的空间，目前有 Web 版、Windows 客户端、Android 手机客户端，用户可以轻松把自己的文件上传到百度网盘上，并可以跨终端随时随地查看和分享。

通过实验了解云存储的概念、功能和常用的云存储服务，掌握通过百度云盘注册、上传、下载文件及百度网盘的管理方法和操作步骤。

【实验环境】

（1）安装 Windows 的个人计算机、智能手机。

（2）因特网连接。

【实验内容】

（1）通过正规的应用商店或软件网站下载安装"百度网盘"应用程序。如果没有百度账号或者百度网盘账号，可通过百度网站注册（或者直接使用 QQ 号登录）。图 12-9 所示为百度网盘登录页面。

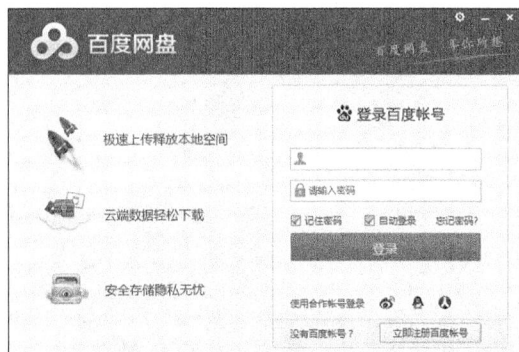

图 12-9　百度网盘登录页面

（2）登录百度网盘客户端输入自己的账号和密码（百度网盘账号密码和百度账号密码是一样的），或选择使用 QQ 号登录。

（3）登录百度账户后，可以选择完成文件的上传、下载、我的网盘、传输列表、好友分享、功能百宝箱等操作。

（4）在移动端（智能手机）下载安装"百度网盘"App，并完成相应的操作。

【实验要求】

截图记录实验过程，对实验内容进行总结分析，撰写实验报告。